How-nual Shuwasystem Industry Trend Guide Book

図解入門
業界研究

# 最新 教育ビジネスの動向とカラクリがよ〜くわかる本［第3版］

業界人、就職、転職に役立つ情報満載

川上 清市 著

秀和システム

# はじめに

新型コロナウイルスの感染拡大で最も大きな変化を見せたのが教育ではないでしょうか。オンライン授業が当たり前になり、学校に行かなくても学習できる時代が一気に到来したといえます。リアルな教室で学ぶ意味も、問い直されています。今後はリアルとネットが融合した、ハイブリッドな学びが主流になると指摘する教育関係者も少なくありません。

教育は、公教育だけではありません。公教育を取り巻くかたちとして広く存在しているのが教育サービスであり、教育ビジネスです。教育産業といってもいいでしょう。本書で取り上げているのは、公教育とは一線を画したこの「教育サービス（ビジネス）業界」です。とはいえ、公教育を無視するわけにはいきません。

教育サービス業界で最も大きなウエイトを占めるのは学習塾や予備校ですが、これらも公教育を補完する業態として存在しているからです。文部科学省の学習指導要領が改訂されれば、それに沿った学習内容に改められます。その意味で、公教育あってこその教育サービス業界といえるでしょう。教育サービス業界も新型コロナウイルス感染拡大の影響を受け、オンライン化を余儀なくされました。この分野も今後はハイブリッドな学びが進んでいくことになりそうです。

学習指導要領は、文部科学省が定めている幼稚園から小学校、中学校、高等学校における教育課程（カリキュラム）の基準で、およそ一〇年に一度、改訂されます。二〇二〇（令和二）年度以降は、一六（平成二八）・一七（平成二九）年度に改訂された次期学習指導要領が導入され、主体的・対話的に学ぶアクティブ・ラーニングの充実などが実施に移されました。小学校ではプログラミング教育が必修となりました。

学習指導要領の改訂によって、新しいサービスやビジネスが誕生しているのは確かでしょう。「変化」は新市場を創造する好機でもあるのです。教育は新しい価値を生み出す源泉でもあります。資格取得学校やカルチャースクールなどの市場が形成されているのは、何より自己向上意欲の表れなのでしょう。本書が、こうした奥の深い教育サービス業界、教育産業の動向の一端を理解する一助になれば幸いです。

二〇二一年一月　川上清市

How-nual 図解入門 業界研究

# 最新教育ビジネスの動向とカラクリがよ～くわかる本［第3版］●目次

## 第4章 教育サービス業界を支える企業の動向

## 第5章 教育サービス業界の課題と展望



## 資料編

第1章

# 教育産業の現状と最新トピックス

公教育とは一線を画した周辺の教育ビジネス関連業種・業界が民間教育産業であり、教育サービス業界です。ここでは、3兆円に迫るマーケットに成長している、この教育産業の最新トピックスにスポットを当ててみました。

# 1 教育産業とは何か

**教育産業とは、日本標準産業分類＊における大分類「教育、学習支援業」の中分類「その他の教育、学習支援業」に該当する分野であり、公教育とは一線を画した周辺の教育ビジネス関連業種・業界です。**

## 公教育周辺のビジネスマーケット

本書で取り上げる**教育産業**は、**日本標準産業分類**における大分類「教育、学習支援業」の中分類「その他の教育、学習支援業」に該当する分野が中心です。

具体的には、同分野の小分類「**学習塾**」を始め、同じく小分類「**教養・技能教授業**」で細分類されている音楽教授業、書道教授業、生花・茶道教授業、そろばん教授業、外国語会話教授業、スポーツ・健康教授業など、さらには小分類「社会教育」で細分類されている社会通信教育も含まれます。

つまり、中分類「**学校教育**」の小・中・高等学校、大学といった公教育は含まれておらず、小・中・高校生を対象とした学習塾や予備校、外国語学校、カルチャーセンター、通信教育などの民間教育産業が対象であり、教育サービス業界に位置付けられる分野です。

ただし、中分類「学校教育」における細分類の各種学校は例外として含める場合もあります。ここでいう「各種学校」は、**学校教育法**＊による学校教育に類する教育を行う事業所ですが、各種学校に分類される学習塾や進学塾、予備校も本書の対象に含まれるからです。

「教養・技能教授業」とは、音楽や書道、生花、茶道、外国語会話などを教授する事業所をいいます。専修学校や学校教育法による各種学校としての音楽学校、華道・茶道学校、英会話学校などは中分類の「学校教育」に該当するものですが、これも含めるものとします。

その意味で、本書で取り上げる教育産業は、公教育周辺の教育ビジネス関連業種・業界といえます。

用語解説

＊**日本標準産業分類**　統計調査の結果を産業別に表示する場合の統計基準で、1949年10月に設定され、以後数年ごとに改定されている。農業、建設業、製造業、卸売業、小売業、金融業などすべての経済活動を大分類、中分類、小分類および細分類の4段階に分類している。

## 教育産業とは何か（日本標準産業分類）

### 大分類0　教育、学習支援業

#### 中分類81　学校教育

小分類　817　専修学校、各種学校

細分類　8171　専修学校➡専門学校（専門課程を置く専修学校）
8172　各種学校➡理容・美容学校、自動車教習所、学習塾・進学塾・予備校（いずれも各種学校のもの）

#### 中分類82　その他の教育、学習支援業

821　社会教育
8216　社会通信教育

823　学習塾
8231　学習塾➡各種学校でない学習塾・進学塾・予備校

824　教養・技能教授業
8241　音楽教授業
8242　書道教授業
8243　生花・茶道教授業
8244　そろばん教授業
8245　外国語会話教授業
8246　スポーツ・健康教授業
8249　その他の教養・技能教授業

注：2013年10月改定（総務省HP）による分類

### 公教育周辺の教育ビジネス関連業種・業界

用語解説

＊**学校教育法**　幼稚園から大学までの学校教育に関する、基本的かつ総合的な法律。1947年3月に教育基本法と共に公布され、同年4月1日から施行された。

# 2 城南進学研究社が遠隔学習で提携

**学習塾運営の城南進学研究社が、学習管理SNS（交流サイト）を手がけるスタディプラスと業務提携することで合意しました。両社のオンライン学習教材を連携し、学習状況を遠隔で把握できる環境を整えます。**

## オンライン学習指導を強化

学習塾運営の**城南進学研究社**（4-9節参照）が二〇二〇年六月、学習管理SNS（交流サイト）を手がける**スタディプラス**（東京・千代田区）と業務提携することで合意しました。

城南進学研究社が提供する小中学生向けオンライン学習教材「**デキタス**」を、スタディプラスの教育機関向け学習管理サービス「**Studyplus for School**」と連携させ、利便性の高い学習管理体制を構築していくのが狙いです。

これにより、デキタスを導入する学習塾で学ぶ生徒は、学習管理SNS「Studyplus」を用いてデキタスでの学習履歴を含めた自宅学習の進捗を把握することが可能になります。同時に学習塾の教師は、生徒の学習状況を容易に把握することができます。このサービスの連携開始は二〇年中を予定しています。

両社の提携の背景には、新型コロナウイルスの感染拡大の影響があります。コロナ禍で、学習塾業界では学年を問わず、すべての生徒に対してオンラインで指導を行うための整備が進められ、同時にデジタル教材のニーズも大きく高まりました。

こうした状況下、城南進学研究社は小中学生への指導の支援をより強化していくため、全国の学習塾・予備校約五〇〇校以上に導入されている「Studyplus for School」を運営するスタディプラスとの提携となったものです。

## 学習履歴を自動で記録する

デキタスは、アニメーションを活用した二～五分のコンパクトな映像授業と演習問題であり、生徒が一日一〇分から気軽に楽しく学習できるように設計された小中学生向けオンライン学習教材です。経済産業省主催の一九（平成三一）年度「**未来の教室**」*創出事業における実証事業として採択を受けています。

城南進学研究社が運営する「城南予備校DUO」では、すでに「Studyplus for School」を導入しています。特に新型コロナウイルスの感染拡大によって、在宅学習を余儀なくされている状況では、学習塾以外での学習管理もできることから保護者の評価も高まっていました。

今回の提携によって、デキタスでの学習履歴が自動で「Studyplus for School」に記録されるようになり、デキタス導入塾の教師の学習管理業務の負担が軽減されると共に、オンラインでの指導やコミュニケーションをより効果的に実現できるようになると期待されています。



**「デキタス」×「Studyplus for School」の連携概要**

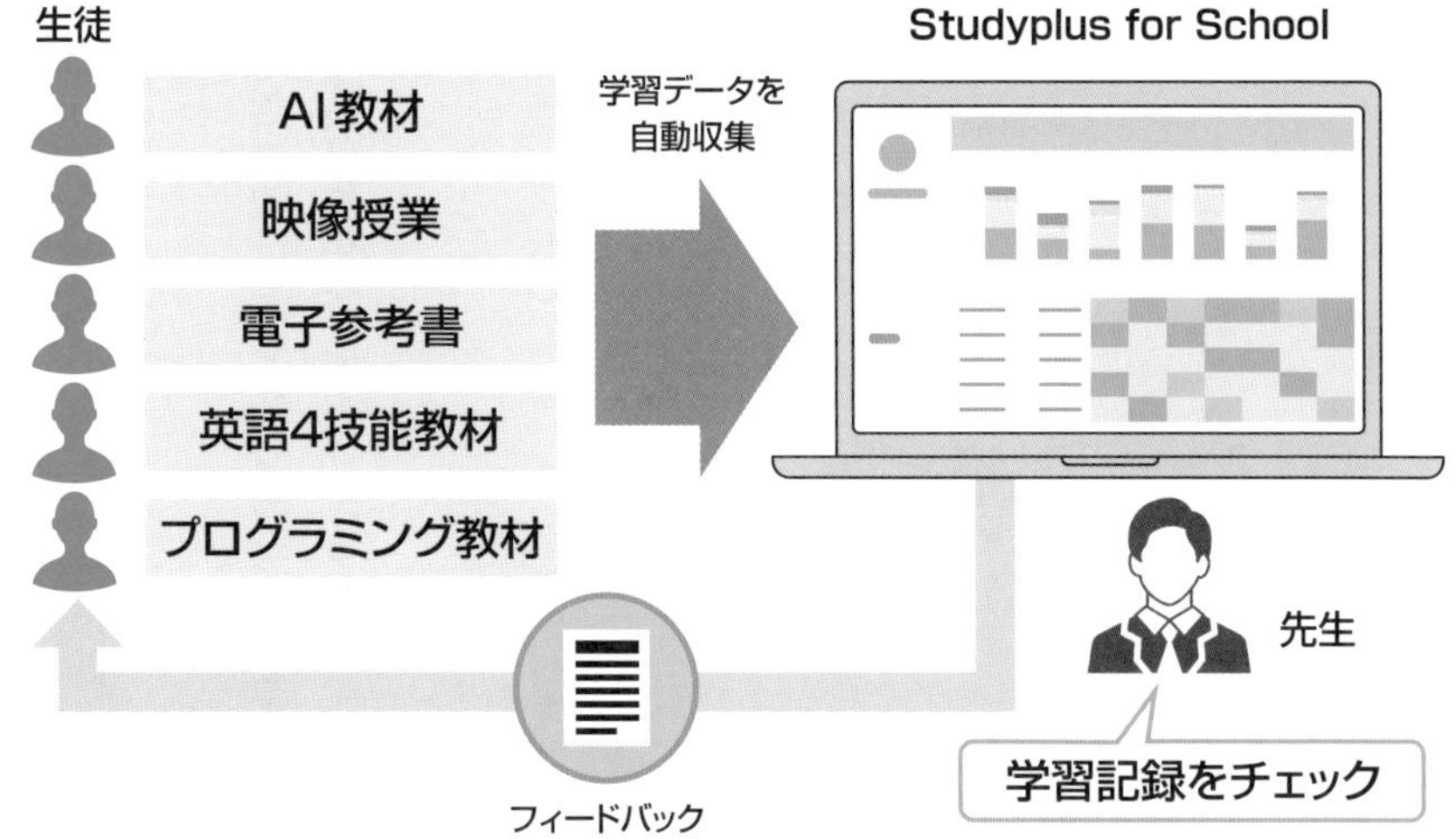


出所：(株)城南進学研究社のニュースリリース

用語解説

*__未来の教室__　テクノロジーを活かした能力開発技法（EdTech：エドテック）などによる新たな教育プログラム開発などを目的とした経済産業省の実証事業、もしくはそれによる実現を目指す学びの場を指す。

# 3 Z会がソニーグループと業務提携

**Z会グループが、ソニー・グローバルエデュケーションと教育事業で包括的な業務提携を結び、プログラミング教育など新たな学習サービスの開発・事業化で協業を始めています。**

## プログラミング教育などで協業

増進会ホールディングス（Z会グループ）が二〇二〇年五月、ソニーグループのソニー・グローバルエデュケーション（東京・品川区、以下「ソニー・グローバル社」）と教育事業で包括的な業務提携契約を結びました。

Z会グループの教材および各社の展開する多様な事業領域における教育サービスを、ソニー・グローバル社のプログラミング教育などと効果的に組み合わせることで、新たな時代における顧客の要請に的確に応えた教育サービスの実現を目指すのが狙いです。両社の強みを活かした連携により、日本の教育市場を革新し、さらにはグローバルな視野での教育の発展につながられる、としています。

提携の第一弾として、Z会が展開する小中学生向けの通信教育講座において、ソニー・グローバル社が開発した創造性を育むためのロボット・プログラミング学習キット「KOOV（クーブ）」*を組み込んだ新しいサービスを提供しています（1-4節参照）。二〇年夏に小学生向け通信教育講座から開講し、次年度以降は中高生向け通信講座への拡大も予定しています。

さらに、KOOVを活用したプログラミング教育サービスを、Z会グループ各社の展開する教室事業、学校法人・学習塾向け教材販売事業などを通じて、幅広い顧客へ提供することも視野に入れています。また、コロナ禍でも生徒が安心して教育を受けられるソリューションの必要性を踏まえ、遠隔学習を実現するオンライン授業プラットフォームの検証を共同で進める方針です。

用語解説

＊KOOV　ソニー・グローバルエデュケーションが開発した、ブロックで自由な「かたち」をつくり、「プログラミング」によって様々な「動き」を与えて、学び、創造力を育成するロボット・プログラミング学習キット。

## 国際レベルで教育業界を活性化

Ｚ会グループは、「最高の教育で、未来をひらく。」というグループ理念のもと、通信教育や教室、学校法人・学習塾向け教材販売事業などの多様な教育サービスを、幼児から大学生・社会人に至る幅広い年齢層に提供しています。特に、これからの社会を生き抜くうえで必要な「考える力」を身に付けるために、ＩＣＴ（情報通信技術）を活用した最新の学習指導なども取り入れ、つねに新しい教育サービスの創造を追求しています。

一方のソニー・グローバル社は、プログラミング的思考の重要性を提唱し、二〇年に小学校で必修化された「プログラミング教育」や、これからのＡＩ（人工知能）時代に必要とされる基礎能力を養う「STEAM*教育」に対応した教育サービスづくりに取り組んでいます。Ｚ会グループとソニー・グローバル社は、「このＳＴＥＡＭ教育事業をグローバルに拡大させるための活動や、新たな学習サービスの開発・事業化などの協働を通じて、グローバルレベルでの教育業界の活性化と人材育成への貢献を目指していく」方針です。

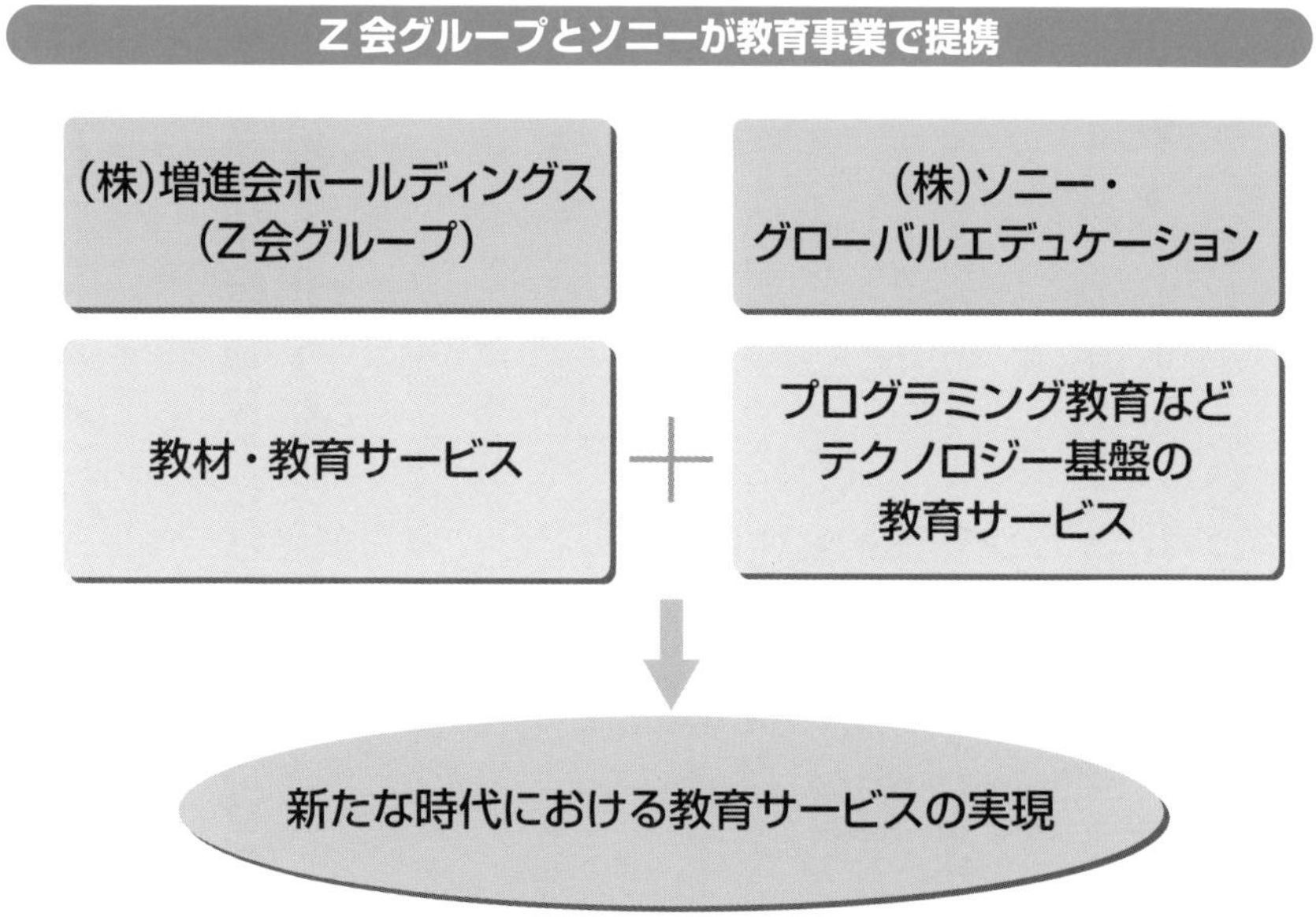


用語解説

＊STEAM　Science（科学）、Technology（技術）、Engineering（工学）、Art（芸術）、Mathematics（数学）の略。

# 4 プログラミング教育が拡大

**コロナ禍のもとで、プログラミング教育サービスも通信教育講座の共同開発やオンライン教室の拡充などの動きが顕著になっています。多様化するニーズに対応し、収益につなげる狙いがあります。**

## Z会とソニーが小学生向け講座

プログラミング教育サービスも拡充が顕著になっています。包括的な業務提携を結んでいるZ会グループと、ソニー・グローバル社もプログラミング教育サービスの拡大に向けて協業しています。

その一環として、ソニー・グローバル社が開発した、創造性を育むためのロボット・プログラミング学習キット「KOOV」と、Z会の小学生向け指導ノウハウを融合し、新たな学びを提供するZ会の通信教育「Z会プログラミング講座みらいwithソニー・グローバルエデュケーション」を共同開発しました。二〇二〇年六月から同講座をスタートさせています。

同講座は、「多様性・不確実性を受け入れるしなやかな姿勢」や「主体的に創造する力」を身に付けるための教育方針をとる「STEAM教育」をベースにしたオリジナルカリキュラムと、ロボット・プログラミング教材KOOVを使って学ぶのが特徴です。

新開発のオリジナルテキスト「みらいワーク」と、アイデアをかたちにできるKOOVを組み合わせることにより、プログラミングのスキルだけでなく、読解力やデータの読み取り、科学的・数学的な思考力といった学力を総合的に育成するプログラミングSTEAM講座を実現した、としています。

同講座には、各一年間で学ぶスタンダード1、スタンダード2、スタンダード3があり、3年間でスタンダードコースが完結します。同講座は「Z会の通信教育」受講者に限定せず、全国の小学生を対象にしています。

## キラメックスが新教室を展開

プログラミングスクール「TechAcademy（テックアカデミー）」を運営する**キラメックス**（東京・渋谷区）は、小中高校生を対象としたオンライン教室を展開しています。「TechAcademyジュニア・オンライン教室」で、学習塾などに期間限定で無償提供してきた教材を自社のオンライン教室でも活用し、収益につなげる狙いです。

コロナ禍で主流となったオンライン学習では、生徒が一人で学習することが多いのが実情です。同社のサービスでは、生徒が自宅のパソコンでプログラミングの自主学習をしたうえで、オンラインで学習内容や成果物を発表します。現役のエンジニアらが講師として成果物を評価し、生徒が自主的にプログラミングを学べるようなコーチングもします。実際の教室にいるかのように発表や意見交換ができる場をつくっています。

同社は、オンライン教室を運営しながら、プログラミングを中心に効率的なオンライン学習の手法の確立を目指す方針です。

**「TechAcademy ジュニア・オンライン教室」の特徴**

- 自分のペースで学習が可能
- 生徒同士で学んだことを発表し合う授業
- 月2回、60分の少人数レッスン授業
- 毎月、生徒限定のライブ授業を配信
- プログラミング知識に長《た》けた講師陣

出所：キラメックス（株）のニュースリリース

5

# 学習塾で広がるＡＩ教材

**学習塾大手の英進館がＡＩ（人工知能）教材を導入するなど、学習塾や予備校がＡＩを使ったカリキュラムの活用を積極化しています。コロナ禍の中で、オンラインでの講義が増えていることに対応する狙いです。**

## 学習の集中度をＡＩが解析

学習塾や予備校でＡＩを使った教材が広がりを見せています。新型コロナウイルスの感染拡大を受け、オンラインでの講義が増えたことに対応するものです。**ＡＩ教材**の導入は、生徒の習熟度に合わせて提示する問題を柔軟に切り替えるなど、きめ細かく指導できるのが大きな特徴です。

九州最大手の学習塾、英進館（福岡市）は二〇二〇年六月からａｔａｍａ ｐｌｕｓ（アタマプラス、東京・品川区）が開発したＡＩ教材「ａｔａｍａ＋」を全五九教室で順次導入しています。中でも中学部一九教室では、中学一年生を対象としたすべての集団授業がａｔａｍａ＋を組み込んだカリキュラムとなっています。

生徒一人ひとりに学びを最適化するａｔａｍａ＋は、一七年から提供が開始され、二〇年六月時点で全国の学習塾・予備校の一八〇〇教室以上に導入されています。英進館は一九年から試験導入し、高い学習効果が確認できたことから全教室で導入することにしたものです。

中学部の一九教室では、中学一年生を対象としたコースの数学と英語の集団授業の一コマを、ａｔａｍａ＋を活用した授業に全面的に切り替えています。生徒が問題を解いていくと、ＡＩが理解度や苦手分野を把握。切り口を変えた問題を提示することなどによって、自動的にカリキュラムを切り替えていきます。学習の集中度もＡＩが解析し、これまでの集団授業では見えなかったデータを活用することで、きめ細かい指導ができるようになるといいます。

## 「すらら」の導入学習塾も増加

学習塾向け教材を手がける東証マザーズ上場の**すららネット**（4-27節参照）は、対話型のデジタル教材「すらら」の導入学習塾数が二〇年四月末時点で一〇〇〇校を突破した、と発表しています。新型コロナウイルス感染拡大による緊急事態宣言で塾の休校が相次ぐ中、同社は全国の小中高と学習塾に対し、合計で一五万人分の「すらら」を無償提供していました。無償期間終了後に導入を決めた学習塾も多かったといいます。

「すらら」は小中高の国語、算数・数学、英語、理科、社会五教科の学習を、先生役のアニメーションキャラクターと一緒に、一人ひとりの理解度に合わせて進めることができるeラーニング教材です。レクチャー、ドリル、テストの各機能により、一人ひとりの習熟度に応じて理解➡定着➡活用のサイクルを繰り返し、学習内容の定着をワンストップで実現できるのが特徴です。

これまでの学習塾のサービスと「すらら」を組み合わせることで、人口減への対応とサービス強化の両面を実現できることも、導入増加につながっています。

### 「すらら」の５つの特徴

1. キャラクターによる対話型のレクチャーで、「わかる!」
2. オーダーメイドな問題点とつまずき診断で、「できる!」
3. 実際の試験を何度でもシミュレーションできるから、「使える!」
4. がんばっている様子をリアルタイムで、「見守る!」
5. ゲームのように楽しくてライバルがいるから、「続く!」

出所：㈱すららネットのホームページ

# 6 二〇二四年度にデジタル教科書導入へ

**音声や動画を活用することで、学習効果を高めることが期待できる「デジタル教科書」が二〇二四年度に導入される見通しです。教科書をタブレット端末などに収めたもので、当面は紙との併用で使われます。**

## 時間制限の再検討も

文部科学省は、紙の教科書内容をタブレット端末などに取り込んだ児童生徒用の「**デジタル教科書**」を二〇二四年度に小学校で本格導入する方針を示し、新たな制度設計を進める計画です。

デジタル教科書は一八年の学校教育改正法を受け、一九年度から紙の教科書と併用できるようになりました。しかし、二〇二〇年度もほとんどの学校が導入していない状況です。

文科省は二四年度の次期教科書改訂に合わせて本格導入するため、デジタル教科書の位置付けや使用時間を制限する現行制度の見直しを始めることにしています。

政府は新型コロナウイルス感染対策での休校長期化を踏まえ、オンライン学習環境を整えるための必要経費を計上しました。その一環として、二〇二〇年度中に全国の小中学生に一台ずつ通信端末を配備するとしました。

一方、政府の経済財政諮問会議などは二〇二〇年六月下旬以降、ハード面での整備と同時に、デジタル教科書などを活用できる制度設計の必要性を指摘していました。現行制度では、デジタル教科書を使用する場合、「各教科の授業時数の二分の一に満たない」との時間制限があります。

これに対して、文科省は「環境整備の加速に合わせ、デジタル教科書のさらなる普及促進を図る」として、こうした制限の再検討をするとの認識を示しています。

## デジタル教科書の機能

| | |
|---|---|
| 拡大 | 画面を大きく拡大して見ることができる。 |
| 音声再生 | 詩の朗読や英語の読み上げ、発音などを聴くことができる。 |
| アニメーション | アニメーションや動画を見ることができる。 |
| 参考資料 | 教科書紙面にはない画像や資料を見ることができる。 |
| 書き込み | 画面上に線や文字を書くことができる。 |
| | 画面上で、ノート、カード、マップ、付せんなどに考えを書くことができる。 |
| 作図、描画 | 画面上で、図を動かしたり数を変えて調べることができる。 |
| 文具 | 画面上で、分度器やコンパスなどを使うことができる。 |
| 保存 | 画面への書き込みなどを保存し、また、見ることができる。 |
| 正答比較 | 正解を画面に出して自分の答えと比べたり、発音を音声認識して自動チェックしたりすることができる。 |

## デジタル教科書の学習者側のメリット

❶書き込みやすく、消しやすい

❷音声や映像を使って学べる

❸学習経過・履歴が可視化できる

❹デジタル教材との一体的な活用ができる

❺教科書やノートの持ち運び負担がなくなる

# 7 NECがオンラインでAI学習

**NECは、オンラインでAIに関する基礎知識などが学べる講座を始めています。AI人材の育成が狙いで、講座はいつでも、どこでも、少しの空いた時間で受講可能。三年間で二〇講座の開講を目指しています。**

## AIの〝学び〟と〝実践〟の場を提供

NECは二〇二〇年六月二九日から、AIに関する基礎知識などが学べるオンライン講座を始めています。社会問題を解決できるAI人材を輩出するための「NECアカデミー for AIオープンコース」のオンライン版「**NECアカデミーOnline for AI**」で、独自の教材を用意し、二〇年一一月までに「AIプロセス入門」「AIリテラシー教育」「AIビジネス活用～基礎～」という三講座を開設しました。

近年、AIの社会実装・活用が急速に進むと共に、経済がデジタル化する中、世界的にもAI人材の不足が大きな社会課題になっています。日本でも、内閣府が「**人間中心のAI社会原則検討会議**」＊において、「人間中心のAI社会原則」の一つとして「教育・リテラシーの原則」を掲げ、産学官共同でAI人材育成に取り組むことを求めています。

また、内閣府の「**AI戦略2019**」＊において、「数理・データサイエンス・AI」をデジタル社会の基礎知識と位置付け、年間約五〇万人の大学生・高専生全員へのリテラシー教育実施と、年間約一〇〇万人の社会人への基礎的情報知識習得の機会提供を目標として発表しました。

こうした中でNECでは、一九年四月から、AIを社会実装・活用する役割を担う社会人や大学生を対象とした、AIの〝学び〟と〝実践〟の場を提供する「NECアカデミー for AI」を開講。一九年度は約六五〇〇人が受講しています。

---

用語解説

＊**人間中心のAI社会原則検討会議**　AIをより良いかたちで社会実装し、共有するための基本原則となる人間中心のAI社会原則を産学官で策定する会議。

## 三年間で二〇講座を開講へ

「NECアカデミーOnline for AI」では、AIリテラシー教育を始め、三年間で二〇講座の開講を目指しています。講座はいつでも、どこでも、少しの空いた時間で集中して受講が可能なように、学習単位ごとに数分の動画にしたマイクロラーニング形式で分割して提供。これにより、多忙な社会人でも隙間時間での学習が可能になると共に、New Normal(新しい日常)を見据え、非集合型の教育として活用できるといいます。

第一弾として、AIを活用したデータ分析やAIを実装したシステム開発に必要となる一連のタスクを学習する「AIプロセス入門」を開始しました。このオンライン講座に合わせ、内閣府の「AI戦略2019」に基づき発表された「数理・データサイエンス・AIモデルカリキュラム」に準拠した「AIリテラシー教育」も二〇年九月から始めています。

「AIリテラシー教育」では、今後のデジタル社会における「読み・書き・そろばん」的な要素である「数理・データサイエンス・AI」に関する基礎知識を学びます。

### 「NEC アカデミー Online for AI」の講座概要

| 講座名 | 講座概要 | 標準学習時間 | 受講費用（税抜） | 提供開始日 |
|---|---|---|---|---|
| AIプロセス入門 | AIを活用したデータ分析やAIを実装したシステム開発に必要となる一連のタスクを学習 | 6時間 | 2万円 | 2020年6月29日 |
| AIリテラシー教育 | 社会におけるデータ・AI活用領域の広がりを知ると共に、データを適切に扱い読み解くための知識や、データ・AIを活用するうえで知っておくべき事項について学習 | 14時間 | 3万円 | 2020年9月 |
| AIビジネス活用～基礎～ | AIを活用したビジネスの企画・立案の進め方や実現性の判断ポイント、プロジェクトを実施する際の心構えについて学習 | 6時間 | 3万円 | 2021年1月 |

※講座は順次追加予定　　出所：NECのニュースリリース

用語解説

＊ **AI戦略2019**　日本政府が2019年3月29日に発表した有識者提案のAI戦略。AI関連領域で実行するべき政策を提言したもので、日本政府のAI戦略の基礎となっている。

# 8 遠隔試験不正をAIで検知

**教育スタートアップ企業がオンライン試験監督システムを開発し、製品化しました。画像認識でカンニングなどの不正を検知するシステムで、オンラインでの試験が増えていることに対応したものです。**

## 画像認識技術で実現

教育サービス事業を展開する東証マザーズ上場のEduLab（エデュラボ）は、オンライン試験監督システムを開発し、製品化しました。画像認識でカンニングなどの不正を検知するシステムで、新型コロナウイルスの影響でオンラインでの試験が増えていることに対応する狙いです。

これまで、受験や各種検定試験の運営においては、教室や会場に集合する形式での試験実施が一般的でした。しかし、新型コロナウイルスの感染拡大を背景に、オンライン試験が定着していくことが予想され、大人数が同時に集合して一斉に受験するかたちでの試験運用のあり方は今後、見直されていくことが確実な情勢です。

こうした中で、人との距離を保ったうえで試験を実施する手段として、在宅での受験やテストセンターを活用することによってテスト会場を分散させるという運用が求められています。一方で、在宅での受験やテストセンターの活用では、本人が受検しているかどうかの証明や、不正行為が行われていないかといった監視を厳密に行うことが難しいという側面がありました。

特に**ハイステークスな試験**＊においては、安全性や平等性が確実に担保された試験運用が行われていることが極めて重要で、コロナ禍での新たな試験運用を実現していくうえでの大きな課題となっていました。そこで、エデュラボは本人確認や不正行為の監視を厳しく実施する仕組みを開発し、ハイステークスな試験でも利用可能な運用を目指すことにしたものです。

用語解説

＊**ハイステークスな試験**　その試験結果が受験者に重要な結果をもたらす試験のことで、大学入試や検定試験などが代表的な例。

## 英語検定にも導入へ

　同社が開発したのは、本人確認に加えて不正行為が行われていないかの監視を実現する、オンライン試験監督システム「Check Point Z」で、国内のテスト関連サービスでは初の取り組みです。

　Check Point Zは、試験実施中の受験者の様子やパソコンの操作ログなどをすべて記録し、AIと人によりそれらをチェックすることで、テスト受験者の受験中の様子を厳密に確認することが可能となります。

　AIによるチェックは、目線の動きを追うアイトラッキングを始めとして様々な技術を組み合わせることで実現しました。最終的には人の目でも受験者の挙動を確認することで、より厳密な本人確認や不正行為チェックが可能となりました。

　二〇二〇年七月からエデュラボが提供しているオンライン英語テスト「CASEC」*に組み込んでサービスを始動。また、公益財団法人日本英語検定協会が在宅で受験可能な「英検」への導入も計画しています。

オンライン試験監督システム「Check Point Z」の概要

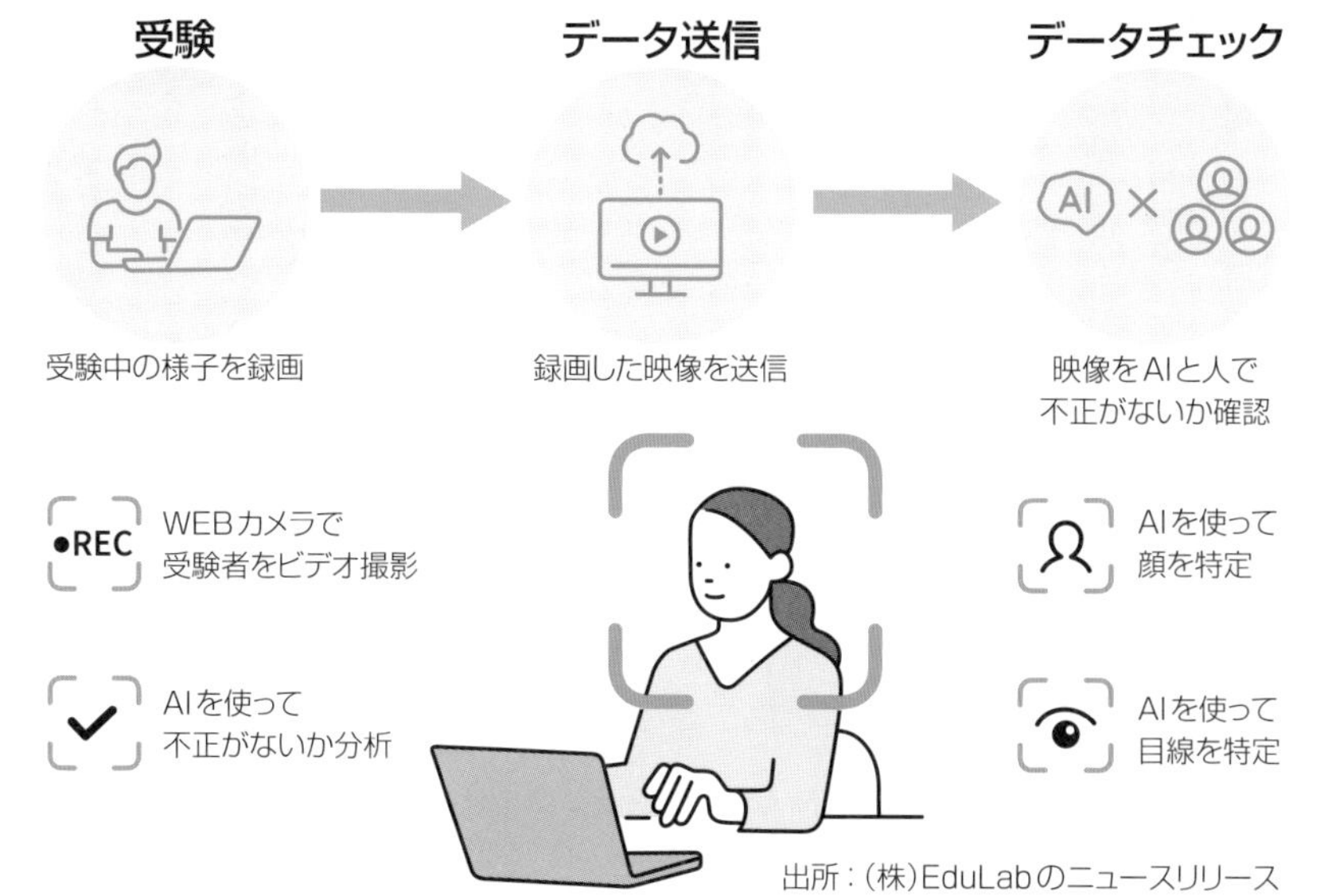


出所：(株)EduLabのニュースリリース

**用語解説**

＊**CASEC**　エデュラボが開発・運営しているアダプティブ(個人適応型)オンライン英語テスト。これまでに229万人以上が受験している日本最大級のオンライン英語テスト。

# 9 GIGAスクール構想の推進

**文部科学省が二〇一九年一二月に打ち出した「GIGAスクール構想」。小中学校の児童生徒一人一台のパソコン配備と、校内の通信環境整備などを柱とするもので、その取り組みが加速しています。**

## 一体的な支援で環境を整備

学校へのICT(情報通信技術)導入は遅れています。文部科学省によると、教育用コンピューター一台当たりの児童生徒数は五・四人(二〇一九年三月一日現在)にとどまっています。自治体間で整備状況の格差も広がっています。

こうした現状を受けて同省は「GIGAスクール構想」を打ち出し、ハード、ソフト、指導体制の一体的な整備を支援することを決めました。多様な個性を持つ子どもたち一人ひとりに個別最適化され、創造性を育む教育を全国の学校で持続的に実践することを目指しています。

ハード面では、小中学校の児童生徒一人一台のパソコン配備と、端末の利用に欠かせない高速大容量の校内通信ネットワークの整備を支援します。また、自然災害や感染症の発生による学校の臨時休業時にも、家庭でオンライン学習などができる通信環境の整備も後押しすることにしています。

ソフト面では、デジタル教科書・教材など良質なデジタルコンテンツの活用促進のほか、児童生徒の理解度に応じて問題を出題するAIを活用したドリルなど、デジタルならではの学びの充実を図ります。学習用ツールと共に校務のクラウド化も推奨しており、出欠管理や成績処理の効率化など、教員の負担軽減につながることも期待されています。

同省では一九年度と二〇年度の補正予算で総額四六一〇億円を計上し、構想実現を図っていく計画です。

## 無限に広がる学びの可能性

児童生徒一人一台のパソコンと高速通信環境が整備されることで、未来の学びは大きく変わるのは間違いないでしょう。例えば、検索サイトを活用した学習では、課題や目的に応じて一人ひとりが主体的に情報を集め、その真偽を含めて整理・分析する力を養うことが期待されます。より実践的な情報モラル教育にもつなげることができます。

文書作成ソフトやプレゼンテーションソフトなどを使えば、長文のリポート作成や、クラスメートと互いの考えを共有しながら学び合うことも手軽に行えます。写真、音声、動画などを活用した資料作成や作品制作も可能です。

デジタル教材の活用で、各教科の学びを深めることもできます。工夫次第で、学びの可能性は無限に広がっていくのです。児童生徒一人一台のパソコンと高速通信環境は、鉛筆やノートと同じ学習アイテムであり、令和時代の学校教育のスタンダードになると期待されています。

### 1週間のうち、教室の授業でデジタル機器を利用する時間

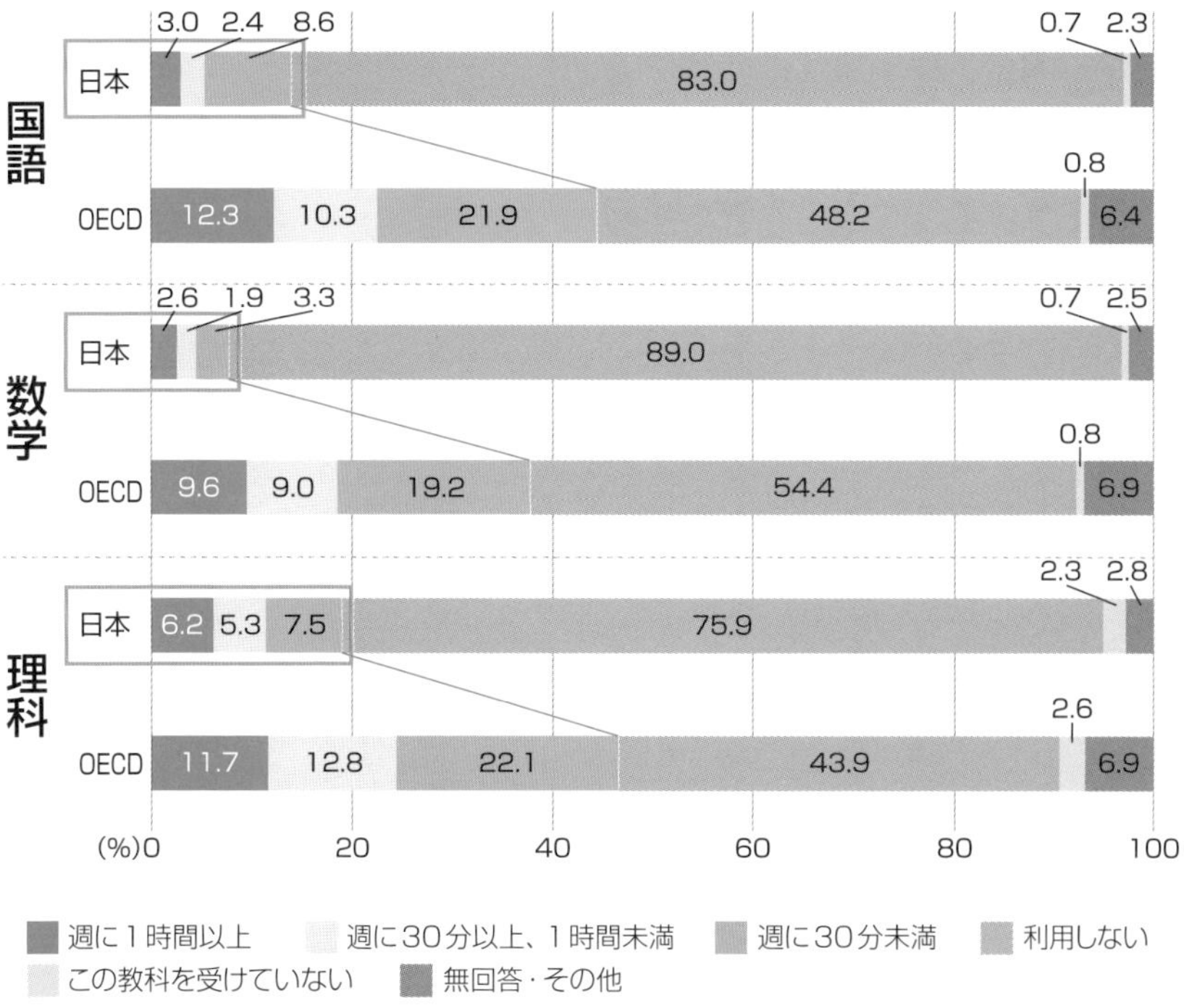


出所：「2018年の学習到達度調査」(OECD)

10

# 中高生向け英語教材で提携

**AI英語教材を手がけるGlobeeと三省堂が業務提携し、中高生向け市場への展開を始めています。英語教科書「CROWN」と、AIによる個別最適化で学校と家庭の学習効率を最大限に高める狙いです。**

## アプリと英語教科書などと連携

AIを活用した英語教材を手がけるGlobee(グロービー、東京・港区)は、三省堂(東京・千代田区)と業務提携し、中高生向けの市場を開拓しています。グロービーのアプリ*と三省堂の教科書や辞書、参考書を連携させて生徒の学習効率を高める狙いです。

グロービーのアプリ「abceed(エービーシード)」と三省堂の教科書「NEW CROWN(ニュークラウン)」などを連携させました。エービーシードは英語の四技能(読む・書く・聞く・話す)に対応しており、特にスピーキング力の強化について、AIを活用した機能も利用可能になります。

例えば、アプリに吹き込んだ音声をAIがスコアリングし、自学では気付くことができない発音の弱点を発見することができます。さらに、吹き込まれた音声をテキストに変換することで、スピーキング問題の解答をアプリ上で行うことができ、スピーキング課題の作成・採点も可能になります。

生徒はスマートフォンやタブレット端末のアプリから三省堂の英語教科書や辞書にアクセスできるようになり、弱点を補いながら効率的に英語を習得することができます。個人の学習状況に合わせた問題の**レコメンド機能***もあり、効率的に学習を進められるのが特徴です。

教員が教科書に準拠した宿題をアプリ経由で配信できるなど、遠隔授業にも対応できるようにしており、教員の負担軽減につながります。

用語解説
***アプリ**　アプリケーション・ソフトウェアの略称。スマートフォンやタブレット、Windows(ウィンドウズ)では、「アプリ」が標準的な呼び名として使われている。

## 「GIGAスクール構想」が追い風

エービーシードはこれまで、英語検定試験「TOEIC」対策のアプリとしてユーザー数を増やしてきました。グロービーは、私立中学の英語教科書でシェア首位の三省堂と組むことで、私立の中高を手始めに普及を図る方針です。

また、二〇一九年末に文部科学省から提唱された「GIGAスクール構想」（1-9節参照）に合わせて、学校教育分野への展開を図ります。GIGAスクール構想では、学校現場でもパソコンやタブレット端末の導入とICT対応、EdTech（エドテック）を活用した学習の効率化が求められているとし、児童生徒一人につき一台の学習用端末を供与する計画が示されています。

新型コロナウイルスの感染拡大の影響で、二〇二〇年度内の端末配備完了へと目標が前倒しされています。ITやインターネットを積極的に活用した新しい学習方法に注目が集まる中で、デジタル教材導入にも追い風となりそうです。



### AI英語教材「abceed」と三省堂の連携概要

**連携のポイント**

- 教科書に準拠した内容で、学校の授業と家庭での自主学習がシームレスに連携
- AIを活用し、個別に最適化した学習を実現
- 宿題の作成／採点／評価にかかる教員の負担を大幅に削減
- 今後ますます求められるスピーキングの強化も、AIを活用したトレーニングにより実現
- 英検／TOEICなどの資格試験対策にも対応

出所：（株）Globeeのニュースリリース

用語解説

＊**レコメンド機能**　利用者の購入履歴やアンケート、好みが似た他の利用者の情報を分析し、適切な物品やサービスを絞り込んで推薦する機能。

# 11 動画配信で教育機関を支援

**ソフトウェア開発企業が教育機関向け動画配信プラットフォームを開発し、提供を始めるなど、動画を活用して教育機関を支援したり、遠隔教育を支援したりといったサービスが拡大しています。**

## 対話的な動画教育を実現

動画を活用して教育機関を支援したり、遠隔教育を支援したりといった動きも広がりを見せています。東証マザーズ上場の**CRI・ミドルウェア**は、教育機関向け動画配信プラットフォーム「スマート授業 by LiveAct PRO（ライブアクトプロ）」を開発し、提供しています。

新型コロナウイルスの感染拡大の影響で通常の授業が困難な学校や学習塾などを対象にしたサービスです。自社が保有する動画配信プロットフォーム「LiveAct PRO」を教育業界向けに進化させたもので、遠隔での授業運営を支援するための動画配信サービスです。遠隔授業に必要な機能群を搭載し、従来の一方向の動画講義では不可能だった「対話的な動画教育」を、ITリテラシーや専用の端末を一切必要とせず手軽に実現できるのが特徴です。

機能としては、具体的に①チャプター単位での確認問題出題、②スキップ禁止、③倍速再生、④学習アナリティクス（受講者ごとの視聴状況や確認問題の解答状況などの解析が可能）、⑤スマートカリキュラム（学習者ごとの最適なカリキュラムを実現）、⑥セキュリティ、⑦公開期間の制限（受講資格を持つ期間だけ、動画コンテンツを視聴可能にできる）、⑧超高音質な音声再生——といった八機能が挙げられます。

学校の授業だけでなく、予備校・学習塾や家庭教師、各種カルチャースクール、楽器の遠隔個人レッスン、社員研修などにも利用することができます。

## 授業動画や教材などを共有

ＮＴＴコミュニケーションズ（ＮＴＴコム）は、クラウド型の学校向け教育サービス「**まなびポケット**」で、教師らが作成した授業動画やプリント教材などを共有する「Ｏｎｅ Ｓｃｈｏｏｌプロジェクト」を始めています。

全国の教師や教育関連企業がつくった授業の動画や、独自のプリント教材の写真を集め、「まなびポケット」で公開、児童生徒の「学びを止めない」環境づくりに貢献しようという狙いです。

同プロジェクトは、新型コロナウイルス対策で休校措置が継続された中、遠隔教育のサービスを強化しようとスタートしました。ＮＴＴコムは、新型コロナによる一斉休校を受け、二〇二〇年二月末から、「まなびポケット」のサービスや一部の学習内容を無償で提供しています。

Ｏｎｅ Ｓｃｈｏｏｌプロジェクトでは、新たに全国の小中学校や教育委員会、企業などから独自教材の動画や写真のデータを集め、全国の教師や生徒が利用できるようにしました。全国で休校措置が終わったあともサービスを継続しています。

「まなびポケット」による「One School プロジェクト」の概要

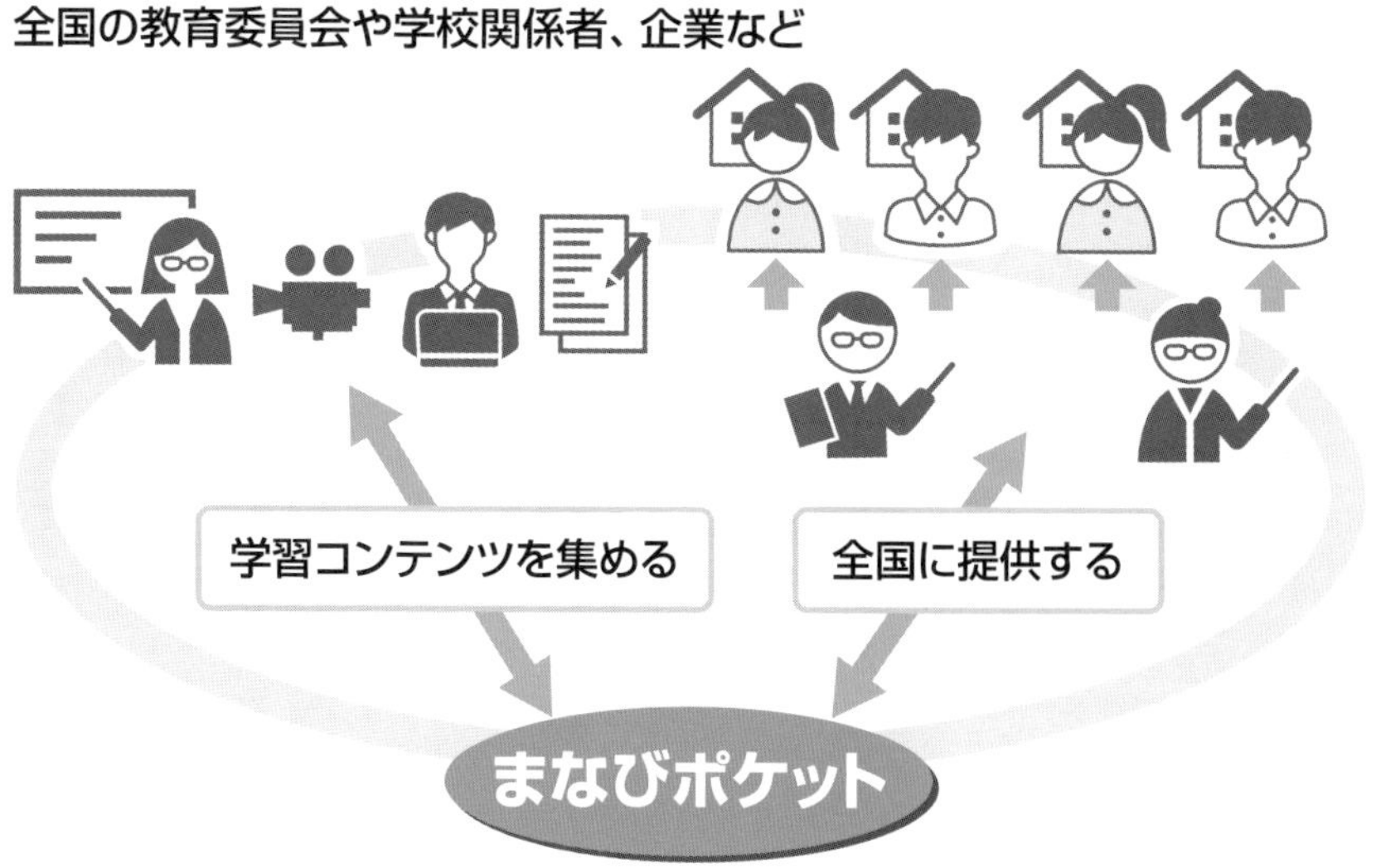


出所：NTT コミュニケーションズ（株）のニュースリリースを参考に作成

# 12 注目集める「EdTech（エドテック）」

ＩＴを活用した新しい教育サービスである「EdTech（エドテック）」が注目されています。その背景には何があるのでしょうか。エドテック関連の教育サービスを提供する企業も増えつつあるのが現状です。

## 教育格差を解消する

「EdTech（エドテック）」が教育サービス業界から注目されています。そもそもエドテックとはどのような教育サービスなのでしょうか。エドテックとは、Ｅｄｕｃａｔｉｏｎ（教育）とＴｅｃｈｎｏｌｏｇｙ（テクノロジー）を組み合わせた造語で、テクノロジーによってもたらされる教育分野の変化の総称を意味します。ＩＴを活用した新しい教育サービスといってもいいでしょう。

誕生したのは二〇〇〇年代中頃で、インターネットの発展による教育環境の変化を指す動きと捉えることもできます。いつでも教育サービスにアクセスできるものから、オンライン環境においてコミュニケーションを可能にするものなど、その内容は多岐にわたっています。

よく比較されるeラーニングとの違いですが、双方に明確な違いがあるわけではありません。ｅラーニングとは、インターネットやデジタルメディアを利用して学生の教育や社員の研修を行うサービスです。ｅラーニングには当然、ＩＴ技術が活用されており、エドテックといわれる領域と重なります。学習・教育環境を改善するという本質的なサービスの価値は変わりませんが、時代背景やタイミングによって呼び方が異なっていると理解すればいいかもしれません。

エドテックは、様々な教育格差の解消につながると期待されています。例えば、経済格差よる教育レベルの差、親の学歴・収入による学習機会の差、都会と地方での学習機会の差などです。

## サービス提供企業も増加

グローバル人材の育成や英語力の向上においてもエドテックが果たす役割は大きいといわれています。グローバル化が進む現代の教育には、世界で活躍できる人材の輩出が期待されます。そうした中で、前提条件となるのが「英語」です。大学受験においても、センター試験が廃止されるなど、読む・聞くなどのインプットの学習だけではなく、話す・書くといったアウトプット型スキルの重要性が増しています。

この流れに対応し、ビデオ通話などを活用したオンライン英会話やＡＩを活用した英会話、音声技術による発音習得の効率の向上など、英語学習の環境は年々進化しています。これらの教育サービスを提供する企業も増えつつあります。

経済産業省と日本貿易振興機構（ジェトロ）は、エドテックの海外展開を支援する事業を展開しています。タイやインドネシア、フィリピンなどアジア各国でもオンライン教育の需要が高まっていることに対応したものです。

**エドテック関連のサービス提供企業の事例**

| | |
|---|---|
| atama plus(株) | 中高生向けのAI分析教材「atama＋」を開発 |
| (株)スピークバディ | 音声認識・会話AI技術を活かしたAI英会話「SpeakBuddy」を開発 |
| (株)CLEAR | 学習内容を生徒間で共有できるアプリケーション「CLEAR」を展開 |
| (株)COMPASS | 人工知能型タブレット教材「Qubena(キュビナ)」を開発 |
| (株)サイトビジット | 司法試験や公認会計士などの学習サイト「資格スクエア」を運営 |
| (株)すららネット | ゲーミフィケーション*を応用した対話型アニメーション教材「すらら」を開発 |
| スタディプラス(株) | SNS機能を搭載した学習管理アプリ「Studyplus」を提供 |
| (株)Schoo(スクー) | ビジネススキルや働き方に関する知識などの生放送授業が視聴できる「Schoo」を提供 |

出所：各社のホームページ、ニュースリリース

用語解説

*ゲーミフィケーション　ゲームデザイン要素やゲームの原則をゲーム以外の物事に応用することをいう。

13

# 広がるネット学習サービス

**ネット上で動画を使った授業をしたり、実際に講師が生徒に会って教えたりするサービスが広がっています。自分の知識やスキルを有料で提供するもので、ITや語学、ヨガなど幅広い領域に及んでいます。**

## プロフィールを登録して講師に

インターネットを通じて自分の知識やスキルを有料で提供するサービスが広がっています。ネット上で動画を使った授業をしたり、実際に講師が生徒に会って教えたりするという新しいスタイルです。ITや語学、ヨガなど、講座の内容は幅広く、講師としても生徒からの反応次第で収入増や知名度向上につながります。

サービスを手がける代表的なサイトは、**Udemy(ユーデミー)**、**ストアカ**(旧称:ストリートアカデミー)。ユーデミーは動画配信のオンライン学習サービスで、講師になるにはサイトに自分のプロフィールを登録する必要があります。講座のカリキュラムを作成し、内容のチェックを受けたあとに公開となります。

動画は自分で撮影して編集しますが、撮影機材などは借りることができます。講師の中には、自分が話す様子を撮影したり、講座で使う資料を画面で映しながら音声を入れる人もいるそうです。

ユーデミーは米国で始まり、世界中で五〇〇〇万人以上の受講者がいるといいます。日本では二〇一五年からベネッセコーポレーションが日本語版を提供。講座数は約五〇〇〇を数えています。受講料は一講座二四〇〇～六〇〇〇円で、生徒が内容に納得できない場合は三〇日間の返金保証を用意。講師にはユーデミーへの手数料を差し引いた全額が支払われる仕組みです。

## 問われる講師の質

講師が実際に生徒と会って教えるのがストアカで、

サイトで講師と生徒を募集してマッチングしています。授業の場所は貸会議室やイベントスペースなどで、サイト内で紹介します。講座は全国各地で開かれており、生徒は自分の都合のいい場所と時間を選ぶことができます。

受講者数は延べ四三万人で講座数は約四万三〇〇〇。受講料は五〇〇円から自由に設定することができます。講師は全国で約三万二〇〇〇人。それぞれが専門知識やスキルを活かした講座を提供しています。

講師の質は、講座を受けた生徒によって評価されます。口コミを書き込むコーナーでは、講座に対する意見が寄せられ、講師を選ぶ基準の一つになっています。人気の講座は定員数がすぐに埋まるため、講師にとっては自分のブランドをつくれる場になっているようです。

ストアカを運営するストリートアカデミーが新型コロナによるオンライン講座開催前とあとの利用動向を調べたところ、二〇年三～六月の四カ月間でオンライン講座の受講数は延べ四万四〇〇〇件以上に達し、人気の高さを浮き彫りにしました。

**ネットを通じた知識・スキルの提供サービス**

| 名称 | 提供(運営)会社 | 概要 |
| --- | --- | --- |
| Udemy<br>(ユーデミー)<br>https://www.udemy.com/ja | (株)ベネッセコーポレーション | 優れた知識・スキルを持つ人と本気で学びたい人をつなぐ世界最大級のオンライン学習プラットフォーム。受講者は購入後、30日間以内の返金が受けられる。 |
| ストアカ<br>https://www.street-academy.com | ストリートアカデミー(株) | 「身近な人から気軽に学べる社会をつくる」が基本理念。公開講座数は4万3000件以上、累計受講者数は43万人を突破(2020年6月末)。 |

出所：各社のホームページを参考に作成

# 14 MOOCの登場で学びが変わる

**大学の講義とインターネットによる予習を組み合わせ、学習効果を高める試みが広がり始めています。大規模公開オンライン講座の登場が授業でのネット利用に弾みを付け、学びの姿勢を変えようとしています。**

## 反転授業が特色の日本版

インターネットの利用が、とりわけ大学の授業を中心に広がり始めています。ネット経由で大学の授業を誰でも受けられる「大規模公開オンライン講座（MOOC＊：ムーク）」の登場が、授業でのネット利用に弾みを付けています。

MOOCは二〇一二年に開講した米国スタンフォード大学のコーセラや、同マサチューセッツ工科大学（MIT）とハーバード大学のエデックスが先駆けです。受講者は三五〇〇万人を超えています。

参加大学は著名教授を起用して大学の知名度を高めたり、優秀な留学生を集めたりする戦略を競っています。MITは経営学の修士号を取得できる有料コースを設けるなど、収益モデルも多様化してきました。

日本では山梨大学工学部や島根大学などが独自に予習教材をつくり、授業で活用したのが先駆けです。一四年四月には、主要大学や企業が加わる「日本オープンオンライン教育推進協議会（JMOOC）」が日本版MOOCを開講しました。

日本版MOOCは、**反転授業**と呼ばれる学習法が特色になりつつあります。知識を覚えるのは予習で済ませ、教室での授業はその応用に充てるという学習法です。もともと米国で始まりましたが、勉強に熱心ではない大学生も予習の習慣が身に付き、学びの姿勢を変える可能性があるともいわれています。

ただ、参加大学は約四〇、受講者は延べ一〇〇万人にとどまっており、今後の広がりが期待されています。

**用語解説**

＊MOOC　オンラインで誰でも無償で利用できるコースを公開し、修了者に修了証を発行するサービスで、世界トップクラスの大学によって様々なコースが提供されている。コーセラ、エデックスへの登録者数合計は3500万人以上に達しており、MOOCを利用した世界規模の高等教育プラットフォームが形成されている。

**MOOC の仕組み**

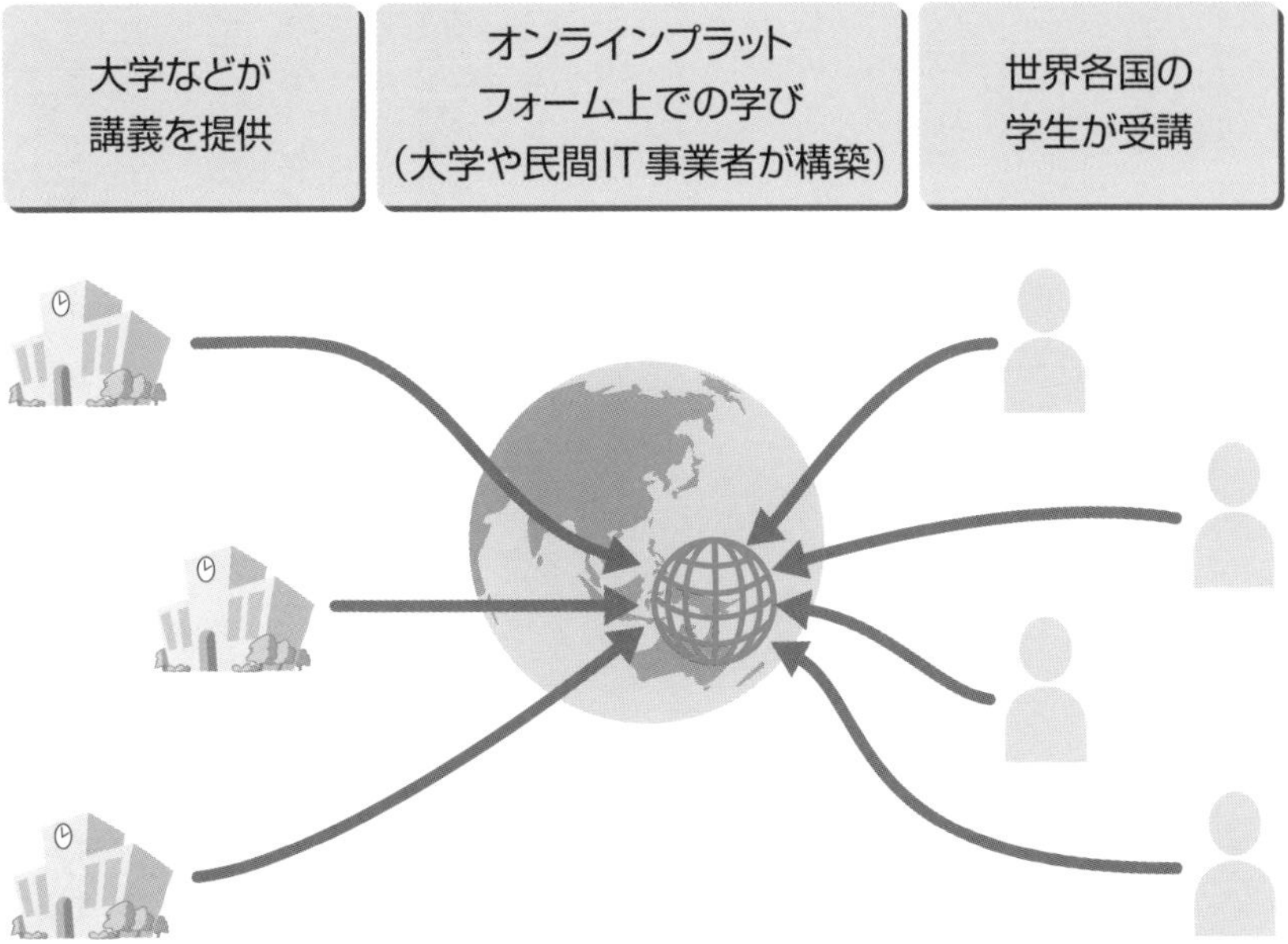


**JMOOC（日本オープンオンライン教育推進協議会）の概要**

| | |
|---|---|
| ●理事長 | 白井克彦　早稲田大学名誉顧問 |
| 正会員 | 早稲田大学、桜美林大学、大阪大学、大阪産業大学、関西大学、大手前大学、京都大学、金沢大学など37大学<br>（株）内田洋行、（株）ナガセ、（株）ウィザス、（株）学研ホールディングスなど20社<br>国立情報学研究所、一般財団法人高度映像情報センターなど11機関・法人 |

出所：JMOOCのホームページ／2020年9月現在

15

# 英会話力をAI測定し提供

**オンライン英会話サービスを中心に事業を展開するレアジョブが、英語スピーキング力測定システムを開発し、サービスを提供しています。AIを活用し、採点の自動化を実現しています。**

## 採点の自動化を実現

英語関連事業を手がける東京証券取引所一部上場のレアジョブ（4-25節参照）は、英語スピーキング力測定システム「PROGOS（プロゴス）」を開発しました。そして、PROGOSを活用した英語スピーキングテスト「レアジョブ・スピーキングテストpowered by PROGOS」のサービスを提供しています。

これまで国内では、英語のスピーキング力を測定するテストは存在したものの、一定の指標が定まっていないなどの課題がありました。そこでPROGOSでは、英語のコミュニケーション能力を表す国際標準規格の「CEFR（セファール）」に準拠し、ベースとなる指標としました。

ケンブリッジ大学英語検定機構や英国文化振興会などが展開する試験もCEFRに準拠しており、信頼性の高い指標として世界的に普及しています。レアジョブも、自社の「スマートメソッドコース」などのサービスで、グローバル標準であるCEFRに適合する指標としてPROGOSを採用しています。

音声認識や自然言語処理を始めとするAI技術を活用し、採点の自動化を実現したのも特徴です。テストはマイクとスピーカー機能があるパソコンがあれば誰でも受験でき、約二〇分で測定することができます。

測定した英語スピーキング力に合わせて、個々の学習者がどのように取り組めば英語スピーキング力を改善できるか、というフィードバックも可能となります。

## 受験者数は三年後一〇〇万人へ

多くの日本企業は、グローバルなビジネス展開を推進できる人材の採用と育成を経営課題と認識しながら、実践の手立てを模索しているのが実情です。英語研修を実施しても英語のスピーキング力を定量的に測定する指標がなく、経験や感覚などで定性的に判断せざるを得ないからなのです。

そうした課題を解決するのがＰＲＯＧＯＳであり、同システムを活用したサービスの提供です。価格は一回当たり個人向けが五〇〇〇円（税別）、法人向けが二九八〇円（同）。レアジョブでは、三年後に年間一〇〇万人の受験者数を目指しています。

さらに、「将来的には、プロゴス単体での他社への提供も視野に入れています。レアジョブが培ってきた英語関連事業における教育的な知見、高い技術開発を実現できるアセットを通して、社会課題の解決と共に、語学試験市場に新たな価値を提案していく」と同社は明言しています。

### 英会話力測定システム「PROGOS」の概要と特徴

**概要**

| | |
|---|---|
| コンテンツ | ビジネス英会話テスト |
| テスト形式 | 自動音声・スクリーンの問題表示に従い解答 |
| 試験時間 | 約20分 |
| 受験方法 | 個別受験（マイク・スピーカー機能のあるパソコン） |
| 評価形式 | 総 合 評 価：CEFR（CEFR-J）レベル<br>指標別評価：CEFRが定義する6つの発話の質による評価項目に分けた評価 |
| 採点方法 | AIによる自動採点、採点官による手動採点 |

**特徴**

❶CEFRに準拠したテスト問題により、定量的なレベル判定が可能
❷学習のアドバイスを前提としたテスト＆フィードバック
❸自動採点により、短時間での確認が可能

出所：（株）レアジョブのニュースリリース

16

# プログラミング教育で提携

**やる気スイッチグループが、AI開発のPreferred Networksとプログラミング教育事業で提携し、子どもたちの好奇心を刺激する独自の教材を活用したプログラミング教室を全国で展開しています。**

## 子どもたちの好奇心を刺激

総合教育サービス事業を手がける**やる気スイッチグループ**（東京・中央区）は、ＡＩ開発のPreferred Networks（東京・千代田区、プリファードネットワークス、ＰＦＮ）と業務提携。ＰＦＮが開発したプログラミング教材「**Playgram（プレイグラム）**」を活用し、プログラミング教室のパッケージ化と全国展開を始めています。

プレイグラムは、小学校高学年から中学生まで学べる本格的なプログラミング教材です。やる気スイッチグループは、このプレイグラムを活用し、個別指導学習塾「スクールＩＥ」や英語で預かる学童「Ｋｉｄｓ Ｄｕｏ」、バイリンガル幼児園「Kids Duo International」などで培ってきた講師の指導メソッド（講師がきっかけを与えて伴走することで、生徒が自律的に学ぶ力を付ける手法）と組み合わせます。

同社は、このプレイグラム活用のプログラミング教室について、二〇二〇年八月から、Ｋｉｄｓ Ｄｕｏ有明ガーデン、**やる気スイッチスクエア武蔵小杉校***、スクールＩＥ立川校の首都圏三教室、およびオンライン教室で第一期生を募集し、授業を先行スタートさせています。

プレイグラムは子どもたちの好奇心を刺激し、自発的な学びを促す本格的なプログラミング教材です。これをやる気スイッチグループの指導メソッドと組み合わせることで、子どもたちが将来のアプリケーション開発に活かせるスキル、課題解決力、自由な創造力を身に付けることを目指します。

---

用語解説

* **やる気スイッチスクエア武蔵小杉校**　スクール IE 武蔵小杉校、チャイルド・アイズ武蔵小杉校、WinBe 武蔵小杉校を併設。幼児から小学生・中学生・高校生まで、それぞれの目的に合わせて学べる複合型教室。

## 全国一〇〇〇教室で展開目指す

今回の提携に際して、やる気スイッチグループの高橋直司社長は、「プレイグラムはプログラミングの入門から本格的なプログラミング習得までの広い視野に立って開発された教材で、子どもたちの自発的な学びを促す要素が豊富に盛り込まれています。子どもたちの未来の可能性を広げる選択肢の一つとして、このプログラミング学習をより多くの子どもたちに届けていきたい」と話しています。

一方、PFNの西川徹CEOは、「次世代を担う子どもたちに、幼少期から本格的なプログラミング技術に触れ、論理的かつ創造的な思考力を身に付ける機会を提供することが不可欠です。プログラミングはイマジネーションを爆発させる手段です。すべての子どもたちがその力を身に付けることができるよう、両社の強みを活かしていきたい」と強調しています。

やる気スイッチグループは、プレイグラム活用のプログラミング教室を全国に広げ、一〇〇〇教室での展開を目指しています。

**やる気スイッチグループとPFNの提携概要**

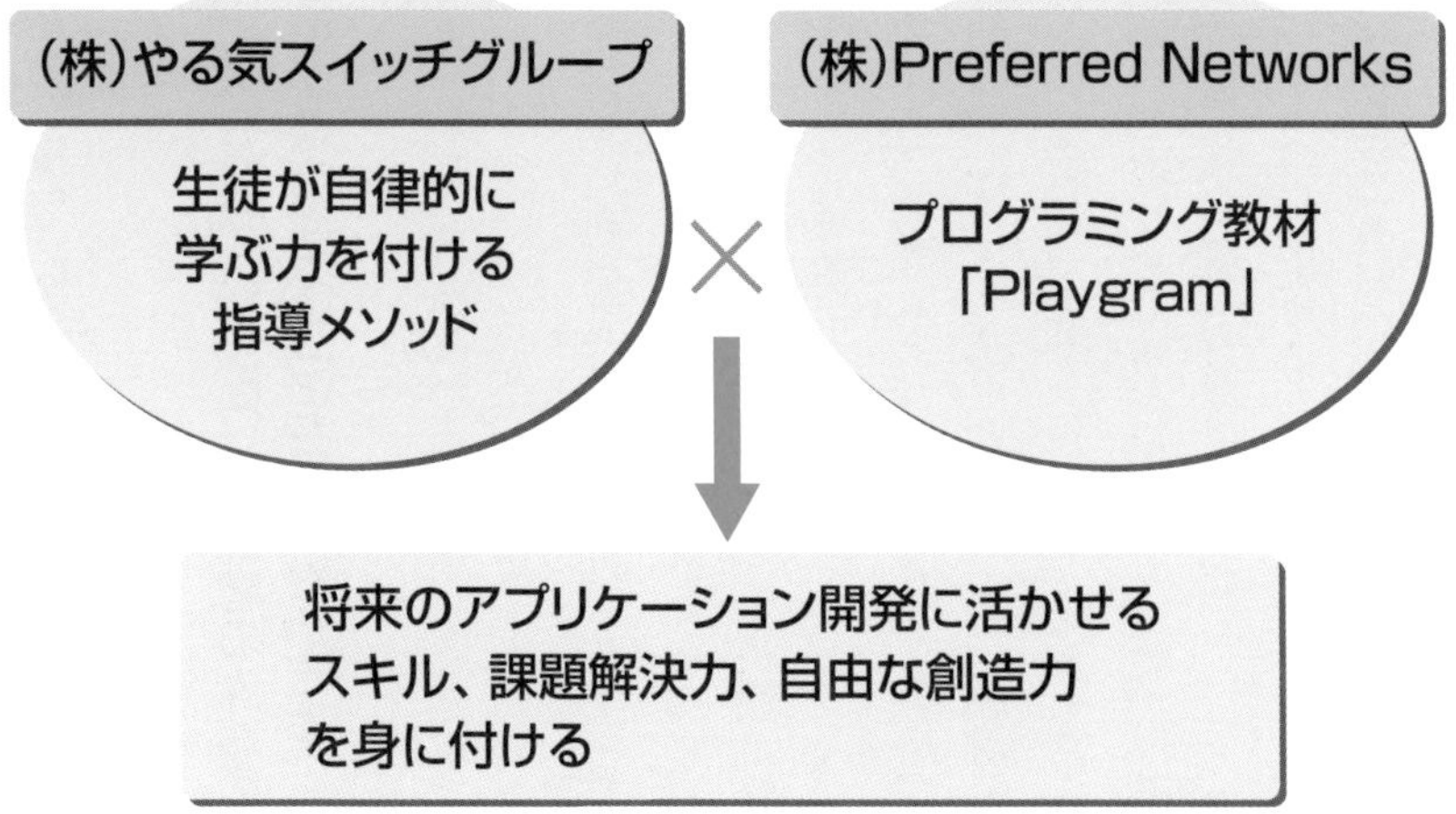


出所：(株)やる気スイッチグループのニュースリリース

# 17 「複業先生」の試験運用を開始

**教員の人材不足が顕在化している中で、教育関連のITサービス会社が、学校向けに民間の人材を講師として紹介するオンラインサービスを始めています。外部人材の活用を積極的に後押しする試みです。**

## 外部人材活用を後押し

教育関連のITサービスを手がけるLX DESIGN（東京・千代田区）は、学校向けに民間の人材を特別授業の講師として紹介するオンラインサービスを始めています。ITや起業、語学などの分野で外部人材の活用を進めたい学校と、自分の知見を教育の現場で活かしたい人材をつなぐ狙いです。

学校教育に特化した人材仲介サービス「**複業先生**」の試験運用を始めたもので、同社は「教育業界特化型〝複業〟案件プラットフォーム〝複業先生〟」と名付けています。学校側は、初期費用や採用成功時の成果報酬などは必要なく、教えてもらいたいテーマや報酬などを記した求人案件をサイトに登録し、月額掲載料のみで「先生」の仕事をしたい外部人材を確保することができます。

講師を務めたい利用者は、教えられるテーマを無料登録し、学校側が提示する案件の中から希望の授業に応募します。登録された人材を見て、学校側からアプローチすることも可能です。

「複業先生」は、書類などによる煩雑な手続きは不要であり、約三分でエントリーを完了でき、「教員免許は持っていないけれど知識やノウハウを子どもたちと分かち合いたい」「塾での指導経験を活かしたい」「複業をするなら直接、社会課題の解決に携わりたい」といった利用者のニーズに対応するとしています。

また、学校側は「教員に興味はあったが、一歩が踏み出せなかった」という潜在層や教員志望の大学生にもダイレクトにアプローチできるようになります。

## 教員の人材不足が顕在化

近年、団塊世代の大量退職や若手教員の離職・転職、教員の待遇改善が進まないことにより、教員人材の不足が顕在化しています。例えば、英語教科化を進めるにも海外経験者が一人もいない、プログラミング教育必修化が決まったもののICT活用が進まない、などといった声が現場から寄せられていました。

さらには、新型コロナウイルス感染拡大の防止対応に留意しながらの学校再開により、政府は教員や学習指導員らを公立校に増員する方針です。こうしたことから、今後ますます学校現場への外部人材の活用が求められると見込まれています。

同社は、「教員免許がなくても、フルタイムで働いていても、フルリモート形式でも、時間・場所に捉われずに一人でも多くの方に教育業界に携わっていただく。そして、学校現場の多様性を認めることで、子どもたちに未来が広がる機会を提供できると考え、〝複業先生〟のサービスを開始するに至った」としています。

### 学校教育特化型複業探しサービス「複業先生」の概要

**利用者側**

❶"複業先生"サイトより無料登録
❷教えたい教科・内容、こだわり、条件から好きな案件を選ぶ
❸学校とのオンライン面談

**掲載希望側**

❶学校または自治体が求人を案件掲載フォームから登録
❷オンライン上での書類選考・面談・申請書類受付完了次第、業務開発

出所：(株)LX DESIGNのニュースリリース

# 18 「特定技能」への切り替えを支援

**学習塾大手の明光ネットワークジャパンと人材会社のウィルグループが、日本語学校などに通う留学生の在留資格を「特定技能」に切り替える支援を始めると発表しました。**

## 試験対策から就職までサポート

学習塾大手の**明光ネットワークジャパン**と人材会社のウィルグループは、国内の外国人人材の教育と就職支援を目的とした業務提携契約を結びました。日本語学校などに通う留学生の在留資格を**特定技能**に切り替える支援を始めるというのが主な内容です。

明光が開発した技能試験の対策講座を日本語学校に提供し、ウィルグループが受講者に就職先を紹介します。特定技能人材の流入が進まない中、国内で仲介ニーズが見込めると判断しました。

明光ネットワークは都内で二カ所の日本語学校を運営しています。日本で就職したい留学生向けに特定技能の技能試験対策のオンライン講座を設けており、これを他の日本語学校や専門学校に無償で提供します。

ウィルグループは、特定技能人材を日本企業に紹介するサービスを手がけています。両社が協業し、試験対策から就職まで一貫してサポートを行います。企業から紹介料を受け取り、学校や留学生は無償で利用することができます。

特定技能は、国内で人材不足が叫ばれている業種で「即戦力」として外国人労働者を受け入れる制度で、二〇一九年に始まりました。雇用される外国人労働者は、その業種ですぐに働ける技術または経験と、日本語でのコミュニケーション能力が求められ、その能力を特定技能試験で判定します。雇用は原則として正職員となり、報酬も日本人と同等以上、また同業種間であれば転職も認められます。

## 対象講座は介護など四業種に対応

今回の支援の対象講座は、特定技能の対象である一四業種（介護、ビルクリーニング、農業、漁業、飲食料品製造業、外食業、素形材産業、産業機械製造業、電気・電子情報関連産業、建設業、造船・舶用業、自動車整備業、航空業、宿泊業）のうち、介護、外食、宿泊、飲食料品製造の四業種となっています。

一講座二〇〜三〇分程度で、留学生は、業種によって異なりますが一二〜三六の講座を受講します。一〜二カ月で技能試験に合格できるだけの知識を身に付けられるようにしたといいます。このほか、ビジネスマナーに関する講座も用意しました。内容は六〇分講座が三回で、オンラインによる集団授業（八〜一二〇人）方式です。

ウィルグループの子会社であるウィルオブ・ワークおよびウィルオブ・ファクトリーは、特定技能の中でも求人数が多い飲食料品製造、介護、外食の求人を国内各地で保有しています。このため、「幅広く紹介することが可能」とアピールしています。

**在留資格の「特定技能」切り替え支援の仕組み**

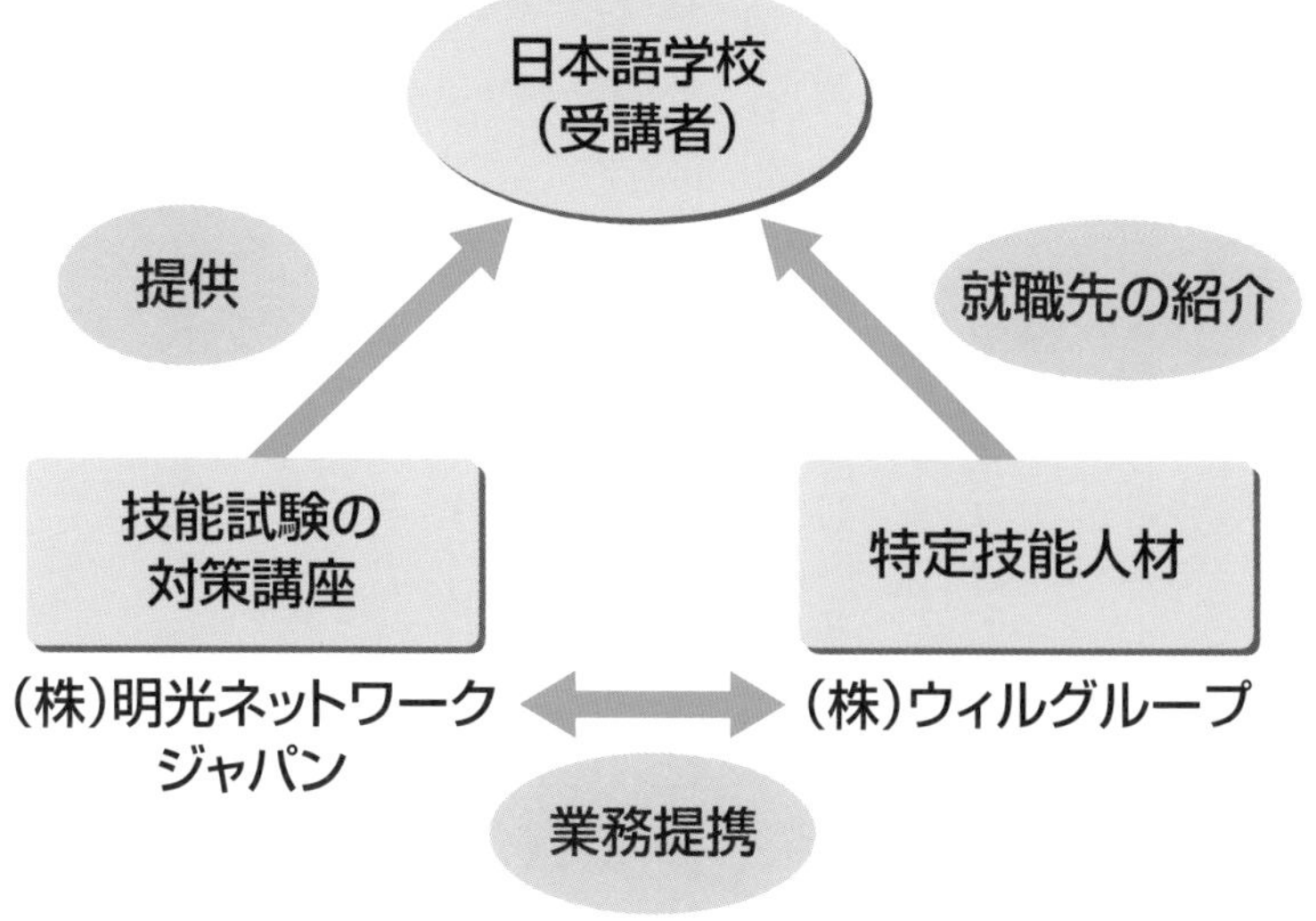

# 19 ユニークな講義・講座も相次ぐ

**コロナ禍で多くの講義・講座がオンラインに切り替わっています。ユニークな内容も多く、例えば、松竹芸能は所属のお笑いタレントが講師を務める企業向け研修を始めています。**

## お笑いタレントが遠隔講義

コロナ禍でユニークなオンライン講義・講座が増えています。松竹芸能（大阪市）は、所属のお笑いタレントが講師を務める企業向け研修「笑育」をオンラインで始めています。

受講者には漫才のネタをつくってもらうほか、プレゼンのノウハウを提供します。ビジネスで活用できるコミュニケーション能力の向上に役立ててもらうのが狙いです。新型コロナウイルスで在宅勤務が浸透し、企業内のコミュニケーション不足が課題となる中、社員同士が触れ合う機会を創出することも狙っています。

「笑育」は二〇一七年に企業向けに始めたプログラムです。これを、ビデオ会議サービス「Ｚｏｏｍ（ズーム）」を活用することで、オンラインでも実施することにしたものです。研修では人を笑顔にするノウハウを学んでもらうことで、ビジネスシーンでも役立つ良好な人間関係の築き方が身に付くといいます。

学習塾大手の市進ホールディングスは京成電鉄と共同で、鉄道の仕組みなどを学ぶ小学生向けのオンライン講座を実施しています。両社の初めてのコラボ講座で、こちらもＺｏｏｍを活用しての取り組みです。対象は小学一～三年生と保護者で定員は四〇〇人となっています。

「社会における鉄道の役割や環境への取り組みについて学んでもらうことで、『ＳＤＧｓ』*を考えるきっかけを提供したい」としています。

用語解説

＊SDGs　Sustainable Development Goals（持続可能な開発目標）の略。2015年9月の国連サミットで採択された、国連加盟193カ国が2016年から2030年の15年間で達成するために掲げた目標。17の目標と、それらを達成するための169のターゲットで構成されている。

## 大学向けSNS活用広報講座も

共同ピーアールは、大学・短大向けにZoomを使った広報講座を始めています。ベテランのPRコンサルタントが講師となり、SNSを活用した効果的な情報発信の基礎などを教える講座です。

新聞や雑誌などの既存媒体が運営するWEBサイトの特性や、インターネットで影響力を持つインフルエンサー、広報活動の効果測定などを約一時間教えるという内容です。オンラインのライブ形式で学校職員からの質問にも答える方式です。

食品会社の明治は、これまで対面だった食育講座をオンラインで始めています。講師役の社員がいる本社と遠隔地の小中学校や公民館をつなぎ、チョコレートや乳製品の作り方などを教える講座。新型コロナの感染を防ぎつつ食の知識を身に付けてもらうのが狙いです。

明治は二〇〇六年から小中学校への出張授業を、一二年から大人向けの食育セミナーを開催。現在はヨーグルトやチーズなどをテーマにした約二〇種類のセミナーを年間で約三七〇〇回実施しています。

### 企業向けオンライン研修「笑育」のプログラム内容

**❶漫才鑑賞**

➡笑うことでストレス発散。
芸人主導でコミュニケーションをとりやすい雰囲気をつくる

**❷コンパクトにインパクト**

➡ビジネスや日常生活でより良い印象を与えることができるプレゼン術を学ぶ

**❸言葉の言い換え**

➡ユーモアのある思考や逆転発想で、周囲に良い影響を与える言葉の使い方を学ぶ

**❹「あいうえお漫才」に挑戦!**

➡チームで企画に挑戦し、一体感をつくる

出所：松竹芸能(株)のニュースリリース

# 20 保育の現場で広がるオンライン

**保育の現場でオンラインを活用する動きが広がりを見せています。在宅での仕事と育児の両立は未就学児を持つ働く人の課題になっており、「オンライン保育」は在宅での生産性改善の一助になりそうです。**

## 保育士が遊び方など動画で提供

オンラインを活用する動きは保育の現場でも広がりを見せています。保育園や教育関連各社が、在学中の子どもに向けて本の読み聞かせやダンスなどをオンラインで提供するというものです。新型コロナウイルスの感染再拡大で保育園の休園や登園自粛を要請する自治体が増えており、需要が高まっていることに対応した動きです。

保育園大手の**JPホールディングス**（4-7節参照）は、自宅で児童が工作などを楽しめる録画動画の提供を始めています。道具の組み立て方や遊び方を保育士が実演、保育園に通えない期間でも子どもや保護者とコミュニケーションを図ることができるよう、各保育施設で工夫して取り組んでいます。

保育園運営大手の**ポピンズ**（東京・渋谷区）は、在学中の子どもを遠隔から教育する「**オンラインナニー**（教育ベビーシッター）**サービス**」を始めています。

スマートフォンやパソコンを使い、絵本の読み聞かせやダンス、ストレッチ、英会話などを、保育士の資格を持ったスタッフが画面を通じて提供します。将来的にはポピンズ以外の園児も利用できるようにする計画です。

ポピンズでは、「『オンライン保育』と同様、オンラインだけの場ではなく、オフラインの学びにも展開できる『オンラインとオフラインのハイブリッド型で支える』ナニーサービスを提供し、『ベターノーマル』な日常を支えます」としています。

## 保育士不足の解消の一助に

学習コンテンツ開発・販売の**スマートエデュケーション**（東京・品川区）は、保育士が自分で動画を録画し、園児や保護者に簡単に配信できる仕組みを保育園向けに提供しています。動画配信サービス「**おうちえん**」で、「登園できずにいる園児たちを心配する全国の幼稚園、保育園の先生方からの要望を受けて提供することにした」といいます。

保育園にとってオンライン展開は、顧客基盤の拡大だけでなく、保育士不足の解消の一助としても期待できます。ただ、保育コンテンツの質が伴わなければ保育園の信用を損ないかねません。そうした懸念がある中で、保育園事業で培った知見を活かしたポピンズは、専門のベビーシッターがオンライン上で育児相談に乗るサービスも展開しています。

保護者からの「専門性のある人に相談したい」「誰かに話してすっきりしたい」などという切実な声に応えたサービスです。オンライン保育の需要は高まる一方です。

### ポピンズのオンラインサービスの概要

| オンラインナニーサービス | |
|---|---|
| 概要 | ポピンズナニーサービスの利用者の中で希望者に対し、専門性のある経験豊富なナニー（教育ベビーシッター）がオンラインで園児にエデュケア（教育＋保育）を展開する |
| 時間・料金 | 1コマ30分、2,100円（連続2コマまで） |
| 内容 | 絵本読み聞かせ、子ども向けダンス、ストレッチ、英会話、パネルシアター（パネル布を貼った舞台を利用してお話や歌遊びなどを行う教育法）など |

| オンライン育児相談 | |
|---|---|
| 概要 | ポピンズナニーサービス、ポピンズナーサリースクールの利用者の中で希望者に対し、専門性のある豊富なナニーがオンラインで育児の相談に応じる |
| 相談時間 | 月1回、1時間 |
| 相談内容 | ①室内遊び・運動の紹介　②子どもの生活リズム改善<br>③在宅勤務中の食事メニュー　④トイレトレーニング<br>⑤保護者の悩み解消 |
| 料金 | 入会金無料／月会費4,800円 |

出所：（株）ポピンズのニュースリリース

# 21 大学教員の業務効率化を支援

二〇二〇年七月時点で、およそ六割の大学が講義にオンラインと対面を併用しています(文部科学省調査)。そうした中で、リコーは大学教員を対象に業務効率化を後押しするサービスを進めています。

## 遠隔講義をスマホで出欠管理

事務機器国内首位級のリコーは大学教員を対象に、働き方改革を支援するサービスを拡大しています。スマートフォンアプリを使って学生の出欠を管理できるサービスで新たにオンライン講義に対応する機能を追加したほか、リポート課題の提出も把握できるようにしています。

新型コロナウイルスの感染拡大を受けて、多くの大学が対面での授業とオンライン授業の併用を模索している中で、感染を防止しながら教員の業務効率化を後押しする狙いです。

リコーは二〇の大学との実証実験を経て、講義の出欠を管理するWEBサービス「キャンパス手帳」を発売しています。教員がスマホアプリで一定時間メロディーを流し、同じ教室にいる学生が自分のスマホのアプリ上で音声を録音することで認証します。さらに、教員のアプリに個々の学生の出席情報が送られることで出欠を管理する仕組みです。

ビデオ会議ツールを使って自宅など遠隔で講義を視聴する学生にパスコードを入力させることで、出席を記録することができます。出席した学生の情報は教員がWEB上の管理ツールで一覧できます。

ビデオ会議ツールを使った遠隔授業は、通信が途切れた場合に、教員と学生がやり取りをする代替手段がないことが少なくありません。キャンパス手帳はメッセージのやり取りができる機能も持たせることで、万が一の通信不良にも備えることができます。

スマートフォンアプリ「キャンパス手帳」の特徴

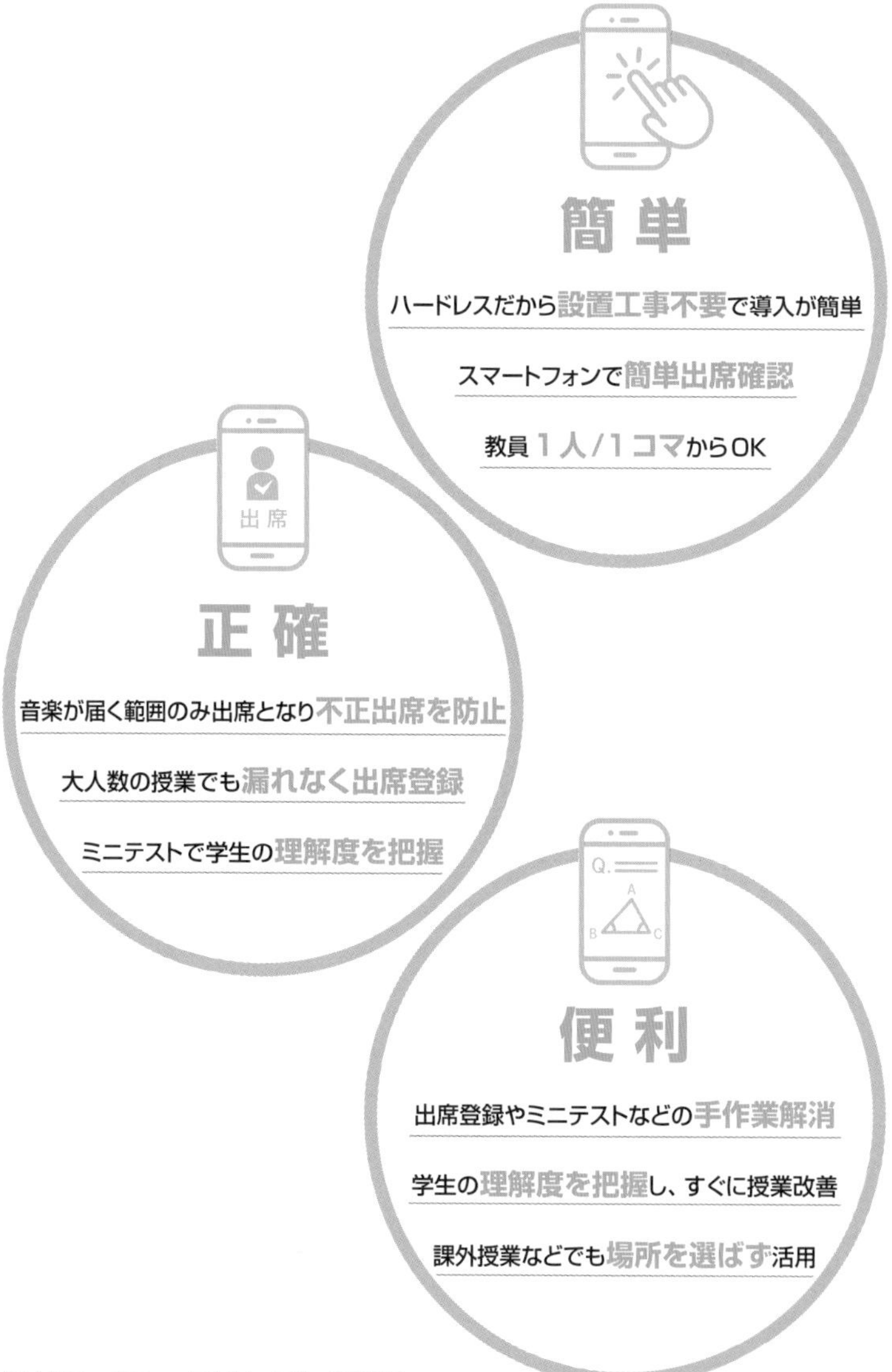
簡単
ハードレスだから設置工事不要で導入が簡単
スマートフォンで簡単出席確認
教員1人/1コマからOK
出席
正確
音楽が届く範囲のみ出席となり不正出席を防止
大人数の授業でも漏れなく出席登録
ミニテストで学生の理解度を把握
Q.
A
B
C
便利
出席登録やミニテストなどの手作業解消
学生の理解度を把握し、すぐに授業改善
課外授業などでも場所を選ばず活用

出所：(株)リコーのニュースリリース(一部改変)

※「キャンパス手帳」は商品提供元である(株)ドリームネッツの商標

# 22 DNPが学習システムを開発

**大日本印刷(DNP)は小中学校向けの学習システムを開発。タブレット端末でテストを自宅に居ながら受験できるほか、テスト結果をAIで分析するのが特徴です。教員の負担軽減にもつながります。**

## テスト結果をAIで分析

大日本印刷(DNP)は、教員が作成したテストを生徒が自宅で受けられ、テスト結果の分析・評価も可能な小中学校向けの学習システムを開発しました。「評価分析機能付きデジタルテストシステム」で、全国各地にある学校のほか、地方自治体への売り込みを図っています。

新型コロナウイルスの影響で学校の授業を在宅で履修する必要性が一段と高まると判断し、開発したものです。すでに提供している学習支援システム「リアテンダント」に新機能を搭載し、タブレット端末でテストを自宅に居ながら受験できるほか、テスト結果をAIで分析するのが特徴です。

従来の遠隔学習は教材やドリルの活用にとどまっていたため、成績表に反映する定期テストの実施は難しかったといいます。採点はオンライン上で処理することで効率化し教員の負担軽減にもなります。生徒が解答した答案を集計し、設問ごとに解答を一覧で表示。教員は一枚ずつ答案用紙をチェックする必要がなく、設問ごとに全生徒の答案を採点することができます。

採点結果の分析にはAIを活用しますが、事前に教員がテストの各設問に単元の紐付《ひもづ》けを設定します。テストの正誤から、生徒の理解が進んでいない単元を割り出します。これにより、生徒一人ひとりの習熟度を解析でき、復習が必要な学習分野を特定できるといいます。

## 定期テストを遠隔で実施

文部科学省は、ICT（情報通信技術）を活用した教育の推進を目指す「GIGAスクール構想」（1-9節参照）で、生徒一人につき一台の端末を配布し、学校内の通信ネットワークを整備する目標を掲げています。また、新型コロナウイルスの影響を受け、自宅での学習時間が増える中、リモートでの学習環境の整備は急務となっています。

こうした中で、教育関連サービスを手がける企業はオンライン教材や学習向けタブレット端末の拡充に動いています。DNPも、学校での定期テストをオンライン上で実施できるなど教育現場が使いやすい機能を追加することで、今回開発したテストシステムを拡販する狙いです。

タブレット端末を提供する企業とも組み、開発したテストシステムやリアテンダントの販促も強化しています。すでに日本マイクロソフトと協業し、同社のタブレット端末にテストシステムを含むリアテンダントをオプションとして提供しています。

「評価分析機能付きデジタルテストシステム」の概要

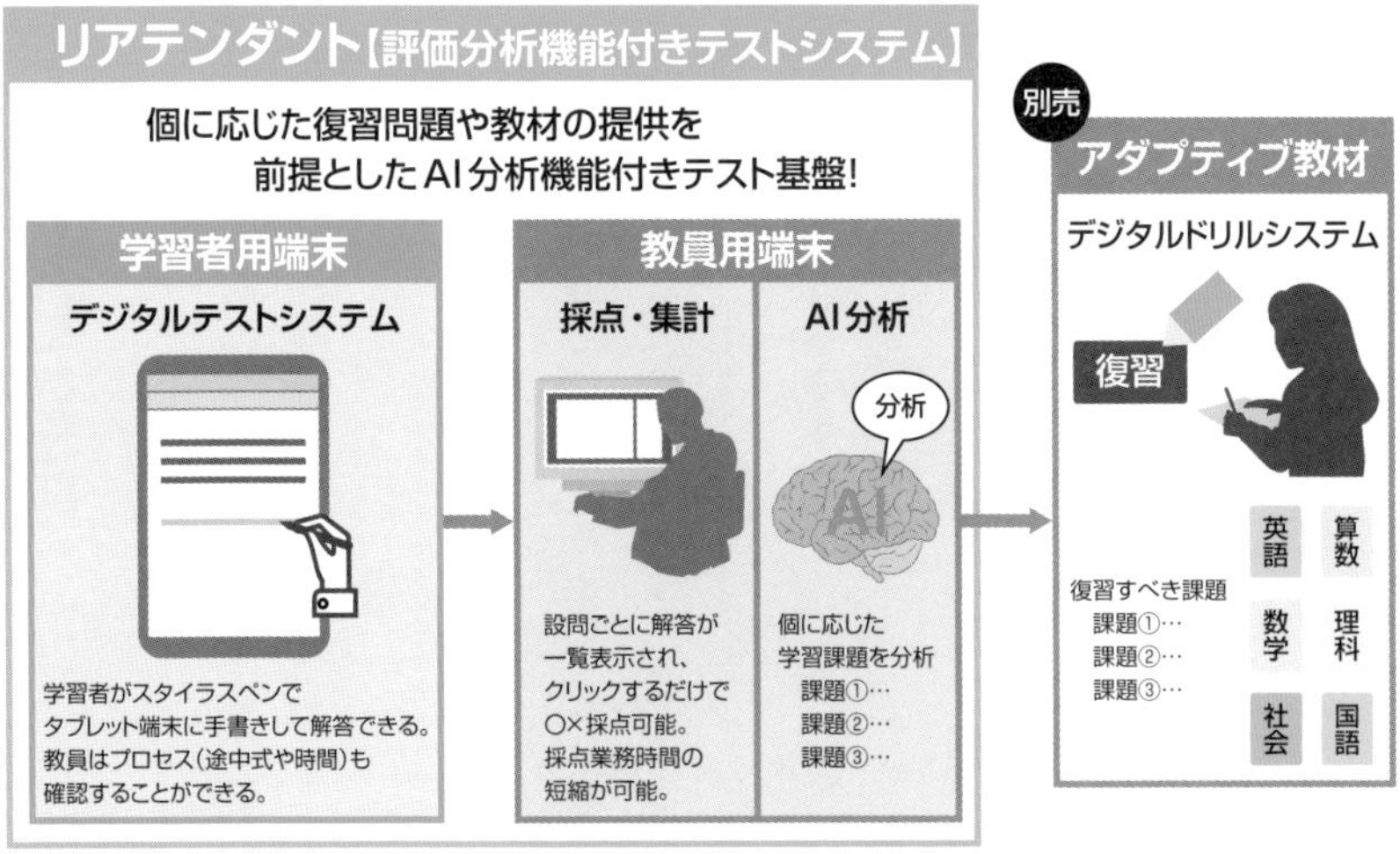

リアテンダント【評価分析機能付きテストシステム】
個に応じた復習問題や教材の提供を
前提としたAI分析機能付きテスト基盤!
学習者用端末
デジタルテストシステム
学習者がスタイラスペンで
タブレット端末に手書きして解答できる。
教員はプロセス（途中式や時間）も
確認することができる。
教員用端末
採点・集計
設問ごとに解答が
一覧表示され、
クリックするだけで
○×採点可能。
採点業務時間の
短縮が可能。
AI分析
分析
AI
個に応じた
学習課題を分析
課題①…
課題②…
課題③…
別売
アダプティブ教材
デジタルドリルシステム
復習
復習すべき課題
課題①…
課題②…
課題③…
英語
算数
数学
理科
社会
国語

出所：大日本印刷（株）のニュースリリース（一部改変）

# 23 公的支出・ICT活用は低調

小学校〜大学に相当する教育機関向けの公的支出が国内総生産(GDP)に占める割合は、日本が二・九%と比較可能な三八カ国中三七位であることが明らかになりました。

## 日本の中学のICT活用は最低

経済協力開発機構(OECD)が公表した二〇一七年の加盟各国などの国内総生産(GDP)に占める、小学校〜大学に相当する教育機関向けの公的支出の割合は、日本が二・九%で、比較可能な三八カ国のうち三七位という実態が明らかになりました。

OECD平均は四・一%で、最高はノルウェーの六・四%。以下、コスタリカ五・六%、アイスランド五・五%、デンマーク五・四%、ベルギーとスウェーデン各五・二%、ブラジル五・一%、フィンランド五・〇%などと続いています。日本はアイルランドに次いで二番目の低さでした。

新型コロナウイルスによる教育分野への影響も調査。休校期間のOECD平均は一四週間で、二〇年三月に一斉休校が始まった日本は一六週間でした。

OECDは、中学校で「日常的にICTを生徒に活用させている教員の割合」も公表しています。それによると、日本は一七・九%で、比較可能な四七カ国・地域で最も低かったことがわかりました。最も高かったのはデンマークの九〇・四%。ただ、データの調査時点は一八年のため、新型コロナ問題を受けて変動している可能性もあります。

OECDは「学級規模が小さい国は、他人との距離を保つための規制を守ることがより簡単になる」としています。調査によると、日本の一クラス当たりの児童生徒数の平均は小学校が二七・二人、中学校が三一・一人でした。

## 1-23 公的支出・ICT活用は低調

### 主なOECD加盟国の教育機関への公的支出割合

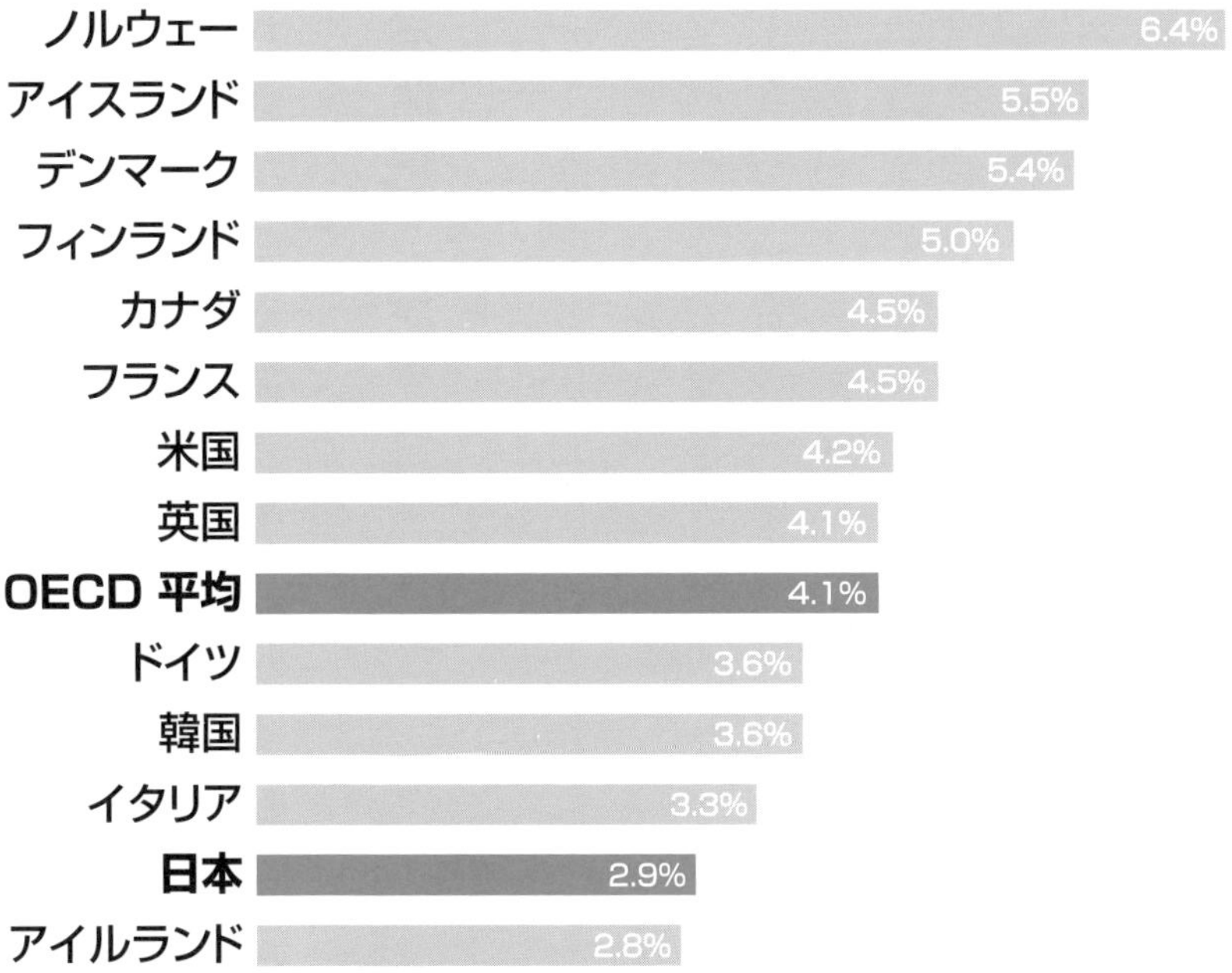


※2017年時点、対GDP

### 日常的にICTを生徒に活用させている教育の割合

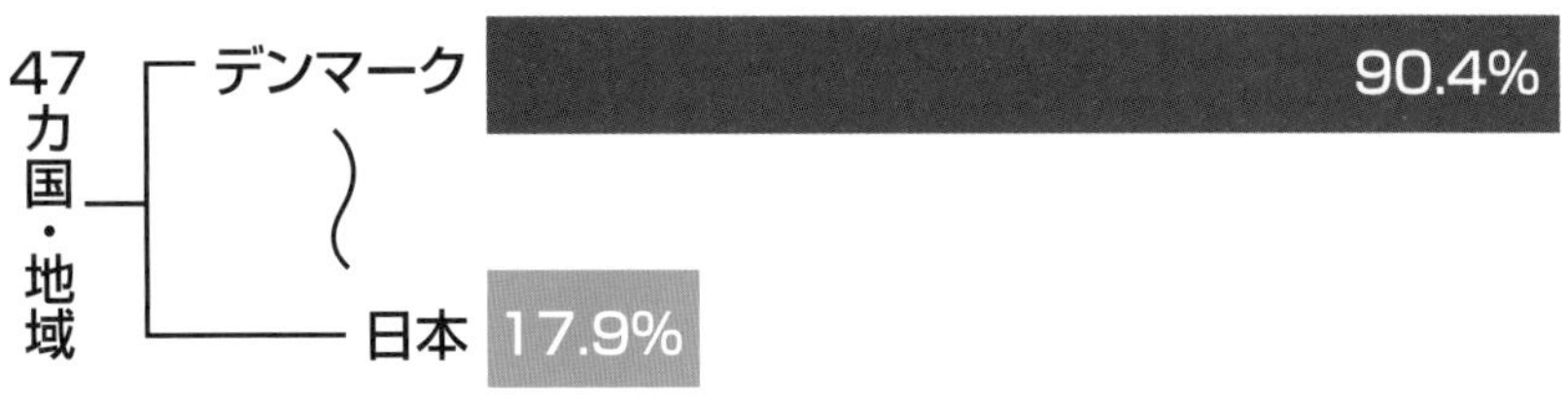


※2018年時点

出所：OECDの報告書「図表でみる教育2020年版」

# 24 軒並み赤字拡大の学習塾

**新型コロナウイルスは学習塾業界へも打撃を与え、業績悪化要因となっています。広告宣伝費の抑制などコスト削減に踏み切る動きも増えましたが、売上の落ち込みを補えなかったのが実情です。**

## 授業の休講などが響く

学習塾業界が新型コロナの打撃を受けている実態が、大手各社の決算から明らかになりました。大手七社の二〇二〇年四～六月期(一部三～五月期含む)決算は全社の最終損益が悪化。授業の休講や対面での入会相談ができなかったことが響いています。

神奈川県が地盤のステップは、単独最終赤字に転落し、他の六社は赤字幅が拡大しました。ステップは、「授業料減額により、四月の売上高は前年比マイナス三億六六〇〇万円(三五・六％減)、五月の売上高は同四億八一〇〇万円(六七・一％減)、当第３四半期会計期間(二〇年四～六月)の売上高は同八億八二〇〇万円(三三・五％減)」と大幅な落ち込みを余儀なくされました。

東進ハイスクールや四谷大塚などを展開するナガセの二〇年四～六月期の連結決算は、最終赤字が九億一七〇〇万円(前年同期は三億二一〇〇万円の赤字)。進学塾「ｅｎａ」を手がける学究社の二〇年四～六月期の連結決算は、最終赤字が一億二七〇〇万円(同一億二五〇〇万円)と、両社とも赤字が拡大しています。

学究社は、「第１四半期は生徒数が最も少なく、受験期を迎える第３四半期で生徒数が最も増す傾向にある。春期、夏期、冬期の季節講習が実施される時期に売上高が増大し、その一方で校舎運営費用(人件費、家賃など)は固定的に発生することから第１四半期では営業損失の計上となる」としています。各社共通の傾向ですが、二〇年は緊急事態宣言を受けて新規生徒を募集できなかったことが重荷となったようです。

## 在籍生徒数も減少し減収に

東京個別指導学院の二〇年三～五月期の連結売上高は、「在籍生徒数の減少による授業料売上高の減収など」で二一億三四〇〇万円となりました。単独決算だった前年同期との単純比較で四四%の減収でした。最終赤字も一三億八九〇〇万円に拡大しました。

明光ネットワークジャパンは、「明光義塾」の五月末の在籍生徒数が前年と比べ八%（一九九二人）減少し、二六%の減収となりました。「オンライン個別指導を順次開始したものの、休講期間の減収を補うには至らず、厳しい経営成績となった」（同社）と受け止めています。

学習塾の「TOMAS」を展開するリソー教育の二〇年三～五月期の連結売上高は、前年同期比二一・二%減の四一億六五〇〇万円、最終赤字は一〇億二六〇〇万円に拡大しました。「各校舎の休校などの影響」があったのはいうまでもありません。いち早くオンライン授業を導入した早稲田アカデミーは影響が軽微でした。

**学習塾大手７社の決算概況**

（単位：億円）

| 決算期 | 会社名 | 売上高 | 最終損益 |
|---|---|---|---|
| 2020年4～6月 | (株)ナガセ | 77(14%減) | ▲9<br>▲3 |
| | (株)ステップ | 17(34%減) | ▲3<br>2 |
| | (株)早稲田アカデミー | 44(5%減) | ▲5<br>▲3 |
| | (株)学究社 | 20(1%減) | ▲2<br>▲1 |
| 2020年3～5月 | (株)リソー教育 | 41(21%減) | ▲10<br>▲2 |
| | (株)東京個別指導学院 | 21(44%減) | ▲13<br>▲4 |
| | (株)明光ネットワークジャパン | 29(26%減) | ▲8<br>▲5 |

注：(　)内は前年同期比増減率、最終損益の下段は前年同期。▲はマイナス

出所：各社のIR情報

# 25 九割はプログラミング教育を実施せず

**子育て世帯の家庭でのプログラミング教育に関するアンケート調査で、同世帯の約九割が、家庭でのプログラミング教育を「実施していない」「必要性は感じているが実施していない」と回答しています。**

## 実施は一割にとどまる

月間二五〇万ユーザーの子育て情報メディア「KIDSNA（キズナ）」を運営するネクストビートは、子育て世帯の家庭でのプログラミング教育に関するアンケート調査を実施しました。

それによると、以下の四点が浮き彫りになりました。

①子育て世帯の約九割が、家庭での**プログラミング教育**を「実施していない」「必要性は感じているが実施していない」と回答。「実施している」家庭は一割弱にとどまった。

②家庭でのプログラミング教育を実施していない理由は「何から・どうすればよいかわからない」が最多。

③プログラミング教育を実施している」と回答した家庭では、三歳、七～一〇歳から開始している家庭が最も多く、次いで〇歳、五歳となった。

④家庭でのプログラミング教育の方法として、「教材などを使用した家庭学習をしている」が首位。次いで、「塾やスクールに通っている」という回答となった。

調査は二〇二〇年八月、KIDSNAのサイト来訪者・SNS閲覧者を対象にインターネットで実施し、有効回答数は七六名でした。

## 教育手法がわからず悩む

二〇年は教育改革の年といわれ、小学校のプログラミング教育は二〇年度から必修化となりました。ただ、今回の調査結果においては、家庭でのプログラミング教育を「実施していない」「必要性は感じているが実施していない」という回答が九割に上っています。

その理由としては、「まだ私たち親にとって身近ではないため」「親の情報収集不足のため、どのような形態で学ばせたらよいかなど検討できていない」といった声が上がり、保護者がプログラミング教育をどのように始めればよいのか、どこから情報収集をすればよいのかなどといった悩みを抱えていることが浮き彫りになりました。

また、「プログラミングに関する教材はあるが、親が学習内容についてフォローできず、積極的に取り組ませることができていない」という声も上がっています。家庭でのプログラミング教育の浸透を図っていくには、教育手法に関する親世代の理解度に大きな課題があるとネクストビートは指摘しています。

今回の調査では、プログラミング教育を実施している理由について、「論理的思考力を身に付けるため」という回答が最も多く、その重要性を意識している保護者も少なくないことが明らかになっています。

**家庭でプログラミング教育を実施しているか？**

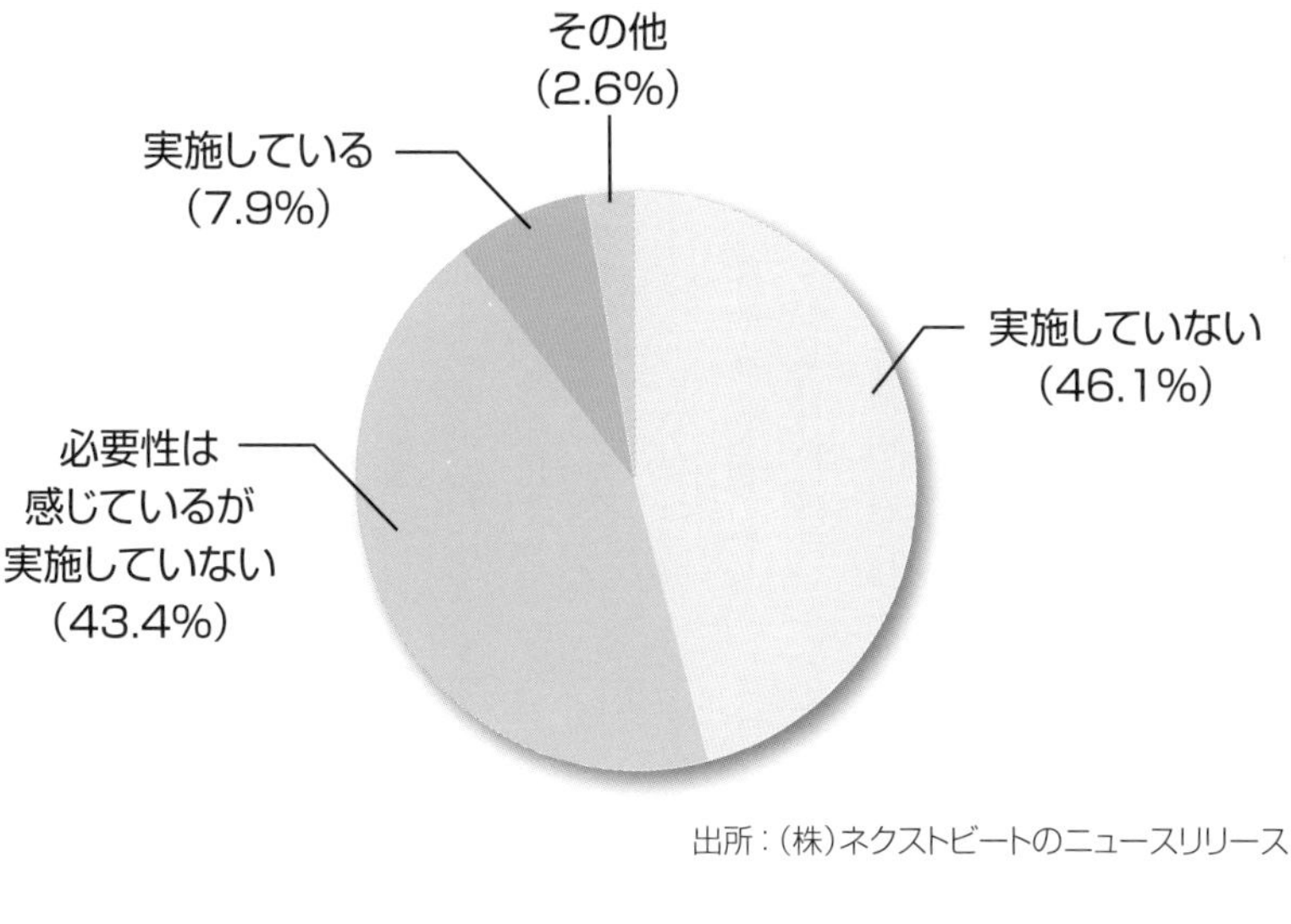


出所：(株)ネクストビートのニュースリリース

26

# ＩＴ駆使して大学授業を改革

**新型コロナウイルスの影響を受け、大学の授業も変化を余儀なくされています。文部科学省もデジタル技術を駆使した授業改革に乗り出しており、先進的なアイデアの公募を進めています。**

## ＩＴの先進事例を募集

文部科学省がデジタル技術を駆使した大学の授業改革に乗り出しています。新型コロナウイルスの感染拡大を受け、大教室に多くの学生が集まって学ぶ講義は実施が難しくなっています。このため、ＩＴ（情報技術）を使って授業を変える先進的なアイデアを公募し、全国の大学に広げることにしています。

授業改革のため同省は、産官で大学教育のデジタルトランスフォーメーション（ＤＸ＊）を支援するプロジェクトチーム「スキームＤ」を立ち上げ。大学や教育分野のスタートアップ企業などからアイデアの募集を始めています。大学や企業のトップらの意見をもとに四～五件に絞り、同省が二〇二〇年一一月に主催の投資家らとのマッチングイベントで紹介。評価を得た取り組みや新技術は数カ月間の実証実験に入ります。ここで成果を上げた取り組みは、製品化や全国の大学での展開を国が後押しします。

文科省は、学生が主体的に学びに向かう力をＩＴで引き出す技術や取り組みなどを想定しています。参考例として挙げられているのが、北海道大学工学研究院の蟹《かに》江《え》俊《しゅん》仁《じ》教授がリコーと共同開発したスマートフォン用アプリ「キャンパス手帳」（1-21節参照）です。

キャンパス手帳は、授業の際にアプリを通じてテストを配り、すぐに採点する仕組みです。教員も学生の理解度に応じて臨機応変に対応できるほか、採点業務などの負担も軽減されるといった利点があるといいます。

用語解説

＊**DX**　Digital Transformationの略。企業がビジネス環境の激しい変化に対応し、データとデジタル技術を活用して、製品やサービス、ビジネスモデルを変革すると共に、業務そのものや組織、プロセス、企業文化・風土を変革し、競争上の優位性を確立すること。

1-26　IT駆使して大学授業を改革

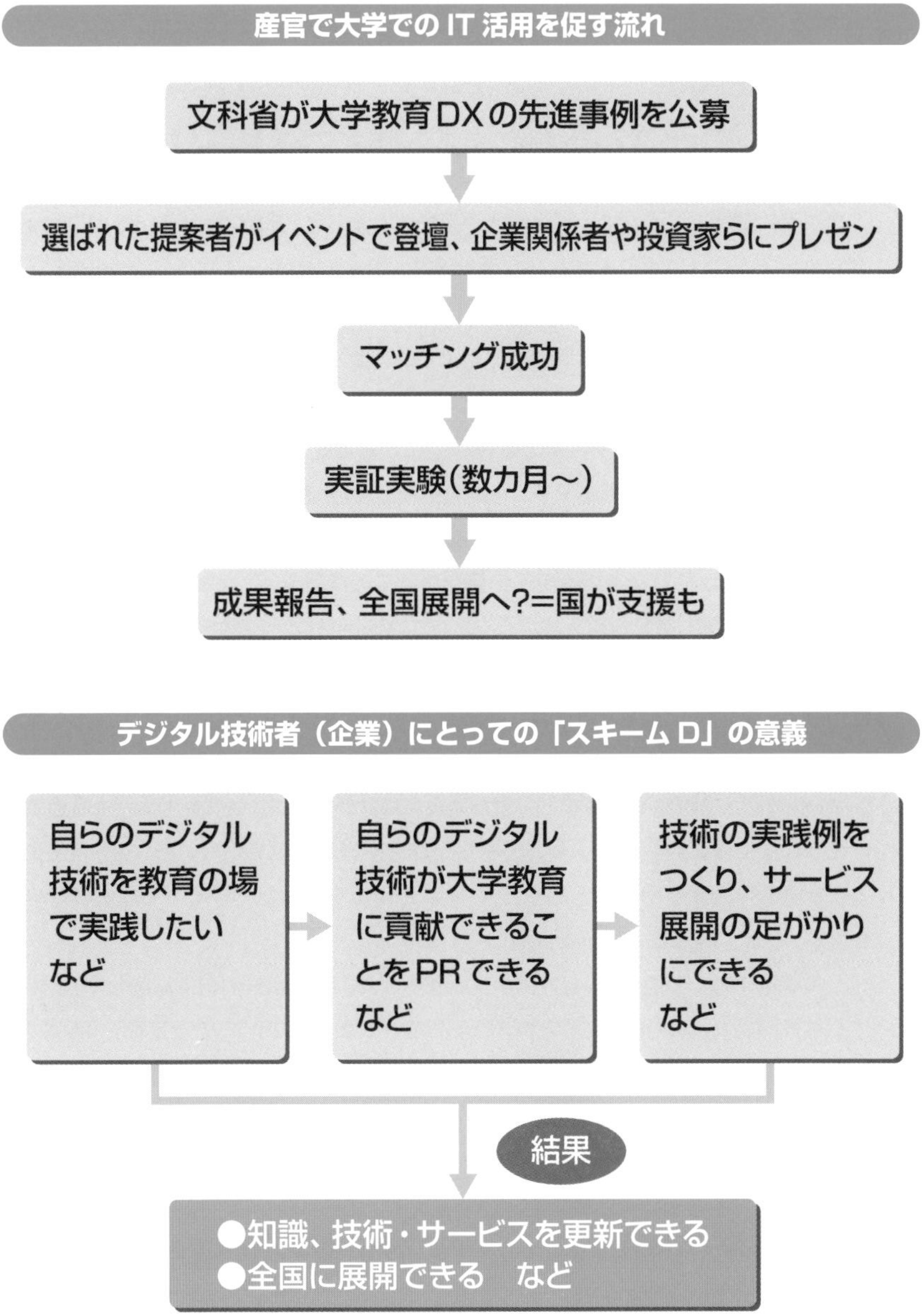
産官で大学でのIT活用を促す流れ
文科省が大学教育DXの先進事例を公募
選ばれた提案者がイベントで登壇、企業関係者や投資家らにプレゼン
マッチング成功
実証実験（数カ月〜）
成果報告、全国展開へ?=国が支援も
デジタル技術者（企業）にとっての「スキームD」の意義
自らのデジタル技術を教育の場で実践したい など
自らのデジタル技術が大学教育に貢献できることをPRできる など
技術の実践例をつくり、サービス展開の足がかりにできる など
結果
●知識、技術・サービスを更新できる
●全国に展開できる　など

出所：文部科学省のニュースリリース

column

# 求められる健全な業界発展の努力

学習塾に関するこんなニュース記事が目を引きました。2020年12月10日の「Yahoo! JAPANニュース」に掲載された、「大手学習塾『臨海セミナー』に同業19社が抗議　『悪質勧誘』『合格者水増し』告発される」というJ-CASTニュース配信の記事です。学習塾業界の一面を知るうえで、“衝撃的”ともいえる記事でした。

「大手学習塾『臨海セミナー』を運営する『臨海』(神奈川県横浜市)に対し、同業他社が業務改善などを求める申入書を送付していたことが、2020年12月8日、関係者への取材で分かった」とする記事です。一部を引用してみましょう。

「臨海社員による『当社が行っている強引な生徒勧誘や合格者づくりの手法は社会的に容認できない』などとする内部告発を受けての措置で、早急な対応を求めている。申入書は12月3日、東証一部上場の『ステップ』を幹事社とし、早稲田アカデミー、秀英予備校、中萬学院など19社が連名で送付した。申入書によれば、臨海セミナーでは塾生から『学校の友人の中での成績優秀者の名前・塾名・志望校などの個人情報を聞き出し、それをリスト化している。掲載された成績優秀者には、塾生を通じて模試やアンケートを渡し、模試や講習などの申し込みにつながれば、塾生は金券類がもらえる』」

こうした手法に対し、「個人情報の利用目的を明確に告げていない点、相手の生徒および保護者の同意を得ることなく、上げられた情報を蓄積している点で違法の可能性が高い」などと臨海セミナーを非難しています。

この報道に対して臨海は、自社のホームページに「12月10日の報道に関して」と題して、(株)臨海の佐藤博紀社長名でコメントしています。その中で、こう反論しています。

「記事内には、合格実績の『水増し』に関する記載もございますが、この点はまったく事実とは異なるものであり、そういったことは一切行っておりません。弊社の合格実績に関しては、すべて通塾生名簿と完全なる照合を行い掲出しているものであり、疑いをもたれる余地はまったくございません」

その後、12月17日には臨海とステップが、「学習塾業界の健全な発展のためにお互い透明性のある競合関係のもとで切《せっ》磋《さ》琢《たく》磨《ま》していくことで合意した」との共同声明を発表しています。泥仕合になることはなく円満解決となったようですが、健全な業界発展のために関係各社はいっそうの努力をしてほしいものです。

第2章

# 教育サービス業界の仕組みと特徴

教育サービス（ビジネス）業界は、産業としてどのように位置付けられているのでしょうか。この章では日本標準産業分類による位置付けを俯瞰《ふかん》すると共に、学習塾や資格取得学校、英会話学校、カルチャーセンターなど各分野別の特性について見ていくことにします。

# 1 教育サービス業界の位置付け

**日本標準産業分類(二〇一三年一〇月改定)による大分類の「教育、学習支援業」は、中分類で「学校教育」と「その他の教育、学習支援業」の二つに分かれます。教育サービス業界は主に後者に分類されます。**

## 小分類一六、細分類三五の項目に

**日本標準産業分類**で、大分類の「教育、学習支援業」はどのように位置付けられているのか、第1章でも触れましたが、もう少し詳細に見てみましょう。この大分類は、中分類二、小分類一六、細分類は三五の項目に分けられています。

まず、中分類「**学校教育**」。小分類は、「管理、補助的経済活動を行う事業所」「幼稚園」「小学校」「中学校」「高等学校、中等教育学校」「特別支援学校」「高等教育機関」「専修学校、各種学校」「学校教育支援機関」「幼保連携型認定こども園」の一〇項目に分けられます。

高等教育機関には、細分類としての「大学」「短期大学」「高等専門学校」が該当します。「専修学校、各種学校」の細分類である「各種学校」とは、学校教育法による学校教育に類する教育を行う事業所をいいます。

洋裁学校や理容・美容学校、自動車教習所などはこの各種学校に分類されます。また、各種学校の学習塾や進学塾、予備校も含まれます。ただし、各種学校ではない学習塾や進学塾は含まれません。これらは中分類「その他の教育、学習支援業」に該当します。

## 七分類の「教養・技能教授業」

その中分類「その他の教育、学習支援業」の小分類は、「管理、補助的経済活動を行う事業所」「社会教育」「職業・教育支援施設」「学習塾」「教養・技能教授業」「他に分類されない教育、学習支援業」の六つに分けられます。

「**社会教育**」は、細分類として「公民館」「図書館」など七つに分けられますが、本書の教育サービス業界に該当するのが「**社会通信教育**」です。「通信の方法により一定の教育計画のもとに教材、補助教材等を受講者に送付し、これに基づき、設問解答、添削指導、質疑応答などを行う事業所」と定義されています。

具体的には、日本書道教育学会、実務教育研究所、中央工学校生涯学習センターを例示しています。ただし、学校教育法による通信教育は本分類には含まれず、中分類の「学校教育」に含まれています。

「**学習塾**」は、「小学生、中学生、高校生などを対象として学校教育の補習教育または学習指導を行う事業所」で、各種学校ではない学習塾や進学塾、予備校が該当します。「**教養・技能教授業**」は、細分類として「音楽教授業」「書道教授業」「生花・茶道教授業」「そろばん教授業」「外国語会話教授業」「スポーツ・健康教授業」「その他の教養・技能教授業」の七つに分けられます。

いずれも教育サービス業界で大きなウエイトを占めている分野といってもいいでしょう。

**日本標準産業分類による「教育サービス業」の位置付け（概略）**

大分類O－教育、学習支援業

中分類81－学校教育

（小分類は810～819の10項目）

中分類82－その他の教育、学習支援業

821　社会教育（細分類は7つ）
822　職業・教育支援施設
823　学習塾
　8231　学習塾

824　教養・技能教授業（細分類は7つ）
829　他に分類されない教育、学習支援業

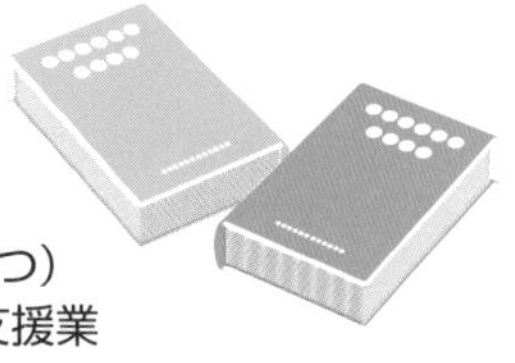

## 日本標準産業分類による「教育サービス業」の位置付け（詳細）

### 中分類81　「学校教育」における「専修学校、各種学校」と「学校教育支援機関」の内容

817　専修学校、各種学校
　8171　専修学校
　　○専修学校、高等専修学校（高等課程を置く専修学校）、専門学校（専門課程を置く専修学校）
　　×高等専門学校【8163】
　8172　各種学校
　　○各種学校、洋裁学校、タイピスト学校、写真学校、理容・美容学校、自動車教習所、学習塾（各種学校のもの）、進学塾（各種学校のもの）、予備校（各種学校のもの）
　　×学習塾（各種学校でないもの）【8231】、進学塾（各種学校でないもの）【8231】、自動車教習所（各種学校でないもの）【8299】

818　学校教育支援機関
　8181　学校教育支援機関
　　○大学評価・学位授与機構、大学入試センター、国立大学財務・経営センター、日本学生支援機構、大学基準協会、日本高等教育評価機構、短期大学基準協会

### 中分類82　「その他の教育、学習支援業」における「社会教育」「学習塾」「教養・技能教授業」の内容

821　社会教育
　8216　社会通信教育
　　○日本書道教育学会、実務教育研究所、中央工学校生涯学習センター

823　学習塾
　8231　学習塾
　　○学習塾（各種学校でないもの）、進学塾（各種学校でないもの）、予備校（各種学校でないもの）
　　×学習塾（各種学校のもの）【8172】、予備校（各種学校のもの）【8172】、進学塾（各種学校のもの）【8172】、家庭教師【8249】

824　教養・技能教授業
　8241　音楽教授業
　　○ピアノ教授所、バイオリン教授所、エレクトーン教授所、ギター教授

所、三味線教授所、琴教授所、尺八教授所、声楽教授所、歌謡教室、カラオケ教室、長唄指南所
×音楽学校(専修学校のもの)【8171】、音楽学校(各種学校のもの)【8172】

8242　書道教授業
○書道教授所、書道教室
×書道学校(各種学校のもの)【8172】

8243　生花・茶道教授業
○生花教授所、華道教室、茶道教授所
×華道・茶道専門学校(専修学校のもの)【8171】、華道・茶道学校(各種学校のもの)【8172】、フラワーデザイン教室【8249】

8244　そろばん教授業
○そろばん教授所、そろばん塾(各種学校でないもの)
×珠算学校(各種学校のもの)【8172】

8245　外国語会話教授業
○英会話教授所、英会話教室(各種学校でないもの)、外国語会話教室(各種学校でないもの)
×英会話学校(各種学校のもの)【8172】

8246　スポーツ・健康教授業
○スポーツ・健康教授所、スイミングスクール、ヨガ教室、気功術教授所、テニス教室、バレーボール教室、エアロビクス教室、リズム教室、体操教室、ゴルフスクール、柔道場(教授しているもの)、剣道場(教授しているもの)、サーフィン教室、ダイビングスクール
×フィットネスクラブ【8048】(教授が行われている場合でも、スポーツを行うための施設を提供することを主とした事業所は、大分類N−生活関連サービス業、娯楽業【804】に分類される)

8249　その他の教養・技能教授業
○囲碁教室、編物教室、着物着付教室、料理教室、美術教室、工芸教室(彫金、陶芸など)、教養講座、舞踏教授所(日本舞踊、タップダンス、フラダンスなど)、ダンス教室、ジャズダンス教室、フラワーデザイン教室、カルチャー教室(総合的なもの)、家庭教師、パソコン教室
×料理学校(専修学校、各種学校のもの)【8171、8172】、料理学校(専修学校、各種学校でないもの)【8299】、学習塾(各種学校でないもの)【8231】、碁会所【8062】

829　他に分類されない教育、学習支援業

8299　他に分類されない教育、学習支援業
○料理学校(専修学校、各種学校でないもの)、タイピスト学校(専修学校、各種学校でないもの)、洋裁学校(専修学校、各種学校でないもの)、歯科衛生士養成所(専修学校、各種学校でないもの)、自動車教習所(各種学校でないもの)

2

学習塾

# 補習塾や受験塾などに分類

**学習塾は、大きく補習塾、受験塾、進学塾の三つに分類することができます。これらは指導方法として、個別指導と集団指導に分けることができ、地域の実情に合わせた最適な運営が行われています。**

## 小規模の学習塾開設で地域に密着

学習塾は**補習塾**、**受験塾**、**進学塾**と、大きく三つに分類することができます。補習塾、進学塾、総合学習塾、専門塾といった四形態に分類されることもあります。

補習塾は、学校の先生の説明だけでは理解しにくいといった生徒たちのために、復習指導を受けて基礎的なことに関する理解を深めるための学習塾です。近年は、補習塾に似た学習塾として、毎回同じ講師が原則一対一で生徒を指導する個別学習指導塾の開講が相次いでいます。

受験塾は、受験のための学力を高めるために、計画的に復習指導することによって、勉強の仕方を身に付ける学習塾です。進学塾は、国立大学付属校や有名私立校など超難関校と呼ばれる学校の合格を目的とした学習塾です。

これらの学習塾は、指導方法として少人数の生徒を指導する前述の個別指導と、一度に大人数を指導する集団指導とに分けることができます。これらは、地域の実情に応じてどちらの指導法が最適なのかといった選択のもとに、運営されています。

こうした中で、首都圏の駅から離れた住宅街などで小規模の学習塾開設に乗り出すところも出てきています。従来の駅前中心の事業展開では限界があると判断、地元の公立高校を受験する中学生など地域に密着した学習塾需要を掘り起こす狙いです。

コロナ禍で今後は学習塾の形態も変化していくことが予想されます。

### 学習塾のタイプ別分類

**補習塾**
学校の授業以外で、復習指導を受けて基礎的事項の理解を深める学習塾

**受験塾**
受験のための力を付けるために計画的に復習指導することによって、勉強の仕方を身に付ける学習塾

**進学塾**
国立大付属校や有名私立校など超難関校と呼ばれる学校の合格を目的とした学習塾

### 指導方法による分類

**個別指導型**
毎回同じ講師が1対1（1対2～3の場合もある）で、少人数の生徒を指導する

**集団指導型**
一度に大人数を集団指導する

3

予備校①

# 多様な形態で存在感

**各種試験の受験者に対して、事前に知識や情報などを提供する商業的教育施設が予備校です。一般に認知されているのは、受験（進学）予備校、司法試験予備校、公務員試験予備校などです。**

## 一定規模の在学者数を保有

**予備校**とは、「入学試験や資格試験など各種試験の受験者に対し、事前に知識や情報を提供する商業的教育施設」というのが一般的な定義です。学校の種別では、専修学校、各種学校、無認可校のいずれかに該当し、設置者は学校法人、財団法人、株式会社、さらには個人経営など多様です。

「予備校」と一般に認知されているのは、受験（進学）予備校、**司法試験予備校**＊、公務員試験予備校です。このほか、特定の会社や職種の採用試験、例えば客室乗務員、アナウンサー、気象予報士、医師国家試験などに対応した予備校も存在しています。学習塾とは異なり、一定の規模の在学者数や教員数を擁し、教室だけではなく校舎施設を保有しているケースが多いのも特徴です。中には全寮制の予備校も存在しています。

受験予備校として知られているのは、駿台予備学校、河合塾、代々木ゼミナールの三大予備校です。これらの頭文字を組み合わせて「ＳＫＹ」とも呼ばれてきました、しかし、代々木ゼミナールは二〇一五年度に校舎数を大幅に削減し、全国模擬試験を廃止したため、この言葉は事実上過去のものとなっています。

大学受験予備校は、大学受験で不合格になった浪人生だけでなく、高校と同時に通う現役生用の予備校も増えているのが現状です。学習塾と同様、生徒数が多いため、学力と合格者のデータを検証しやすく、模試（模擬試験）も実施するなど、受験情報を提供する機関としても欠かせない存在になっています。

---

用語解説

＊**司法試験予備校**　法科大学院生、予備試験合格者向けの司法試験対策講座などを提供している予備校。

## 予備校にもいろいろな種類がある

**予備校**

各種試験を受験する者に対し、事前に知識や情報を提供する商業的教育施設

**種 別**

専修学校
各種学校
無認可校

**設置者**

学校法人
財団法人
株式会社など

**代表的な予備校**

- 受験（進学）予備校 → 三大予備校（SKY）
- 大学受験予備校
- 高卒認定試験予備校
- 司法試験予備校
- 公務員試験予備校
- 各種試験予備校
- 就職予備校など

**三大予備校（SKY）**

- 駿台予備学校
- 河合塾
- 代々木ゼミナール

「生徒の駿台、講師の代ゼミ、机の河合」ともいわれてきた。

◀代ゼミ 名古屋校

4

予備校②

# 学習塾併設も多い

**予備校は、明治時代の旧制高校・旧制専門学校の設置以来、存在しているといわれ、駿台予備学校や河合塾などは現存校の中で最も長い歴史があります。多くは一九五〇年代の中頃から誕生しています。**

## 全国予備学校協議会には七一校が加盟

受験予備校は、中学・高校・大学の入学を目的とする予備校で、志望の学校の入学試験で合格できなかった浪人生を対象にしています。多くの場合、受験を控えた年に入校し、受験勉強の一環として予備校に通うというスタイルが一般的です。

最近では、学習塾を併設している予備校も多く、入学と同時に予備校へ入校し、三年間通いながら受験に備えるという生徒も珍しくなくなっています。

予備校は、明治時代の旧制高校・旧制専門学校の設置以来、存在しているといわれています。現存する予備校の中で、一九一八（大正七）年開校の駿台予備学校や、一九三三年（昭和八）年開校の河合塾などは、最も長い歴史があることでも知られています。

大手予備校の多くは、一九五〇年代の中盤から後半にかけて誕生しています。戦後の高度成長期頃から大学受験の大衆化が進み、河合塾や代々木ゼミナールなどの大手予備校が急成長する下地が生まれています。

前述のように、予備校は学校法人の経営による専修学校だけでなく、各種学校や無認可校、株式会社によるものなど多様です。こうした違いによって、予備校生の〝待遇〟も異なり、株式会社経営の場合は公共交通機関の通学定期を利用することができません。

予備校の業界団体として、**全国予備学校協議会**があります。学校法人の予備校が対象の業界団体で、七一校（二〇二〇年一〇月現在）が加盟しています。

## 大手予備校の多くは、大学受験の大衆化で成長

**大手予備校の多くは、1950年代中頃から後半にかけて誕生**

↓

大学受験の大衆化が進む

業界団体

**全国予備学校協議会（全予協）**

学校教育法に基づいて都道府県の認可を受けた学校。学校法人の予備校のみが会員。

↓

**全国71校が加盟（2020年10月現在）**

全予協加盟予備校の生徒は、JRなど公共交通機関で通学する際に通学定期を利用することが可能。

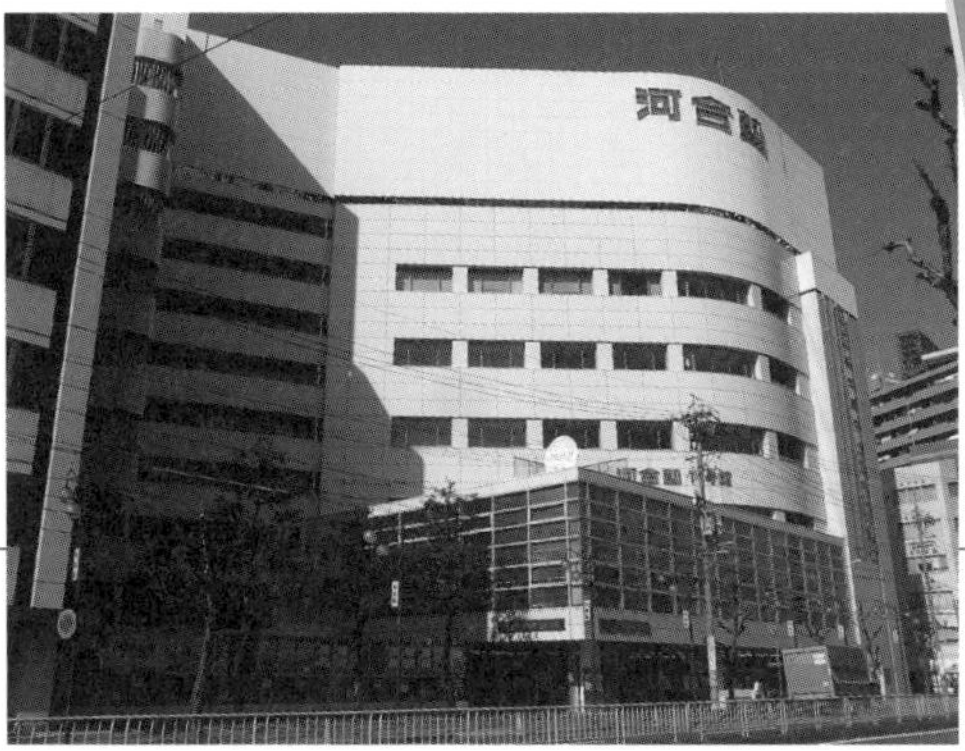


◀河合塾

5

資格取得学校①

# 一つの分野への特化型が多い

**ビジネス資格系、医療・福祉系、コンピューター系、アート・デザイン系、趣味系などに分かれます。これらの資格を総合的に扱うのは大手の数校だけで、多くは一つの分野に特化した講座を開設しています。**

## 受講生確保の魅力づくりに必死

資格取得学校として知られているのは、TAC、ヒューマンアカデミー、ヒューマンリソシア、東京リーガルマインド、大原学園など。これらの学校の講座は、ビジネス資格系、医療・福祉系、コンピューター系、アート・デザイン系、趣味系などに分かれます。

こうした資格を総合的に扱うのは大手の数校だけで、一つの分野に特化した講座を開設しているところが大半です。ちなみに、TACは会計・経営・労務から金融、不動産、法律・公務員、国際関係などの講座が豊富。ヒューマンアカデミーは、ネイル&ブライダルビューティ、医療・福祉・保育、クリエイティブ&デザイン系などの資格に強みを発揮しています。

資格取得学校の市場は、二〇一四年度に一三年度までの二〇〇〇億円を割り込み、一九五〇億円となってからほぼ横ばいの状態が続いていると見られます。少子化の中でも健闘しているといえるでしょう。

最近の傾向として挙げられるのは、ヒューマンアカデミーの「日本語教師養成講座」が人気を集めている点です。日本語習得に対する需要の増加が背景にあるのはいうまでもありません。また、**チャイルドマインダー***講座も安定した人気となっています。

大原学園は、就職できなかったり、三年以内に離職したりしている若者が増える中、大学卒業生を中心にした学び直しのニーズに応え、マーケティングや電話応対などのビジネス実務の教育を強化しています。資格取得学校は、それぞれ魅力づくりに必死です。

用語解説

***チャイルドマインダー**　家庭的な保育サービスを行う専門家であり、少人数保育のスペシャリスト。一人ひとりの「個」を尊重し、自立心を育む環境を親と共に作り上げる役割を担う。

**代表的な資格取得学校と講座内容の例**

TAC(株)、ヒューマンアカデミー(株)、
(株)東京リーガルマインド、学校法人大原学園、(株)ニチイ学館など

**講座の内容**

ビジネス資格系、医療・福祉系、コンピューター系、アート・デザイン系
趣味系など

**大手の数校は総合的に扱うが、多くは１つの分野に特化**

**(株)東京リーガルマインドの資格・検定講座概要**

| | |
|---|---|
| 法律系 | 司法試験　司法書士　弁理士など |
| 公務員・就職試験対策系 | 公務員試験　地方上級・国家一般職<br>国家総合職・外務専門職など |
| 簿記・会計系 | 公認会計士　日商簿記　税理士など |
| 労務・キャリア系 | 社会保険労務士　中小企業診断士など |
| 不動産 | 宅地建物取引士　不動産鑑定士など |
| 福祉・医療系 | 保育士　社会福祉士など |
| ビジネス実務系 | 通関士　秘書検定など |
| IT・情報・パソコン系 | |
| 電気・技術系 | |

出所：(株)東京リーガルマインドのホームページ

LEC 東京リーガルマインド▶
by 杉山真大

6

# 教育訓練給付制度が活用できる

資格取得学校②

**資格取得を目指す場合の支援制度として、厚生労働省は教育訓練給付制度を設けています。雇用保険の給付制度で、一般教育訓練給付の場合、一〇万円を上限に支給されます。**

## 支給額は一〇万円が上限

資格取得に欠かせないのが、**教育訓練給付制度**の活用です。教育訓練給付とは、「労働者や離職者が、自ら費用を負担して、厚生労働大臣が指定する教育訓練講座を受講し修了した場合、本人がその教育訓練施設に支払った経費の一部を支給する雇用保険の給付制度」(厚生労働省)です。

この制度は現在、「一般教育訓練給付」「**専門実践教育訓練給付**＊」「特定一般教育訓練給付」の三本立てで行われています。ここでは一般教育訓練給付について説明しますが、対象となる講座は、「教育訓練講座検索システム」で見ることができます。

給付を受けることができるのは、「雇用保険の被保険者(在職中)または被保険者だった方(離職者)」で、支給要件期間が三年以上(初回は一年以上)あることなどの条件を満たしていることが必要です。また、教育訓練の受講終了後に、ハローワーク(公共職業安定所)への支給申請が必要となります。

給付額は、受講生本人が支払った教育訓練経費の二〇%に相当する額で、一〇万円が上限です。四〇〇〇円を超えない場合は、支給されません。この教育訓練給付金は二〇〇三年の改正により、支給額、支給率が大幅に引き下げられました。

さらに、〇七年の改正では支給要件の五年以上の枠が撤廃されたことで、三年以上の支給要件を満たす場合、期間を問わずに一律で支給率二〇%、支給額の上限は一〇万円になったという経緯があります。

用語解説

＊**専門実践教育訓練給付**　給付額は教育訓練経費の50%に相当する額であり、3年間で120万円が上限。特定一般教育訓練給付は、教育訓練経費の40%に相当する額で20万円が上限。

## 教育訓練給付制度の概要と支給までの流れ

### 概 要
一般教育訓練給付

● **教育訓練給付とは**

労働者や離職者が、自ら費用を負担して、厚生労働大臣が指定する教育訓練講座を受講し修了した場合、本人がその教育訓練施設に支払った経費の一部を支給する雇用保険の給付制度

● **給付を受けることができるのは**

雇用保険の被保険者（在職中）または被保険者だった方（離職者）

※支給要件期間が３年以上（初回は１年以上）ある等の条件を満たしていることが必要

※教育訓練の受講修了後に、ハローワークへの支給申請が必要

● **給付額**

受講生本人が支払った教育訓練経費の20%に相当する額

※10万円が上限。4,000円を超えない場合は支給されない

● **対象となる講座**

指定講座については、ハローワークで一覧表を閲覧できるほか、教育訓練講座検索システムでも閲覧できる

### 教育訓練給付の支給までの流れ

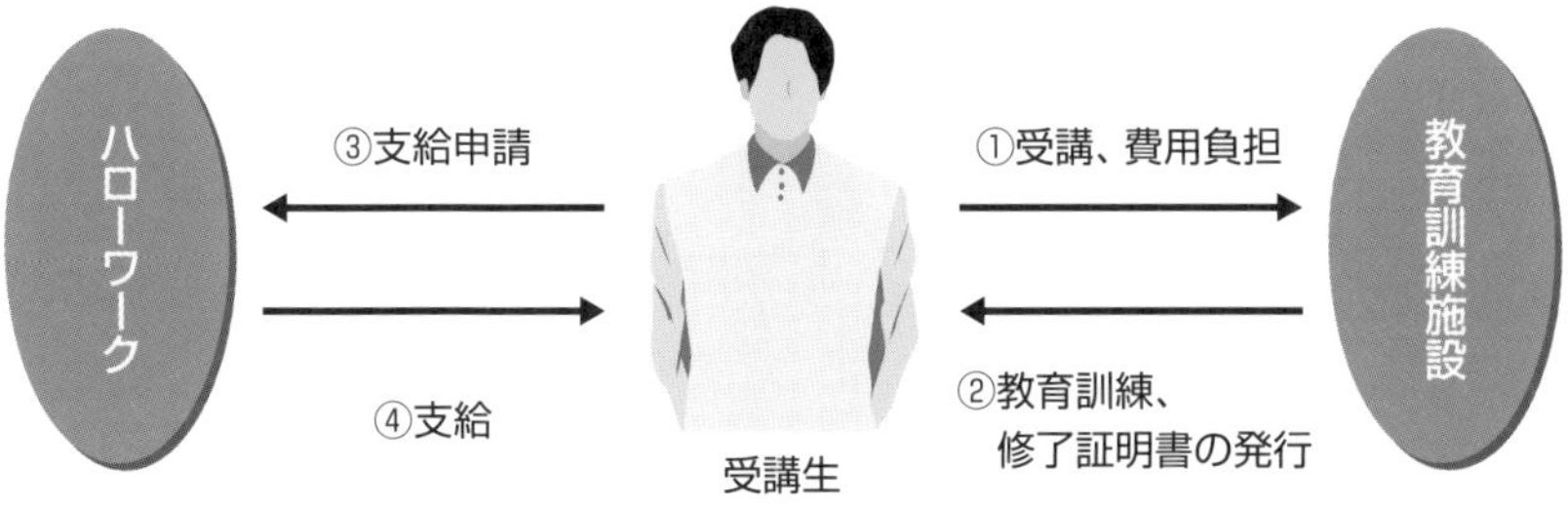


出所：厚生労働省ホームページの「教育訓練給付制度」

ビジネススクール
# 経営主体・形態も多様化

**ビジネススクールとは、社会人らに実践的な経営理論などを教育する大学院や企業の講座をいいますが、経営主体は様々で、形態も多様化。中には、株式会社が経営するスクールも存在します。**

## ビジネス関連講座も含まれる

ビジネススクールとは、MBA*の学位を与える大学院のことだと思われがちですが、実はそうではありません。ビジネススクールとは、経営やビジネス、マネジメントに関する知識やスキルを教える教育機関のことで、経営大学院やビジネス関連講座の総称です。

海外では、MBAの学位を取得できる教育機関を一般的にはビジネススクール（経営大学院）と呼んでいます。しかし、日本におけるビジネススクールの定義は広く、経営・ビジネスに関する体系的な知識を提供するMBAの学位を授与する経営大学院だけでなく、企業、大学、個人事業主の主催によるビジネス講座や実務セミナーもビジネススクールというカテゴリーに区分されています。

日本国内において、ビジネススクールは大きく二種類に分けられます。学校法人グロービス経営大学院によると、一つは、数年間かけてビジネスを体系的に学ぶ経営大学院（MBAプログラム）に区分されるビジネススクール、もう一つは一日～数カ月の短期間で学習するビジネススクールです。

経営大学院は、ビジネスに関する体系的な知識やスキルを習得し、社会で活躍するリーダーを育成することを目的としています。修士課程の修了に必要な単位を取得することで、MBAの学位も授与されます。受講形式は、キャンパスへ通学し受講する形式と、自宅や外出先からでも受講できるインターネット経由での受講形式に分けられます。

用語解説

＊MBA　Master of Business Administrationの略。経営学修士。欧米の「ビジネススクール」と呼ばれる経営大学院を修了した人に与えられる修士号を指す。

## 国際化の遅れが顕著に

ビジネススクールは、二〇〇〇年の専門大学院制度と〇三年の専門職大学院制度の制定を契機として設立ラッシュが進み、ビジネススクール・ブームを引き起こしました。現在では、一〇〇校程度のビジネススクールが存在すると見られています。

ただし、前述のように一口にビジネススクールといっても日本では大学が運営するものだけでなく、株式会社が経営するスクールや企業内スクール、マスコミなどが開催するスクールや通信教育など、実にバラエティに富んでいます。

海外のビジネススクールと比較して、日本のビジネススクールは数も少なく、規模も小さいところがほとんどです。小規模であるため、財政上の理由から必要な数の専任教育スタッフを確保できず、教員一人当たりの負担が大きいという課題を抱えています。また、国際化の遅れも顕著で、ビジネススクールに関する国際機関による認証を得ているビジネススクールは数えるほどしかないことも課題となっています。

ビジネススクールの形態も多様化している
ビジネススクール
社会人らに実践的な経営理論などを教育する大学院や企業の講座
国内のビジネススクールは約100校
運営主体
大学
株式会社
企業内
マスコミ
など

8

英会話学校

# 広告宣伝費が大きなウエイト

**英会話学校の収入源は生徒からの入学金と授業料が中心で、売上を伸ばすには生徒数を増やすことが大前提。広告宣伝費も大きなウエイトを占めています。競争も激しく、明確な特色を出すことが不可欠です。**

## 講師の質の高さが重要に

**英会話学校**は、主として外国語会話を教授する事業所の中で、英会話を教える学校です。日本標準産業分類では「各種学校」に該当するものですが、本書では、各種学校ではない英会話教室、すなわち同分類「教養・技能教授業」の中の「外国語会話教授業」に該当する事業所を含めて概観することにします。

英会話学校の収入源は、生徒からの入学金と授業料が中心です。収入を伸ばすには生徒数を増やすことが大前提になりますが、競争も激しく、明確な特色を出すことが欠かせません。一方、経費の中では、講師のスタッフの人件費と、生徒獲得のための広告宣伝費が大きなウエイトを占めています。経営悪化のため、この広告宣伝費を削る学校も増えていますが、削減しすぎると受講生の獲得が困難になるという問題も抱えています。

個別レッスン一回(四〇分)の受講料金は六〇〇〇〜八〇〇〇円(税別)が主流。受講料は複数回分、あるいは数カ月分を前払いするところが多く、入学金や教材費などを合わせると、費用は数十万円単位になります。こうした料金体系は、ほとんど受講せずに中途解約したにもかかわらず、前納した費用が戻ってこないといったトラブルに発展するケースもあります。旧聞になりますが、NOVA＊の経営破綻の際にも、前払いした未受講分が返還されないという問題が大きくクローズアップされました。

より多くの生徒を確保するには、広告宣伝による知名度アップはもちろん、受講生による口コミも重要です。

用語解説

＊NOVA　外国語教室(英会話教室など)のブランド名。運営していた(株)ノヴァの経営破綻を受けて、(株)ジー・エデュケーションが2007年11月に事業を承継。現在は、13年12月設立の(株)NOVAが運営。全国に約300教室を展開している。

## 英会話教室の特性

**収入源**

II

生徒からの入学金と授業料が中心

成長には生徒数拡大が必須

**広告宣伝による知名度アップ、受講生による口コミが重要**

## NOVAはなぜ経営破綻したのか

- 急激な業容拡大と脆弱《ぜいじゃく》な収益構造

**経営破綻への道程**

- **顧客とのトラブル**
  中途解約時における払戻金の訴えに対して、顧客勝訴の判決
  ➡マスコミが「悪徳商法」との論調の記事掲載

- **行政庁による立入検査**
  新規入学者数と受講料の受け入れの激減

- **業務停止命令**
  新規契約が不可となり、受講料の解約申し出が殺到
  ➡2007年6月以降は解約返戻金が新規収入金を上回る異常事態となる

- **会社更生手続き開始の申し立て**
  2007年10月に会社更生手続き開始の申し立て

出所：「旧NOVA破産管財人からのお知らせ（財産状況報告書）」資料

9

料理学校

# 協会に約三〇〇校が加盟

**料理教育の普及を目指す民間団体の全国料理学校協会には約三〇〇校が加盟しています。未加盟の料理学校や教室も多く、全国で五〇〇校程度が存在していると推計されています。**

## オンライン教室も展開

**料理学校**や**料理教室**も不動の人気を維持しています。業界では、一般社団法人の全国料理学校協会が組織化されています。全国料理学校協会は一九五五年四月、料理教育の普及と共に食生活の向上を目指して発足しました。現在では、東日本料理学校協会、中部料理学校協会、西日本料理学校協会、全九州料理学校協会の四協会のもとに、全国約三〇〇の料理学校と料理教室が加盟する大きな団体へと成長を遂げています。同協会に加盟していない学校を含めると、全国で五〇〇校程度が存在していると推計されています。

また、卒業すれば無試験で調理師免許が取得できる厚生労働大臣指定の調理師養成学校は、公益社団法人全国調理師養成施設協会調べで、二〇二〇年度は二八三校。内訳は、専修学校が一五五、高校が一一一、短大が九、各種学校が三、その他が四となっています。

料理学校・教室の大手は、二〇年一〇月現在で全国に一一九カ所の教室を展開しているABCクッキングスタジオや、全国七九教室を展開しているホームメイドクッキング。教室数こそ少ないものの、服部栄養専門学校や新宿クッキングアカデミー、江上料理学院なども受講生に人気のある学校です。

ABCクッキングスタジオは、二〇年七月からビデオアプリケーション「Ｚｏｏｍ」を使用し、自宅でABCのレッスンが体験できるオンラインサービスを、ブレッド関連メニューのコースを皮切りに始めています。

## 全国料理学校協会、調理師養成学校、料理学校大手の概要

**一般社団法人 全国料理学校協会**
（事務局：東京都新宿区）

- 東日本料理学校協会
- 中部料理学校協会
- 西日本料理学校協会
- 全九州料理学校協会

→ **約300校が加盟**

↓

未加盟の学校も含めると、
全国で500校程度が存在

**厚生労働大臣指定の調理師養成学校**

↓

▼人気の高い料理教室

by dlisbons

**283校（2020年度）**

| | |
|---|---|
| 専修学校： | 155 |
| 高校： | 112 |
| 短大： | 9 |
| 各種学校： | 3 |
| その他： | 4 |

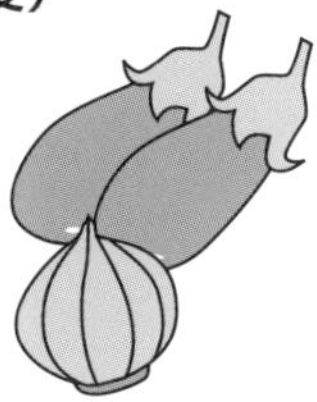

注：公益社団法人全国調理師養成施設協会調べ

### 料理学校・教室の大手

- 教室名：（株）ABC Cooking Studio（（株）ABCクッキングスタジオ）：全国に約120カ所の教室を開設（海外にも38教室がある）
- （株）ホームメイドクッキング：関東圏を中心に全国79教室を開設

10

カルチャーセンター

# 生涯学習をサポート

**カルチャーセンターの実施主体は、新聞社系、デパート系、放送局系、その他に分かれ、一九八九年には、業界全体のレベルアップを図ることなどを目的に全国民間カルチャー事業協議会が発足しています。**

## 講座や料金の競争も激化

カルチャーセンターとは、民間が設置している**生涯学習施設**の一般的な呼称です。すでに一九六〇年前後に設けられていましたが、都市を中心に全国に普及し始めたのは六〇年代半ば以降といわれています。

実施主体は新聞社系、デパート系、放送局系、その他に分かれ、八九年には、全国民間カルチャー事業協議会(四四団体が加盟)が発足しています。東京都内の民間カルチャー相互の交流と発展を目的とした、**東京都民間カルチャー事業協議会***も組織化されています。近年では自治体が施設を提供し、民間が運営する公設民営方式によるカルチャーセンターが登場しています。

カルチャーセンターを全国規模で展開する企業は、新聞社や放送局、百貨店などの系列会社がほとんど。主な企業としては、NHK文化センター、朝日カルチャーセンター、読売・日本テレビ文化センター、産経学園、近鉄百貨店(近鉄文化サロン)などがあります。

最近は、月一〜二回や一日完結型など、手軽に受講できる講座の人気が高まっています。朝日カルチャーセンターでも、ここ二〜三年は毎週通う講座よりも、月一回程度の講座の利用が増えています。

また、流通業のイオンを始め、セブン&アイ・ホールディングスなどがカルチャーセンターの運営を手がけています。NPO法人や自治体なども割安な講座を設けており、人気を集めています。シニア世代の取り込みを含めて、講座や料金を巡る競争が激化しているのが実情です。

用語解説

***東京都民間カルチャー事業協議会**　全国民間カルチャー事業協議会の東京版で、都内の民間カルチャー相互の交流と協力によって、カルチャー事業の健全な発展向上を図ることなどを目的にしている。

## カルチャーセンターの定義と主な実施主体

**全国民間カルチャー事業協議会（事務局：朝日カルチャーセンター内）による「カルチャーセンター」定義付けの６つの条件**

❶恒常的、かつ継続的に開講していること
❷講座が複数のジャンルにわたっていること
❸固定した教室と、しかるべき設備を持っていること
❹専業職員によるサービス体制を有すること
❺不特定多数の人に門戸を開いていること
❻有料であること

### 主な実施主体

**新聞社系**
- （株）朝日カルチャーセンター
- （株）読売・日本テレビ文化センター
- （株）産経学園
- （株）道新文化センター

**放送局系**
- （株）NHK文化センター

**デパート系**
- （株）三越伊勢丹（三越カルチャーサロン）
- （株）近鉄百貨店（近鉄文化サロン）
- （株）セブンカルチャーネットワーク

**その他**
- 目黒学園カルチャースクール
- NPO法人
- 自治体

11

パソコン教室

# 多種多彩な経営主体

**パソコン教室の経営主体は、個人、カルチャーセンター、ビジネススクール、フランチャイズチェーン、メーカー、さらにはNPO法人や自治体など公共機関。それこそ、多種多彩といえます。**

## 資格取得のニーズも高い

**パソコン教室**は、日本標準産業分類の中分類「その他の教育、学習支援業」の小分類「教養・技能教授業」に含まれ、さらに細分類では「その他の教養・技能教授業」に該当します。

街中でも、「パソコン教室」の看板を見かけることが少なくありません。インターネットが普及し、パソコンは毎日の生活に不可欠な存在になっています。パソコン教室が成り立つのも、若年層から高齢者層まで含めて、パソコンを利用したい、パソコン関連の資格を取得したいというニーズが根強いからです。

パソコン教室の経営主体は個人、カルチャーセンター、ビジネススクール、フランチャイズチェーン（FC）、メーカー、さらにはNPO法人や自治体などの公共機関。経営主体は、それこそ多種多彩といえます。

パソコン教室の大手は、「アビバ」（リンクアカデミー）や「Win スクール」（ピーシーアシスト）ですが、「ハロー！パソコン教室」（イー・トラックス）なども人気を集めています。立地は駅前やオフィス街など交通の便の良いところが中心となっています。しかも、東京や神奈川、大阪、愛知などの大都市に集中しているのは、**MOS**＊や**CAD**＊、**WEBデザイナー**＊などの資格取得を目的に通う生徒のニーズが高いからです。

開業に必要な設備は教室用スペースと生徒用、インストラクター用のパソコンで済み、個人でも手軽に参入が可能。講座の内容によってはCADやイラストレーターなどのアプリケーションソフトが必要になります。

用語解説

＊**MOS**　エクセルやワードなどのマイクロソフトオフィス製品の利用スキルを証明できる資格。

＊**CAD**　コンピューターによる設計支援を意味し、CAD利用技術者試験、CADトレース技能審査、建築CAD検定の3つの資格がある。

## 2-11　多種多彩な経営主体（パソコン教室）

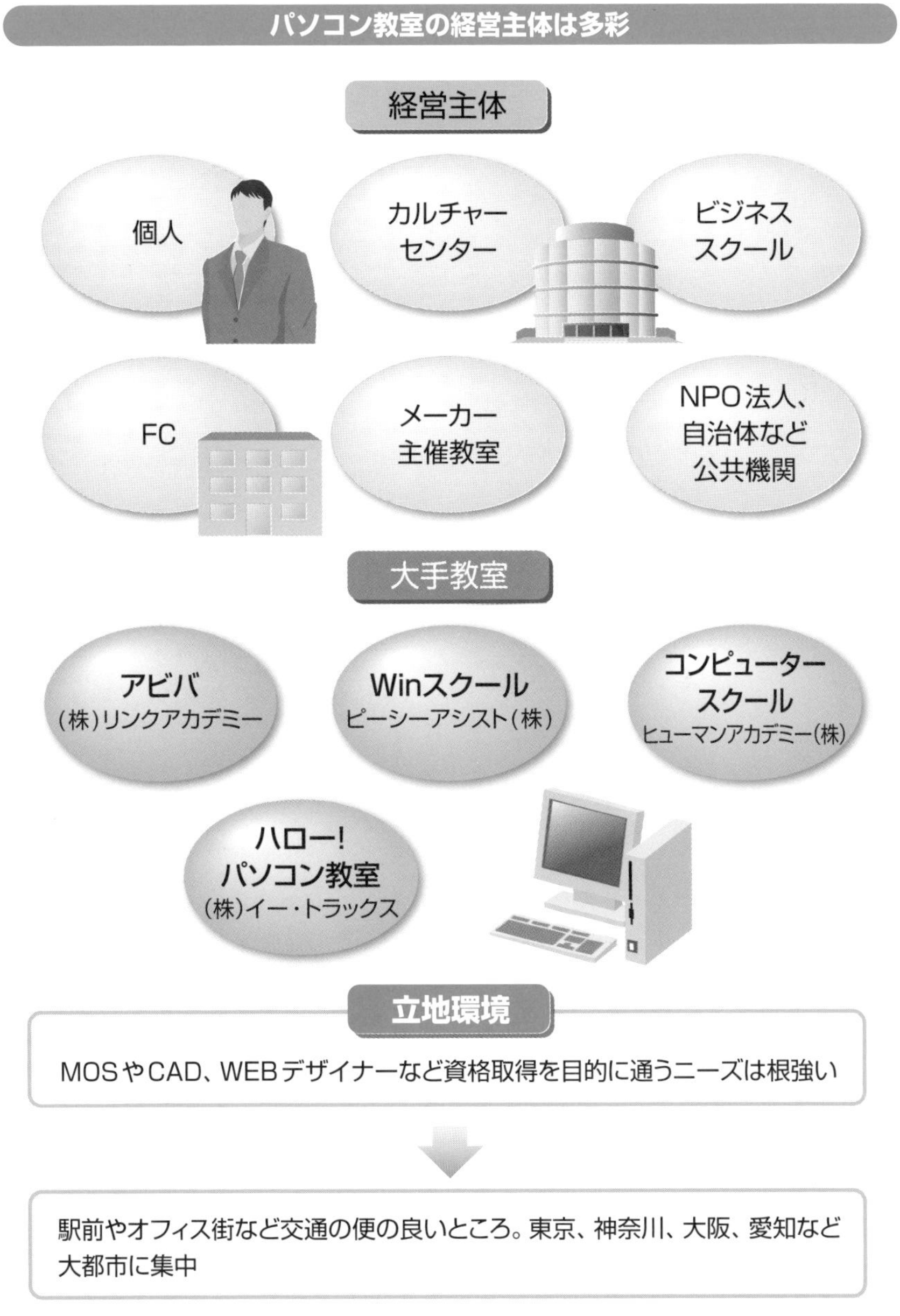




用語解説

＊ **WEBデザイナー**　インターネット上のWEBサイト（ホームページ）を制作するデザイナー。作り方や表現の仕方など、様々な方法があり、広い知識と技術が必要とされる。

12

通信教育業①

# 社会教育法で定義される

**通信教育は社会教育法に基づいて定義され、日本標準産業分類で「社会通信教育」として位置付けられています。語学などビジネスユースと娯楽的な分野に分かれ、文部科学省認定と認定外があります。**

## 文科省の認定と認定外がある

通信教育とはどのような教育をいうのでしょうか。**社会教育法***第七章第五〇条によると、通信教育とは「通信の方法により一定の教育計画の下に、教材、補助教材等を受講者に送付し、これに基づき、設問解答、添削指導、質疑応答等を行う教育」だとしています。

また、こうした通信教育を行う事業者は、日本標準産業分類の中分類「その他の教育、学習支援業」の小分類「社会教育」の中で、細分類「社会通信教育」として位置付けられています。

同分類では具体的に、日本書道教育学会、実務教育研究所、中央工学校生涯学習センターの三事業所を例示しています。

学校教育法による通信教育は、この分類には含まれず、中分類「学校教育」の中の小分類「高等学校、中等教育学校」「高等教育機関」に該当します。

社会通信教育は、社会教育法によって文部科学省が認定する各種通信教育と、認定外の民間社会通信教育に分類されます。認定外の民間社会通信教育の業務内容はニーズによって二つに分けることができます。

一つは資格や語学、自己啓発などビジネスユースであり、もう一つは文化、教養、趣味など娯楽的な分野です。文部科学省が認定する社会通信教育は前者が中心となっています。

民間通信教育機関には、がくぶん(学文社)、フォーサイト、ユーキャン、キャリカレ(キャリアカレッジジャパン)、日本創芸学院などがあります。

用語解説

＊**社会教育法**　社会教育に関する国および地方公共団体の任務を定める基本的な法律。1949年に制定された。

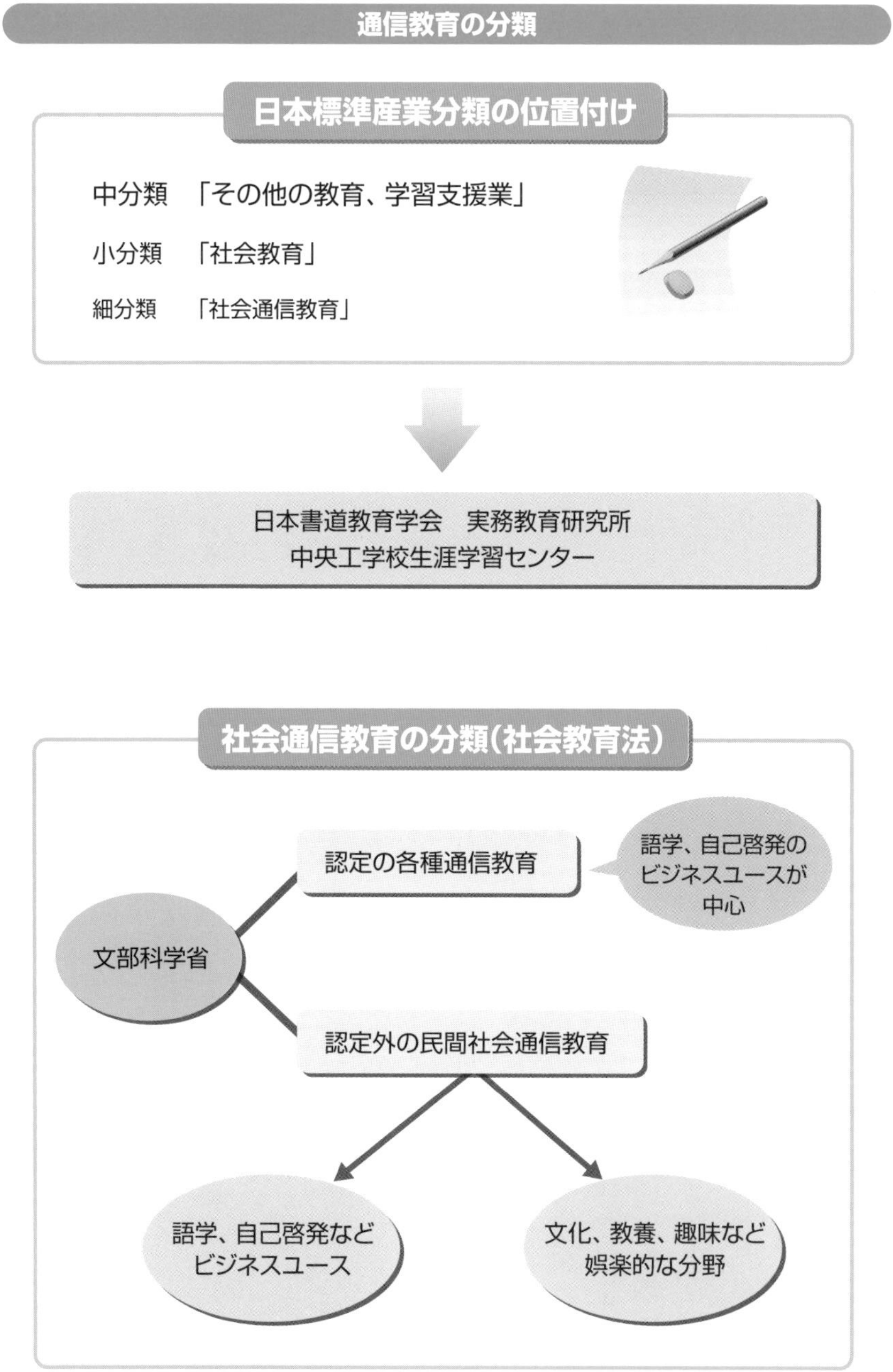
通信教育の分類
日本標準産業分類の位置付け
中分類　「その他の教育、学習支援業」
小分類　「社会教育」
細分類　「社会通信教育」
日本書道教育学会　実務教育研究所
中央工学校生涯学習センター
社会通信教育の分類（社会教育法）
文部科学省
認定の各種通信教育
語学、自己啓発の
ビジネスユースが
中心
認定外の民間社会通信教育
語学、自己啓発など
ビジネスユース
文化、教養、趣味など
娯楽的な分野

通信教育業②

# 13 振興協会が生涯学習を奨励

**内閣府が所管する公益法人の一つで、民間の社会通信教育を振興するために組織されているのが、公益社団法人日本通信教育振興協会（通教振）です。生涯学習の振興に寄与することを目的にしています。**

## 「学習指導員」の資格認定も

民間の社会通信教育を振興するために組織されている団体に、公益社団法人**日本通信教育振興協会**（**通教振**）があります。

内閣府が所管する公益法人の一つで、発足は一九八八年一一月。「我が国における生涯学習の振興に寄与すること」を主な目的にしています。

二〇二〇年一〇月現在の正会員には、カリグラフィー・ライフ・アソシエイション、日本創芸学院・日本園芸協会の二法人が名を連ねています。賛助会員には一四法人が加盟しています。

通教振ではこれまで、**生涯学習奨励講座**＊の認定活動や、通信教育を優秀な成績で修了した受講生を表彰する「文部科学大臣賞」「全国生涯学習ネットワークフォーラム実行委員会会長賞（都道府県知事）」「公益社団法人日本通信教育振興協会会長賞」の制定と表彰などを進めてきています。

さらに、学習指導員資格認定制度を設けていることも特筆に値します。生涯学習の指導者・支援者として通教振が認定する資格で、「生涯学習について理解し、地域や子どもとの関わり方、学習指導の方法などに正しい知識を持った指導者がまだまだ少ないのが現状」（通教振）として、〇五年にスタートさせた制度です。

すでに一〇〇〇人以上が学習指導員の資格を取得し、自治体などが主催する各種学習会、公開講座などの講師やインストラクターとして、その技能を活かしているということです。

---

用語解説

＊**生涯学習奨励講座**　通教振会員が実施している講座で、職業に関する講座、家庭・日常生活に関する講座、趣味や稽古事に関する講座など多彩。

## 2-13 振興協会が生涯学習を奨励（通信教育業②）

### 日本通信教育振興協会（通協振）の正会員と「学習指導員」資格

**正会員**

- 日本創芸学院・日本園芸協会
- (株)カリグラフィー・ライフ・アソシエィション

**通協振の「学習指導員」資格認定制度とは…**

生涯学習の指導者・支援者として、「学習指導員」を通協振が認定する資格制度

▲日本通信教育振興協会ホームページ
http://www.jais.or.jp

**活躍の場は多彩**

- 教育委員会が主催する各種学習会、公開講座、講演会の講師
- 図書館、博物館、美術館、自治体などが実施する学習活動の講師
- 小中学校での非常勤講師、課外活動の講師
- 生涯学習センターや公民館などで自主的に行われる学習活動の講師

出所：日本通信教育振興協会のホームページ

14

試験運営サービス業

# 試験運営のすべてを受託

各種試験の問題作成から会場手配・設営、試験の実施、採点処理までのトータルな試験運営のアウトソーシングを手がける企業の存在も見逃せません。主に社会人を登録し運営スタッフとして活用しています。

## 運営は社会人アルバイトを活用

国家試験や資格・検定試験、さらには大学入学試験などでは、実際の運営を専門会社にアウトソーシングするのが一般的です。教育サービス業として、こうした**試験運営サービス業**の存在も見逃せません。

河合塾グループ、パソナグループ、日本電子計算が共同出資して二〇〇三年六月に設立した、全国試験運営センターを例に概観してみましょう。同社は、「会場選定・スタッフ選定・実施運営など、試験・講習会に関するすべての業務を受託できるトータルアウトソーサーとして、全国で実施運営する」企業です。

毎月何らかの試験が行われており、特に受験シーズンの一～三月は試験運営会社にとっての繁忙期。受託した試験業務（会場準備、試験の監督、受験生の誘導、問題・解答用紙の配布・回収など）をこなすために、こうした運営会社はスタッフとしてアルバイトの人材を活用しています。

アルバイトといっても、あらかじめ登録している学生や社会人で、試験業務の経験を積んだ人材。「マニュアル通りに素早く、正確に業務ができる」だけでなく、協調性や責任感、気配り、体力も求められるようです。経験や能力に応じて、試験会場責任者や副責任者にも外部スタッフを登用し、固定費を極力抑制しているのも、試験運営サービス業の特徴といえるでしょう。

人材紹介・派遣会社のヒューマントラストやランスタッドも試験運営を手がけていますが、受託会社自体は数多いのが業界の実態です。

## 試験アウトソーシングの内容

会場選定 → 試験実施運営

### 試験周辺業務

- 試験実施事務局開設
- コールセンター運営
- 受験申し込み対応
- 受験者データ作成
- 試験備品手配
- 試験資材の仕分け・梱包
- 試験資材の搬入・搬出（セキュリティ便・チャーター便）
- 受験票作成
- 試験運営マニュアル作成
- 各種掲示物作成
- 会場周辺警備手配
- 受験者用バスチャーター
- マークシート読み取り業務
- 結果通知発送業務
- 机上シール作成

出所：（株）全国試験運営センターのホームページ

## 試験運営のアウトソーシングスタッフの一例

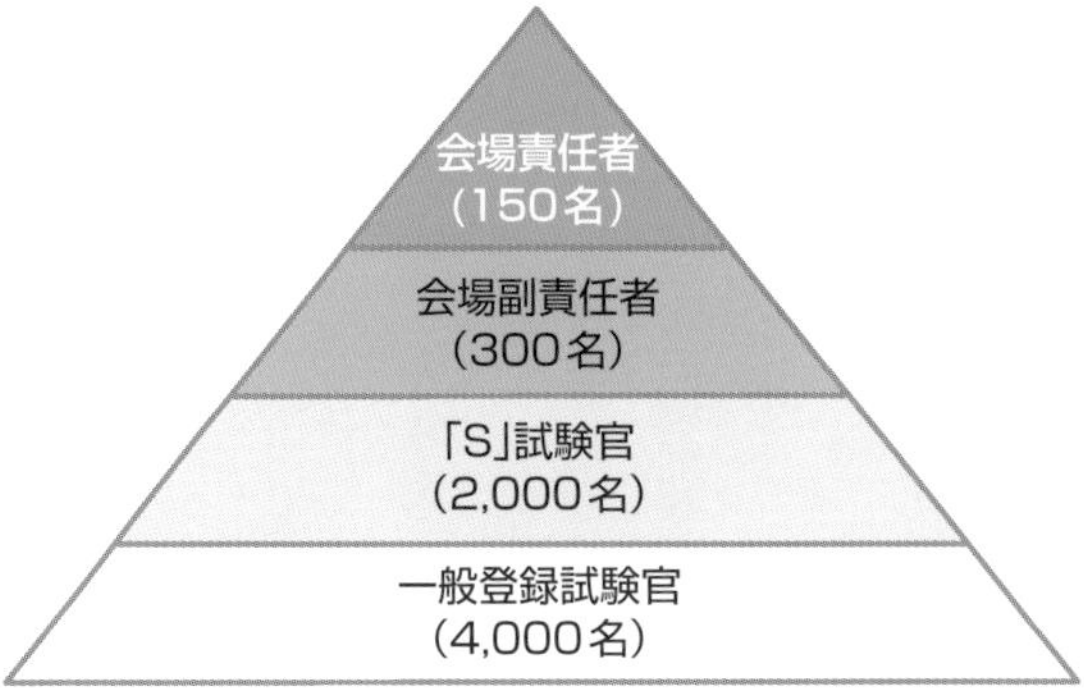


出所：マーケッティングクリエイティブ（株）のホームページ

15

家庭教師派遣業

# 大手から個人経営まで多彩

**教育サービス業の一つとして市場を形成している家庭教師派遣業。経営主体は大手から個人まで広範囲に及んでいます。地域密着が多いのが特徴ですが、全国展開している企業もあります。**

## 通学と派遣を選べるサービスも

**家庭教師**は、中分類「その他の教育、学習支援業」の小分類「教養・技能教授業」の中で、細分類「その他の教養・技能教授業」に含まれています。カルチャー教室やパソコン教室などと同じ分類です。

その**家庭教師派遣業**も教育サービス業の一つとして市場を形成しています。学習塾や進学塾などと同様に、小学生から高校生までを対象とした補習事業が主な目的です。家庭教師派遣業を手がける事業者は、大手から個人経営まで広範囲に及んでいます。家庭教師には国家資格などの資格要件はなく、学習指導できる知識を持ち合わせていれば、一個人でも開業することができるからです。

家庭教師派遣業は、地域密着が多いのが特徴ですが、「**家庭教師のトライ**」の名称で知られるトライグループは全国展開している企業です。一九八七年一月に「富山大学トライ」を創業したのが始まりで、九九年二月には全国四七都道府県への直営展開を果たしています。

二〇〇〇年四月には個別指導塾の**個別教室トライ**事業を開始し、二〇年一二月現在、全国で六〇〇を超える教室数を誇っています。教師派遣と塾の両方を手がけている強みを活かし、個別指導塾への通学と家庭教師の派遣を生徒が自由に選べるサービスも始めており、多様化する生徒のニーズに応えています。

家庭教師派遣業を主軸にしているのは、同社のほか、「プロ家庭教師のジャンプ」や「家庭教師のノーバス」「東大家庭教師友の会」などがあります。

## 家庭教師の産業分類の位置付けと代表企業

### 日本標準産業分類の位置付け

中分類 「その他の教育、学習支援業」

小分類 「教養・技能教授業」

細分類 「その他の教養・技能教授業」 → 家庭教師

### 経営主体

大手から個人経営まで広範囲に及ぶ

### 全国展開の代表企業

**家庭教師のトライ〈(株)家庭教師のトライ〉** → 1987年1月「富山大学トライ」創業。99年2月に全国47都道府県へ直営展開果たす

**プロ家庭教師のジャンプ〈(株)ジャンプジャパン〉**
➡「正社員100%のプロ家庭教師」をアピール

**家庭教師のノーバス〈(株)ワン・ツー・ワン〉**
➡関東20拠点で家庭教師を派遣

**東大家庭教師友の会〈(株)トモノカイ〉**
➡東大生の有志による教育サークルからスタート

出所：各社のホームページ

column

# 全国展開の英語教室が講師雇用化に向けて前進

英会話学校や英語教室で働く講師の労働条件は、必ずしも恵まれたものとはいえないようです。2020年6月9日付の日本経済新聞に、「講師雇用化へ大筋合意 ヤマハ英語教室 来年度実現へ協議」という見出しの記事が掲載され、注意を引きました。記事は、次のように伝えています。

「楽器大手ヤマハの子会社『ヤマハミュージックジャパン』が展開する英語教室講師らの労働組合が、同社と雇用化に向けて大筋合意ができたとして8日、大阪市内で記者会見した。希望者が対象で2021年度の実現を目指し協議を続ける。講師らは契約上、労働法規上の『労働者』として扱われず、社会保険加入や残業代支払いを受けられない状態が続いてきた」

労働組合は「ヤマハ英語講師ユニオン」で、20年4月に会社側から方向性を示す文書を提示されていたということです。同社の英語教室は47都道府県で展開され、幼児・小学生コースを中心に大人のための英会話コースを設けています。講師は約1,200人を数えています。

講師らはこれまで、「契約上は個人事業主なのに、実際は会社に指導方法や教材を指定されたり、勤務時間や勤務場所を決められたりしていたことなどから、実態は労働者だ」と主張。そして、18年12月にユニオンを結成し、労働契約への切り替えを求めて団体交渉を重ねてきました。

そうした努力によって、ようやく雇用化に向けて動き出したということでしょう。長い道のりだったと推察されます。新型コロナウイルスの感染拡大という状況下、講師らは税法上は給与所得者のため、個人事業主を救済する国の持続化給付金の対象から当初は外れていて問題となっていたとも伝えられます。

同社に限らず、英会話学校で働く講師らの労働条件は厳しく、労働組合による改善交渉が行われているところも少なくないようです。

# 第3章

# 教育産業の市場と構造

学習塾・予備校を主体とする教育産業の市場規模はどのくらいあるのでしょうか。また、分野別の事業所数や事業従業者数はどの程度なのでしょうか。この章では、「教育産業の市場と構造」をテーマに、経済産業省の「特定サービス産業実態調査報告書」の調査結果を中心に見ていくことにします。

# 1 三兆円に迫る教育産業市場

**教育産業の全体市場は、民間経済研究所の調査によると二兆五〇〇〇億円を超えて三兆円に迫るとの予測もあります。経済産業省の調査では、学習塾と教養・技能教授業で一兆八〇〇〇億円強となっています。**

## 経産省調査は二兆円弱市場

日本国内で「教育産業市場」とは具体的にどのような分野を指すのでしょうか。民間経済研究所などによると、「学習塾・予備校」「家庭教師派遣」「通信教育・学習教材」「資格取得学校」「資格・検定試験」「語学スクール・教室」「幼児教育」「企業向け研修サービス」「eラーニング・映像教育」「学習参考書・教科書」など主要一五分野が含まれるとされています。

通信教育・学習教材は、幼児向け・学生向け・社会人向け通信教育市場と、幼児向け英会話教材市場に分かれます。また、幼児教育は、幼児英才教育、幼児体育指導、保育園、託児所の各市場に分けられ、学習参考書・教科書は、学習参考書・問題集と学校教科書の各市場に分けることができます。これらの市場規模は二兆五〇〇〇億円を超え、三兆円に迫るとの予測もあります。

日本の教育産業市場を分析するうえで、経済産業省の「特定サービス産業実態調査報告書 学習塾編」（一般社団法人経済産業統計協会編）と、「特定サービス産業実態調査報告書 教養・技能教授業編」（同）も欠かせません。本書では、二〇二〇年一月に刊行された「平成三〇（二〇一八）年」の調査報告書の数値をもとに、学習塾などの実態を分析することにします。

「学習塾編」によると、一八年の学習塾の年間売上高は九八三四億円。音楽、書道、生花・茶道、そろばん、外国語会話、スポーツ・健康、その他（囲碁教室、編み物教室、着付け教室など）の教養・技能教授業は八二一三億円で、計一兆八〇四七億円となっています。

## 教育産業の市場規模

**学習塾**
9,834億円
(5.5%増)

＋

**教養・技能教授**
8,213億円
(5.3%減)

↓

**1兆8,047億円(0.3%増)**

**音楽**
(音楽教室、ピアノ・バイオリン教授所など)
944.6億円
(18.9%減)

**書道**
(書道教室、書道教授所など)
204.1億円
(1.1%減)

**生花・茶道**
(生花教室、華道教室など)
76.2億円
(39.3%減)

**そろばん**
(珠算教室、そろばん教室など)
197億円
(8%減)

**外国語会話**
(英会話教室、外国語教室など)
1,702.4億円
(12.7%減)

**スポーツ・健康**
(スイミングスクール、体操教室など)
2,982.1億円
(10.2%増)

**カルチャーセンター**
492.8億円
(15.8%減)

**家庭教師**
90.9億円
(17.3%減)

**その他**
(囲碁教室、料理教室など)
1,522.5億円
(5.4%減)

注：(　)内は前年比

出所：「平成30年特定サービス産業実態調査報告書」(経済産業省)

学習塾・予備校①

# 一兆円に迫る市場に成長

2

**経済産業書の「特定サービス産業実態調査報告書 学習塾編」によると、学習塾・予備校の事業所数は四万六七〇〇を超え、年間売上高（塾業務）は九八〇〇億円超と一兆円に迫る市場規模に成長しています。**

## 事業所数は四万六七〇〇強

「平成三〇（二〇一八）年特定サービス産業実態調査報告書 学習塾編」（経済産業省）によると、二〇一八年の学習塾の事業所数は四万六七三四（前年比一・八％減）、学習塾業務の年間売上高は一兆円に迫る九八三四億円（同五・五％増）となっています。事業所数は微減となったものの、年間売上高は五一四億円の増加となっており、少子化の中でも学習塾市場は成長している実態が浮き彫りになっています。

この調査が対象とする学習塾は、「小・中・高校生などを対象として、常設の施設において学校教育の補習教育または学習指導を行う事業所（校舎、教室）」です。日本標準産業分類の小分類「学習塾」に該当する事業所で、進学塾や予備校も含まれます。ただし、「学校教育法による学校教育に類する教育を行う事業所」としての予備校などの各種学校は調査の対象外となっています。

前述のとおり、学習塾の一八年の事業所数は前年比一・八％減の四万六七三四ですが、従業者規模別では、四人以下が二万六七二九で全体の五七・二％を占めて最も多く、次いで五～九人が一万五二三二（三二・五％）、一〇～二九人が八〇六二（一七・三％）、三〇～四九人が九九六（二・一％）、五〇～九九人が三五三（〇・八％）、一〇〇人以上が七一（〇・二％）となっています。

規模別では前年比減の事業所が多い中で、五〇～九九人規模の事業所が、前年比二三・〇％増という伸びを見せていることは特筆に値します。

## 従事者は三三万六七〇〇人超

一八年の学習塾の従業者数は、前年比二・八％減の三二万七五四七人。学習塾業務の事業従事者数は同一・一％減の三三万六七三一人。学習塾業の学習塾業務に関して、一事業所当たり従事者数は同〇・六％増の七人、一事業所当たりの年間売上高は同七・四％増の二一〇四万円となっています。

従業者数三二万七五四七人を男女別で見ると、男性が一五万九八〇九人（構成比四八・八％）、女性が一六万七七三八人（同五一・二％）と女性が多い構成です。雇用形態別に見ると、パート・アルバイトが最も多く二三万五四二三人（構成比七一・九％）、正社員・正職員が四万四二六人（同一二・三％）で、常用雇用者が全体の八四・二％を占めています。

学習塾の年間売上高は前年比四・三％増の九九一九億円ですが、これを従業者規模別で見ると、一〇～二九人規模が同二・五％減の三九七七億円（構成比四〇・一％）と最も多い構成。次いで、五～九人規模が同一〇・八％増の二一三五億円（同二一・五％）となっています。



### 学習塾・予備校の概況

| | |
|---|---|
| 事業所数 | 4万6,734事業所（1.8%減） |
| 従業者数 | 32万7,547人（2.8%減） |
| 年間売上高 | 9,919億円（4.3%増） |
| 学習塾業務の事業従事者数 | 33万6,731人（1.1%減） |
| 学習塾業務の年間売上高 | 9,834億円（5.5%増） |
| 1事業所当たり | |
| 1事業所当たり従業者数 | 7人（1.0%減） |
| 1事業所当たり年間売上高 | 2,122万円（6.2%増） |
| 1事業所当たり学習塾業務の事業従事者数 | 7人（0.6%増） |
| 1事業所当たり学習塾業務の年間売上高 | 2,104万円（7.4%増） |

注：（　）内は前年比増減　　出所：「平成30年特定サービス産業実態調査報告書」（経済産業省）

# 3 六割はFC非加盟、上場企業も多い

学習塾・予備校②

**学習塾の事業所数をFC加盟別で見ると、「加盟している」は約四割、「加盟していない」は約六割となっています。都道府県別の事業所数では東京が最も多く、大阪、愛知、神奈川と続いています。**

## 二〇社近くが株式を公開

経済産業省の「平成三〇（二〇一八）年特定サービス産業実態調査報告書 学習塾編」では、学習塾の事業所数四万六七三四を**フランチャイズ**（FC）加盟別でも分析しており、「加盟している」事業所は一万九四四一、「加盟していない」事業所は二万七二九三となっています。

「加盟している」事業所の受講生数（在籍者数）は一一九万三人、「加盟していない」事業所は一九三万一九八一人。都道府県別の事業所数は、東京が三九三〇と最も多く、大阪三三七七、愛知三三二九、神奈川三二〇四、埼玉二七二一、兵庫二五四六、千葉二五七と続いています。

学習塾・予備校市場では株式公開企業も多く、全部で一七社（二〇年七月現在）を数えています。

具体的には、市進ホールディングス、ウィザス、学究社、学研ホールディングス、京進、クリップコーポレーション、秀英予備校、城南進学研究社、進学会ホールディングス、ステップ、昴、成学社、東京個別指導学院、ナガセ、明光ネットワークジャパン、リソー教育、早稲田アカデミーの一七社です。

未上場企業ですが、河合塾グループ、公文教育研究会、駿河台学園（駿台予備学校）、高宮学園（代々木ゼミナール）、トライグループ、日能研グループ、四谷大塚なども有力学習塾・予備校といえるでしょう。

少子化の影響で顧客争奪の激しい競争が繰り広げられており、業界再編のM&Aも活発化しています。

## フランチャイズ（ＦＣ）加盟別事業所数と受講生数

| FC加盟別 | 計 46,734 | 受講生数（在籍者数）（人） |
|---|---|---|
| 加盟している | 19,441 | 119万3 |
| 加盟していない | 27,293 | 193万1,981 |
| | | 312万1,984 |

## 都道府県別事業所数／上位 10

❶東京　3,930
❷大阪　3,377
❸愛知　3,229
❹神奈川　3,204
❺埼玉　2,722
❻兵庫　2,546
❼千葉　2,157
❽福岡　1,668
❾静岡　1,513
❿北海道　1,330

出所：「平成30年特定サービス産業実態調査報告書」（経済産業省）

## 株式公開企業

（株）市進ホールディングス
（株）学究社
（株）京進
（株）秀英予備校
（株）進学会ホールディングス
（株）昴
（株）東京個別指導学院
（株）明光ネットワークジャパン
（株）早稲田アカデミー
（株）ウィザス
（株）学研ホールディングス
（株）クリップコーポレーション
（株）城南進学研究社
（株）ステップ
（株）成学社
（株）ナガセ
（株）リソー教育
（2020年12月末現在）

学習塾・予備校③

# 圧倒的多数は「小規模・小資本経営」 4

学習塾の資本金規模別の事業所数では、全体の一割程度が「一〇〇〇万円未満」の小資本であるのに対し、「一億円以上」も同程度の割合となっています。「資本金なし」も多く、全体の約七割を数えています。

## 約七割が「資本金なし」

経済産業省の「平成三〇（二〇一八）年特定サービス産業実態調査報告書 学習塾編」で、学習塾の資本金規模別の事業所数を見てみましょう。

それによると、資本金一〇〇〇万円以上五〇〇〇万円未満が五二八六で最も多く、全体の一一・三％を占めています。次いで多いのが五〇〇〇万円未満で三八七八（八・二％）。五〇〇〇万円以上一〇〇〇万円未満の九四九（二・〇％）を加えると、全体の一割程度が小資本による学習塾であることがわかります。

一億円以上一〇億円未満は三五一五（七・五％）、一〇億円以上は一一〇八（二・三％）。全体の一割程度は資本金一億円以上の学習塾といえるでしょう。

特筆すべきは、「資本金なし」が三万五四三二と全体の約七割（六五・三％）を占めている点です。ちなみに、事業所数を経営組織別に見ると、「会社」が一万六一九一（三四・六％）であるのに対し、「会社以外の法人・団体および個人経営」が三万五四三二（六五・四％）。資本金なしの事業所数と一致しており、学習塾は圧倒的多数が「小規模の個人経営」といえそうです。

学習塾を、単独事業所・本社・支社別に見ると、「単独事業所」が三万一一九一二で六六・七％を占めています。「本社」は二三七〇（五・一％）、「支社」は一万三二一七三（二八・二％）。従業者規模別では、四人以下が二万六七二九（五七・二％）で最も多く、五〜九人一万五二二三（三二・五％）、一〇〜二九人八〇六二（一七・二％）。一〇〇人以上は七一とわずかです。

## 3-4 圧倒的多数は「小規模・小資本経営」(学習塾・予備校③)

### 学習塾・予備校の資本金規模別内訳

| | |
|---|---|
| 500万円未満 | 3,878 |
| 500万円以上1000万円未満 | 949 |
| 1000万円以上5000万円未満 | 5,286 |
| 5000万円以上1億円未満 | 1,455 |
| 1億円以上10億円未満 | 3,515 |
| 10億円以上 | 1,108 |
| 資本金なし | 30,543 |
| 計 | 46,734 |

### 経営組織別内訳

### 単独事業所・本社・支社別内訳

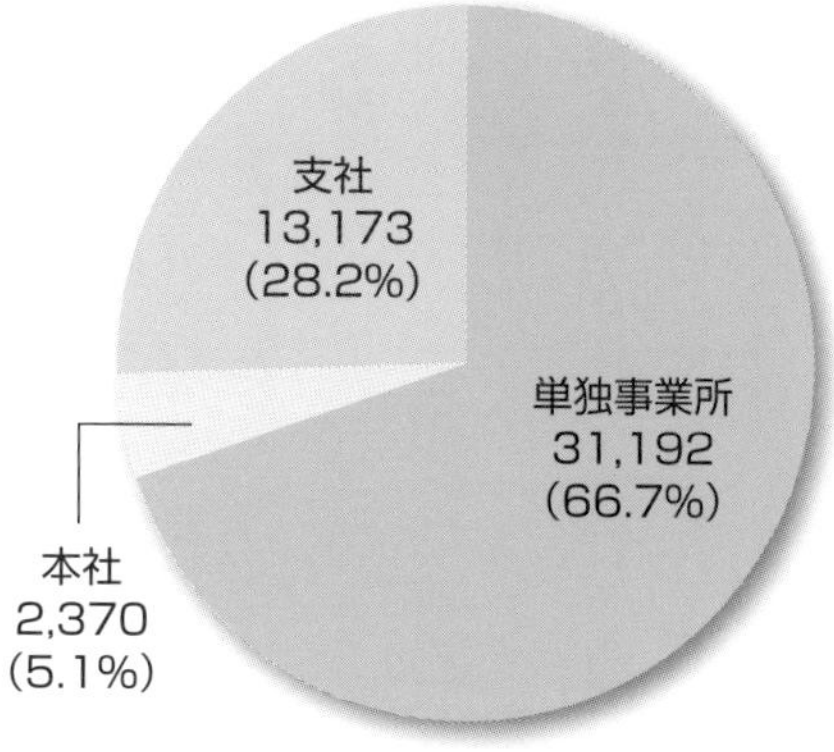


出所:「平成30年特定サービス産業実態調査報告書」(経済産業省)

5

学習塾・予備校④

# 集団指導方式の売上高が増加

**二〇一八年の学習塾の受講生数、受講生区分別年間売上高、収入区分別年間売上高を見ると、受講生数は集団指導方式の高校生以上が前年比で増加しています。受講料収入も前年比増となっています。**

## 受講料収入は前年比で増加

経済産業省の「平成三〇年（二〇一八）年特定サービス産業実態調査報告書 学習塾編」から、学習塾の受講生数、受講生区分別年間売上高、さらには収入区分別年間売上高の概要を見てみましょう。

一八年の受講生数（在籍者数）は前年比一〇・〇％減の三二二万一九八四人。このうち**集団指導方式**の受講生数は同九・七％減の二三三万七一五五人、**個別指導方式**の受講生数は同一〇・七％減の七八万四八二九人となっています。集団指導方式の受講生は全体の七四・九％を占めています。

集団指導方式の受講生で全体の三八・五％を占めるのが小学生で、一二〇万一八〇九人。次いで中学生九〇万七〇人（二八・八％）、高校生以上二三万五二七五人（七・五％）。小学生、中学生は前年比で減少しているものの、高校生以上が同四・九％増と伸びていることは特筆に値します。

受講生区分別年間売上高は、全体の売上高九八三三億九七〇〇万円のうち、集団指導方式が六九三二億三二〇〇万円で七割強（七〇・五％）を占めています。個別指導方式は二九〇一億六五〇〇万円（二九・五％）。集団指導方式は前年比で一四・〇％増加しているのに対し、個別指導方式は同一〇・三％減少しています。

収入区分別年間売上高は、受講料収入が八七四五億九八〇〇万円と全体のほぼ九割（八八・九％）を占めています。この受講料収入は、前年比五・九％の増加となっています。

## 学習塾業務の受講生区分別受講生数

| 受講生区分別 | 2018年調査 | | |
|---|---|---|---|
| | 受講生（人）（在籍者数） | 構成比（%） | 前年比（%） |
| 計 | 312万1,984 | 100.0 | ▲10.0 |
| 集団指導方式 | 233万7,155 | 74.9 | ▲9.7 |
| 小学生 | 120万1,809 | 38.5 | ▲14.2 |
| 中学生 | 90万70 | 28.8 | ▲6.7 |
| 高校生以上 | 23万5,275 | 7.5 | 4.9 |
| 個別指導方式 | 78万4,829 | 25.1 | ▲10.7 |
| 小学生 | 16万6,031 | 5.3 | ▲9.3 |
| 中学生 | 35万6,228 | 11.4 | ▲12.4 |
| 高校生以上 | 26万2,569 | 8.4 | ▲9.2 |

## 学習塾業務の受講生区分別年間売上高

| 受講生区分別 | 2018年調査 | | |
|---|---|---|---|
| | （百万円） | 構成比（%） | 前年比（%） |
| 計 | 9,833億97 | 100.0 | 5.5 |
| 集団指導方式 | 6,932億32 | 70.5 | 14.0 |
| 小学生 | 2,700億17 | 27.5 | 13.3 |
| 中学生 | 2,925億48 | 29.7 | 1.5 |
| 高校生以上 | 1,306億68 | 13.3 | 59.6 |
| 個別指導方式 | 2,901億65 | 29.5 | ▲10.3 |
| 小学生 | 478億79 | 4.9 | ▲2.0 |
| 中学生 | 1,229億86 | 12.5 | ▲13.3 |
| 高校生以上 | 1,192億99 | 12.1 | ▲10.3 |

## 学習塾業務の収入区分別年間売上高

| 収入種類別 | 2018年調査 | | |
|---|---|---|---|
| | （百万円） | 構成比（%） | 前年比（%） |
| 計 | 9,833億97 | 100.0 | 5.5 |
| 入会金収入 | 62億80 | 0.6 | ▲8.7 |
| 受講料収入 | 8,745億98 | 88.9 | 5.9 |
| 教材料売上高 | 633億36 | 6.4 | 5.1 |
| その他 | 391億82 | 4.0 | 0.4 |

出所：「平成30年特定サービス産業実態調査報告書」（経済産業省）

6

# 市場縮小傾向の音楽教授業

教養・技能教授業①

**音楽教室を始め、ピアノ、バイオリン、エレクトーンなどの音楽教授業の二〇一八年の事業所数は二万を割り込むと共に、年間売上高も一〇〇〇億円を下回り、市場縮小傾向が鮮明になっています。**

## 年間売上高は一〇〇〇億円割れ

経済産業省の「平成三〇年（二〇一八）年特定サービス産業実態調査報告書　教養・技能教授編」では、教養・技能の教授を行う音楽、書道、生花・茶道など七分野の動向を調査しています。日本標準産業分類の小分類「教養・技能教授業」で細分類として分けられている七分野に対応した調査です。

まずは**音楽教授業**について見ていくことにしましょう。音楽教授業は、音楽教室を始め、ピアノ、バイオリン、エレクトーン、ギター、三味線、琴、尺八、声楽といった教授所や歌謡教室、カラオケ教室、長唄指南所などが含まれます。音楽学校であっても、各種学校または専修学校は対象外です。

一八年の同調査によると、音楽教授業の事業所数は、前年比七・五％減の一万九八一一、同業務の事業従事者数は同一・八％減の六万四九一四人。年間売上高は同一八・九％減の九四四億六八〇〇万円と一〇〇〇億円を割り込んでいます。

事業所数を経営組織別に見ると、会社が一九一一、会社以外の法人・団体および個人経営が一万七八九八で全体の九割（九〇・三％）を占めています。事業従業者規模別では、四人以下が一万七七〇三と最も多く、全体の九割（八九・四％）を占めています。

年間売上高規模別では、一〇〇〇万円未満が一万七九八四と九割（九〇・八％）を占めているものの、一億円以上五億円未満も一五二（〇・八％）存在しています。

## 音楽教授業の事業所数、従業者数、年間売上高（2018年）など

| 経営組織別 | 事業所数 | 従業者数（人） | 教養・技能教授業務の事業従事者数(人) | 年間売上高（百万円） |
|---|---|---|---|---|
| 計 | 1万9,811<br>（7.5%減） | 3万1,948<br>（14.3%減） | 6万4,914<br>（1.8%減） | 944億68<br>（18.9%減） |
| 会社 | 1,912 | 8,188 | 3万7,309 | 653億02 |
| 会社以外の法人・団体および個人経営 | 1万7,898 | 2万3,761 | 2万7,604 | 291億66 |

注：（　）内は前年比増減

| 事業従業者規模別事業所数 | |
|---|---|
| 4人以下 | 1万7,703 |
| 5～9人 | 763 |
| 10～29人 | 890 |
| 30～49人 | 320 |
| 50～99人 | 113 |
| 100人以上 | 22 |

全体の約98%（4人以下～10～29人）

| 年間売上高規模別事業所数 | |
|---|---|
| 1,000万円未満 | 1万7,984 |
| 1,000万円以上3,000万円未満 | 965 |
| 3,000万円以上1億円未満 | 709 |
| 1億円以上5億円未満 | 152 |
| 5億円以上 | － |

出所：「平成30年特定サービス産業実態調査報告書」（経済産業省）

# 7 事業所数増の外国語会話教授業

教養・技能教授業②

外国語会話教授業の二〇一八年の事業所数は前年比で増加しているものの、事業従事者数、年間売上高は前年比で減少しています。一事業所当たりの年間売上高は下降傾向にあると見られます。

## 従事者数、年間売上高は減少

経済産業省の「平成三〇(二〇一八)年特定サービス産業実態調査報告書 教養・技能教授編」で、外国語会話教授業の動向について見てみましょう。

一八年の事業所数は九七三九で、前年の九五四八から一九一増(二・〇%増)となっています。同業務の事業従事者数は同二・〇%減の四万三一六一人、年間売上高は同一二・七%減の一七〇二億四二〇〇万円。事業所数は増加しているものの、事業従事者数や年間売上高は減少していることから、一事業所当たりの年間売上高は下降傾向にあると見られます。

事業所数を経営組織別に見ると、会社が四六七〇、会社以外の法人・団体および個人経営が五〇六九。事業従事者規模別では、四人以下が圧倒的に多く、全体の七割強(七四・八%)を占める七二八五となっています。次いで五〜九人が一二六五(一二・九%)、一〇〜二九人が一〇五〇(一〇・八%)。事業従事者二九人までが全体の九八・五%を占めていることになります。一〇〇人以上の事業所は一二存在しています。

年間売上高規模別では、一〇〇〇万円未満が五九六八で、全体の六割(六一・三%)を占めています。一〇〇〇万円以上三〇〇〇万円未満は二四八五で、三〇〇〇万円未満がほぼ九割(八六・八%)という実態です。一億円以上も三四六(三・五%)存在します。

フランチャイズ加盟別では、「加盟している」が二六九五、「加盟していない」は七〇四三を数え、全体の七割強(七二・三%)を占めています。

## 外国語会話教授業の事業所数、従業者数、年間売上高（2018年）など

| 経営組織別 | 事業所数 | 従業者数（人） | 教養・技能教授業務の事業従事者数（人） | 年間売上高（百万円） |
|---|---|---|---|---|
| 計 | 9,739<br>（2.0%増） | 3万8,126<br>（8.6%減） | 4万3,161<br>（2.0%減） | 1,702億42<br>（12.7%減） |
| 会社 | 4,670 | 2万8,080 | 3万2,242 | 1,501億06 |
| 会社以外の法人・団体および個人経営 | 5,069 | 1万45 | 1万918 | 201億36 |

注：（　）内は前年比増減

| 事業従業者規模別事業所数 | |
|---|---|
| 4人以下 | 7,285 |
| 5〜9人 | 1,265 |
| 10〜29人 | 1,050 |
| 30〜49人 | 96 |
| 50〜99人 | 31 |
| 100人以上 | 12 |

全体の約99%

| 年間売上高規模別事業所数 | |
|---|---|
| 1,000万円未満 | 5,968 |
| 1,000万円以上3,000万円未満 | 2,485 |
| 3,000万円以上1億円未満 | 940 |
| 1億円以上5億円未満 | 337 |
| 5億円以上 | 9 |

出所：「平成30年特定サービス産業実態調査報告書」（経済産業省）

8

教養・技能教授業③

# 事業所激減のカルチャーセンター

**二〇一八年のカルチャーセンターの事業所数は六八一で、前年の一四六五から五三・六%（七八四事業所）の減少です。特に事業従事者四人以下の事業所が急減しているのが目立っています。**

## 市場は縮小傾向が鮮明

経済産業省の「平成三〇（二〇一八）年特定サービス産業実態調査報告書　教養・技能教授編」では、カルチャーセンターの市場規模などについて把握することができます。

カルチャーセンターは、日本標準産業分類の小分類「教養・技能教授業」で、細分類の「その他の教養・技能教授業」に入る分野として位置付けられています。「領域の異なる複数の講座を開設しており、主となる事業形態が特定できない事業所」であり、文化・芸術分野に関する事業を行う事業所を意味するものではありません。

一八年のカルチャーセンターの事業所数は六八一で、前年の一四六五から五三・六%減（七八四事業所）となっています。経営組織別では、会社が五一八、会社以外の法人・団体および個人経営が一六三。前年は六二六だった会社以外の法人・団体および個人経営の減少が顕著になっています。

事業従事者数は、前年比六・四%減の七万九五五七人、年間売上高は同一五・八%減の四九二億八九〇〇万円。こうした数値から、カルチャーセンター市場は縮小傾向が鮮明になっています。事業所数を事業従業者規模別で見ると、四九人以下が一七六で全体の二五・八%を占めています。前年は九四八だったことから、四九人以下の事業所は激減したことになります。

特に前年の四人以下事業所数は六九八に対し、一八年は四六と急減しているのが目立っています。

## カルチャーセンターの事業所数、従業者数、年間売上高（2018年）など

| 経営組織別 | 事業所数 | 従業者数（人） | 教養・技能教授業務の事業従事者数(人) | 年間売上高（百万円） |
|---|---|---|---|---|
| 計 | 681（53.6%減） | 7,322（36.4%減） | 7万9,557（6.4%減） | 492億89（15.8%減） |
| 会社 | 518 | 5,456 | 6万6,416 | 404億97 |
| 会社以外の法人・団体および個人経営 | 162 | 1,866 | 1万3,141 | 87億93 |

注：(　)内は前年比増減

| 事業従業者規模別事業所数 | |
|---|---|
| 4人以下 | 46 |
| 5～9人 | 12 |
| 10～29人 | 74 |
| 30～49人 | 44 |
| 50～99人 | 173 |
| 100人以上 | 332 |

（4人以下～30～49人：全体の約26%）

| 年間売上高規模別事業所数 | |
|---|---|
| 1,000万円未満 | 91 |
| 1,000万円以上3,000万円未満 | 96 |
| 3,000万円以上1億円未満 | 365 |
| 1億円以上5億円未満 | 123 |
| 5億円以上 | 6 |

出所：「平成30年特定サービス産業実態調査報告書」（経済産業省）

教養・技能教授業④

# 八二〇〇億円強の市場規模

音楽、書道、生花・茶道、そろばん、外国語会話、スポーツ・健康などに分かれる教養・技能教授業は八二〇〇億円を超える市場です。事業所数では音楽、市場規模ではスポーツ・健康分野が首位となっています。

## 事業所数は音楽教授業が最大

日本標準産業分類の小分類「**教養・技能教授業**」は、細分類で音楽、書道、生花・茶道、そろばん、外国語会話、スポーツ・健康、その他に分かれます。その他には、料理教室や絵画教室、家庭教師や前節のカルチャーセンターが分類されています。経済産業省の「特定サービス産業実態調査」では、その他の家庭教師なども含めて、教養・技能教授業の全体像を把握することができます。

二〇一八年の同調査によると、教養・技能教授業の事業所数は前年比一・三％減の七万六四二三。その内訳は、音楽一万九八一一、書道一万一三九〇、生花・茶道三五三四、そろばん七四〇〇、外国語会話九七三九、スポーツ・健康七二七四、カルチャーセンター六八一、家庭教師一二六、その他一万六四六九。事業所数では音楽教授業が最も多いことがわかります。

年間売上高は前年比五・三％減の八二二三億円で、一四年の九三一八億円から一一〇〇億円以上の減少となっています。内訳は音楽九四四億六八〇〇万円、書道二〇四億一〇〇〇万円、生花・茶道七六億二七〇〇万円、そろばん一九七億円、外国語会話一七〇二億四二〇〇万円、スポーツ・健康二九八二億一七〇〇万円、カルチャーセンター四九二億八九〇〇万円、家庭教師九〇億九三〇〇万円、その他一五二二億五五〇〇万円。スポーツ・健康教授業が最大の市場といえるでしょう。

教養・技能教授業の受講者・利用者数は前年比三・六％増の九九七万九一六三人となっています。

**教養・技能教授業の部門別事業所／従業者数／年間売上高**

| 区分 | 事業所数 | 従業者数(人) | 年間売上高(百万円) |
|---|---|---|---|
| 音楽 | 1万9,811 | 6万4,914 | 944億68 |
| 書道 | 1万1,390 | 1万6,216 | 204億10 |
| 生花・茶道 | 3,534 | 5,000 | 76億27 |
| そろばん | 7,400 | 1万4,328 | 197億00 |
| 外国語会話 | 9,739 | 4万3,161 | 1,702億42 |
| スポーツ・健康 | 7,274 | 7万8,930 | 2,982億17 |
| カルチャーセンター | 681 | 7万9,557 | 492億89 |
| 家庭教師 | 126 | 6,216 | 90億93 |
| その他 | 1万6,469 | 5万7,779 | 1,522億55 |
| 計 | 7万6,422(1.3%減) | 36万6,101(2.2%減) | 8,213億01(5.3%減) |

注：その他には、囲碁教室、編み物教室、着付け教室、料理教室、絵画教室、日舞教室、タップダンス教室、幼児教室（幼児向け受験等）などが含まれる
注：(　)内は前年比増減

出所：「平成30年特定サービス産業実態調査報告書」(経済産業省)

▼根強い人気があるそろばん教室

▼音楽の習い事の中で最もポピュラーなピアノ

# 10 事業所数拡大の家庭教師教授業

教養・技能教授業⑤

二〇一八年の家庭教師教授業の事業所数は一二一六で、前年の六八から八五・三%(五八事業所)の増加です。特に会社以外の法人・団体および個人経営の事業所が急増する傾向が顕著となっています。

## 年間売上高は減少傾向に

経済産業省の「平成三〇(二〇一八)年特定サービス産業実態調査報告書 教養・技能教授編」では、家庭教師教授業の市場規模などについて把握することができます。

一八年の家庭教師教授業(家庭教師業務を提供する事業所)の事業所数は一二六で、前年の六八から八五・三%(五八事業所)の増加となっています。経営組織別では、会社が六三、会社以外の法人・団体および個人経営が六二と拮抗しています。前年の一七年は、会社が四八、会社以外の法人・団体および個人経営が二〇だったことから、会社以外の組織形態の事業所が急増していることがわかります。

一八年の家庭教師教授業の事業従事者数は前年比九三・六%増(三〇〇六人)の六二一六人。経営組織別では、会社が六〇四〇人で全体の九七・一%を占めています。事業従事者規模別では、五〇～九九人が一〇三五人、一〇〇人以上が四三四九人となっており、この二区分で九割近く(八六・六%)を占めています。

事業従事者数を年間売上高規模別で見ると、三〇〇〇万円以上一億円未満が一六三〇人、一億円以上五億円未満が三四一〇人。つまり、年間売上高規模別では、三〇〇〇万円以上五億円未満で六〇四〇人(九七・二%)と圧倒的多数を占めていることになります。

家庭教師教授業の年間売上高は前年比一七・三%減の九〇億九三〇〇万円。事業所数は増えているものの、年間売上高は減少しており、一事業所当たりの年間売上高は減少傾向にあるといえるでしょう。

## 家庭教師教授業の事業所数、従業者数、年間売上高（2018年）など

| 経営組織別 | 事業所数 | 従業者数（人） | 教養・技能教授業務の事業従事者数(人) | 年間売上高（百万円） |
|---|---|---|---|---|
| 計 | 126（85.3%増） | 2,892（62.1%増） | 6,216（93.6%増） | 90億93（17.3%減） |
| 会社 | 63 | 2,716 | 6,040 | 89億95 |
| 会社以外の法人・団体および個人経営 | 62 | 176 | 176 | 98 |

注：（ ）内は前年比増減

| 事業従業者規模別事業所数 | |
|---|---|
| 4人以下 | 47 |
| 5～9人 | 20 |
| 10～29人 | 10 |
| 30～49人 | 13 |
| 50～99人 | 14 |
| 100人以上 | 20 |

| 年間売上高規模別事業所数 | |
|---|---|
| 1,000万円未満 | 62 |
| 1,000万円以上3,000万円未満 | - |
| 3,000万円以上1億円未満 | 34 |
| 1億円以上5億円未満 | 30 |
| 5億円以上 | - |

出所：「平成30年特定サービス産業実態調査報告書」（経済産業省）

eラーニング市場

# 二三〇〇億円超で市場拡大続く

11

国内eラーニング市場は二〇一七年度に二〇〇〇億円を達成し、以後右肩上がりで成長を続けています。二〇年度はコロナ禍を受けて遠隔教育の需要が高まり、ユーザー数の増加が見込まれています。

## 個人の学習形態として一般化

矢野経済研究所は二〇一九年度の国内eラーニング市場規模を前年度比七・七％増の二三五四億円と見込んでいます。内訳は、法人向け（企業・団体内個人を含む）のBtoB市場規模が六八四億円（前年度比五・二％増）、個人向けのBtoC市場規模が一六七〇億円（同八・八％増）。両市場とも拡大を続けると予測しています。

同研究所の調べによると、国内eラーニング市場規模は一七年度に二〇〇〇億円を達成し、一八年度は二一八五億円に拡大しています。

一九年度のBtoB市場は、景況感が良好な状況で推移したことによる企業の人材育成に対する投資の活性化や、働き方改革関連法の施行による企業の業務効率化を追求する動き、さらには学習形態の一つとしてeラーニングが一般化する環境などもあり、ユーザー数は着実に増加していると見ています。

ただ、競合状況の激化などからLMS（学習管理システム）、学習コンテンツでは価格の下落傾向も一部で見られ、提供事業者側の課題も散見されるとしています。

一方、BtoC市場は、スマートフォン、タブレット端末やSNSを活用した学習スタイルの浸透、情報通信技術の向上による提供サービスの進化、AIを用いた学習サービスの登場などを受け、ユーザー数を増加させています。同時に個人学習形態の一つとして、eラーニングを一般化させる環境が広がりを見せているとしています。

## AIを活用したサービスが浸透

また、学習コースの一部に動画による解説やオンラインによるコーチングを組み込むなど、学習理解を深めるためのツールとしてeラーニングを融合させる学習サービスは増加傾向にあり、サービスの多様化がますます進展する環境にある。ただ、個人を対象とするeラーニングは、インターネット状に氾濫する無償の学習サービスの差別化をどう図るかなどの課題も抱えていると指摘しています。

AIを活用した学習サービスが浸透していくことによって、学習の効率化（学習時間の短縮）、個別最適化といったサービスの特徴が認知されていくことなどの観点から、学習塾・予備校などを中心にAIを活用した学習サービスのさらなる需要の高まりが予想されます。

二〇年度の国内eラーニング市場規模について同研究所は、一九年度比四・五％増の二四六〇億円。BtoB、BtoC共に新型コロナウイルス感染拡大の影響を受けて遠隔教育の需要が高まり、eラーニングのユーザー数を増加させると予測しています。



**国内eラーニング市場規模の推移**

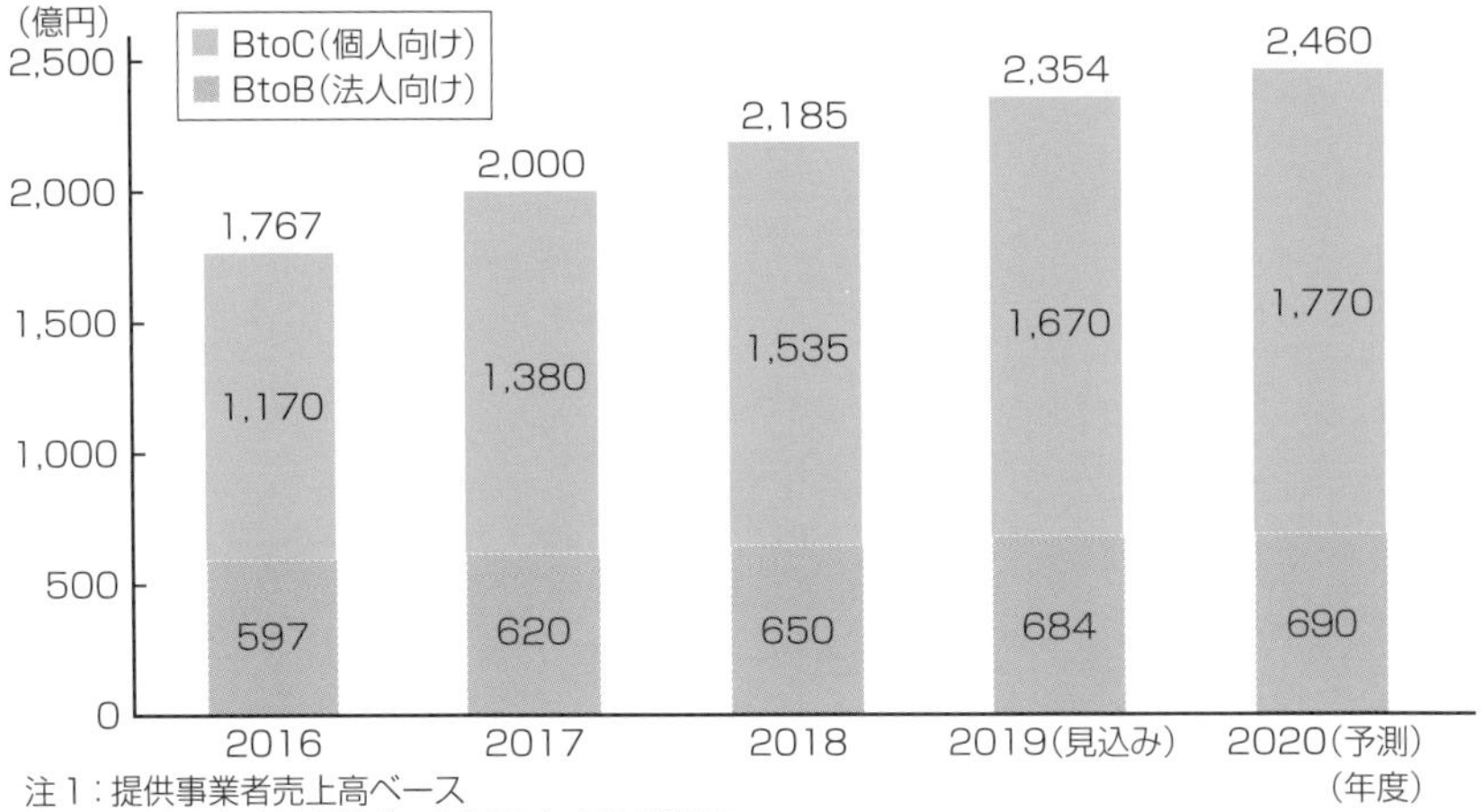


注1：提供事業者売上高ベース
注2：2019年度は見込値、2020年度は予測値
注3：（株）矢野経済研究所調べ

12

# 二〇二五年に約三〇〇億円まで拡大

子ども向けプログラミング教育市場

子ども向けプログラミング教育市場は、「小学校でのプログラミング教育必修化」を背景に成長を遂げています。二〇二五年には二〇年の二倍超の三〇〇億円に拡大するとの調査結果もあります。

## 二〇年は二ケタ増の約一四〇億円に

二〇二五年、子ども向けプログラミング教育市場は、約三〇〇億円まで拡大する――こんな調査結果をGMOインターネットグループのGMOメディアが、経営コンサルティングサービスを展開する船井総合研究所と共同で発表しています。「二〇二〇年 子ども向けプログラミング教育市場調査」で、GMOメディアが運営する、小学生向けのプログラミング教育ポータルサイト「コエテコbyGMO」が実施したものです。

調査は、「コエテコ」と船井総研によるプログラミング教育市場関係者へのヒアリングなどによって、民間運営で月謝制の継続受講型子ども向けプログラミング教室・スクールを対象に、二〇年一月から二月にかけて実施しました。

調査によると、二〇年の子ども向けプログラミング教育市場規模はさらに拡大し、一九年比二三％増の一三九億九六〇〇万円になると予測しています。この傾向はその後も続き、二五年には二倍超の二九二億二六〇〇万円と三〇〇億円に迫る見通しです。

プログラミング教育市場は、二〇年度からの「小学校でのプログラミング教育必修化」を背景に、大きく成長が見込める市場として注目されています。文部科学省では二一年度から開始する「大学入学共通テスト」において、プログラミングを扱う情報科目（情報Ⅰ）を二四年度から導入することを検討しています。こうしたことから、プログラミング教育の重要性が高まっているのが実情です。

## 教室数も二〇年中に一万校を突破

一方、教室数は「コエテコ」に掲載している教室数だけを見ても、一七年のサービス開始以来、増加を続けており、二〇年三月時点で前年比三九％増の九二六九校（二六一五校増）となりました。この背景には、プログラミング教育への新規参入企業増に加えて、既存企業のフランチャイズ展開があると見ています。

市場全体の教室数は、二〇年三月末時点で九四九九校となり、二〇年上半期中には一万校を超えると予測されています。こうしたプログラミング教室の急拡大の影響で、一教室当たりの生徒数の減少が顕著になっています。

また、プログラミング教育市場の拡大には、従来の「通学型」プログラミングスクールに加え、「オンラインでのプログラミング教育の普及を図り、需要の取り込みを積極化していくことが不可欠」（GMOメディア）としています。



### 子ども向けプログラミング教育の市場規模

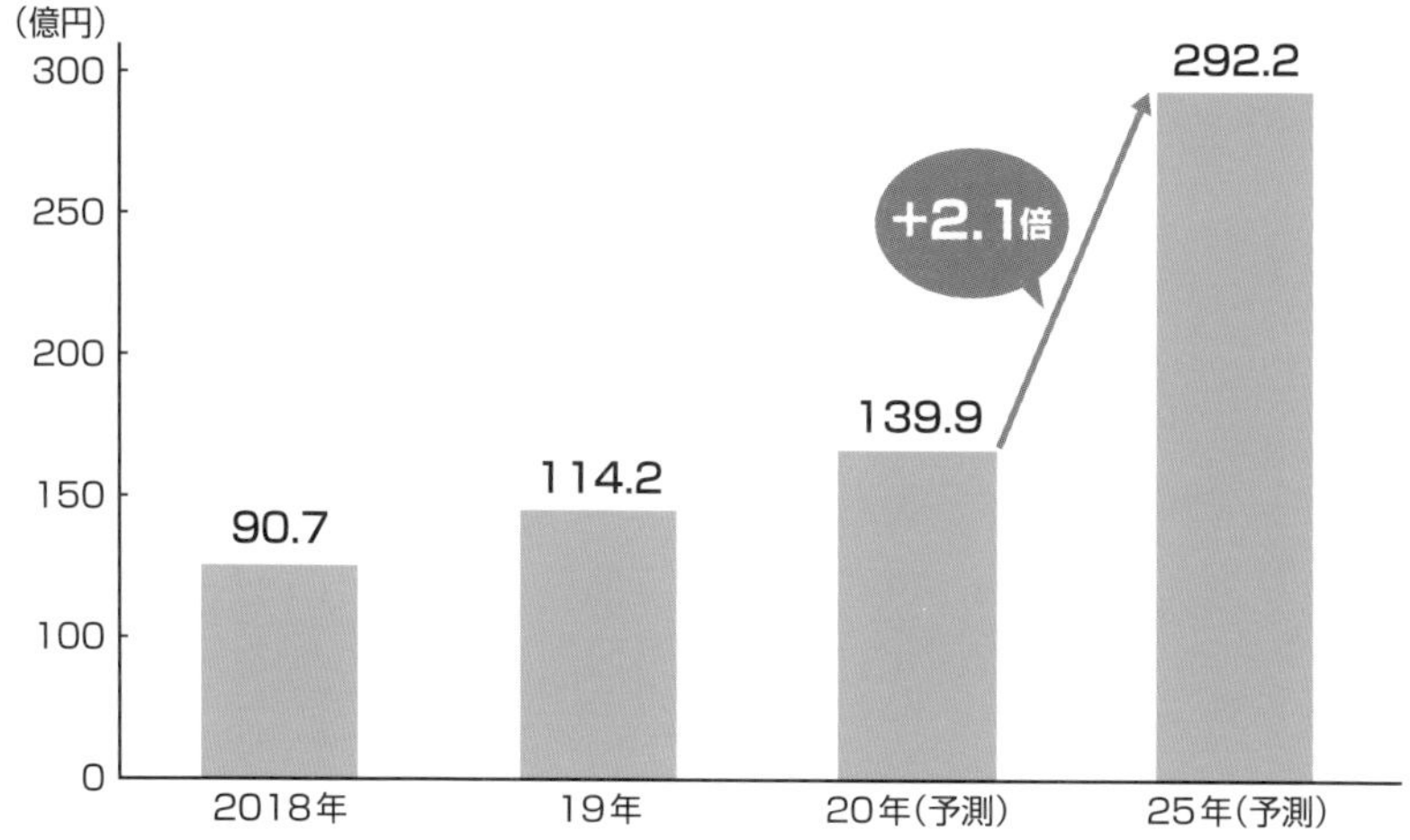


出所：「2020年 子ども向けプログラミング教育市場調査」（「コエテコ」&船井総研調べ）

13

学び事・習い事

# 根強い人気の「スイミング」

**最近の子どもたちはどんな習い事をしているのでしょうか。ミキハウス子育て総研が行ったリサーチ結果では、トップがスイミングでした。スイミングは年齢を問わず人気のある習い事になっています。**

## 習わせたい稽古事でもトップ

子どもに人気の習い事トップはスイミング――こんな調査結果をミキハウス子育て総研が公表しています。

調査は二〇一九年九月に「Ｗｅｅｋｌｙゴーゴーリサーチ」として行ったもので、有効回答数は三七七。サンプル数が少なく、この結果で全貌を断定するわけにはいきませんが、最近の傾向をうかがい知ることはできそうです。

それによると、「子どもが通っている習い事」のトップはスイミングで全体の三五・四％。以下、英語・英会話（一八・六％）、ピアノ（一七・二％）、体育・体操（一一・六％）、くもん（一〇・二％）、学習塾（九・八％）、リトミック・音楽教室（七・四％）、サッカー（七・四％）と続いています。

今回のリサーチで対象となった子どもの年齢は七歳以上が三三・〇％を占め、次いで〇歳（一二・四％）、二歳（一〇・五％）、四歳（一〇・〇％）などとなっています。性別では女の子が五一・五％を占めています。スイミングは身体と心を鍛えることが期待されるため、年齢を問わず人気があるようです。「今後、習わせたい稽古事」でもスイミングがトップとなっています。

また、「その他」を選択した回答も一五・四％ありますが、具体的には俳句、かるた、けん玉、こどもちゃれんじ、ベビーサイン、バスケットボール、バレーボール、フェンシング、ブラスバンド、フラダンス、ボーイスカウト、ボルダリング、レスリング、弓道、和太鼓など多岐にわたっています。

子どもの習い事ランキング

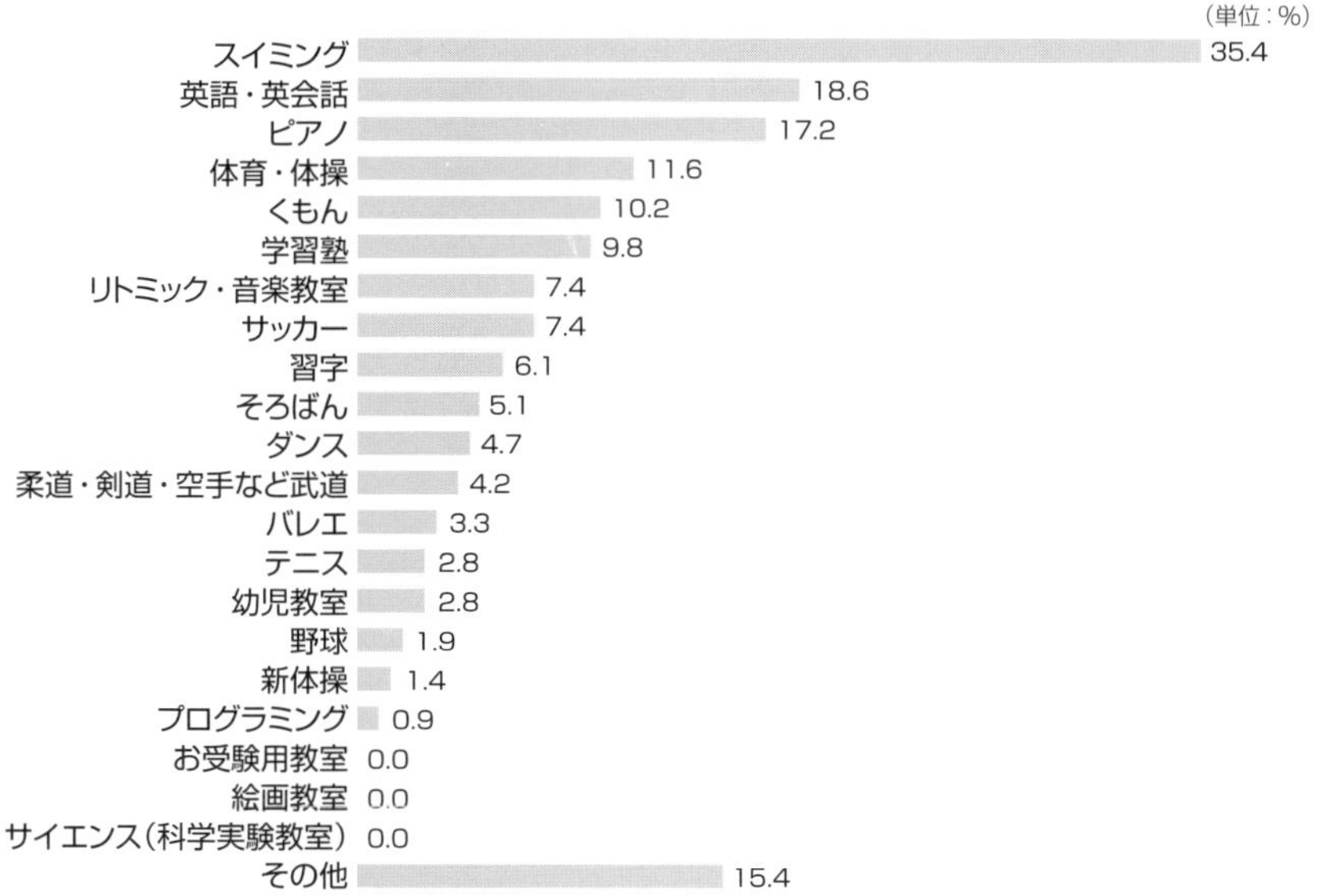


今後、子どもに習わせたいものは

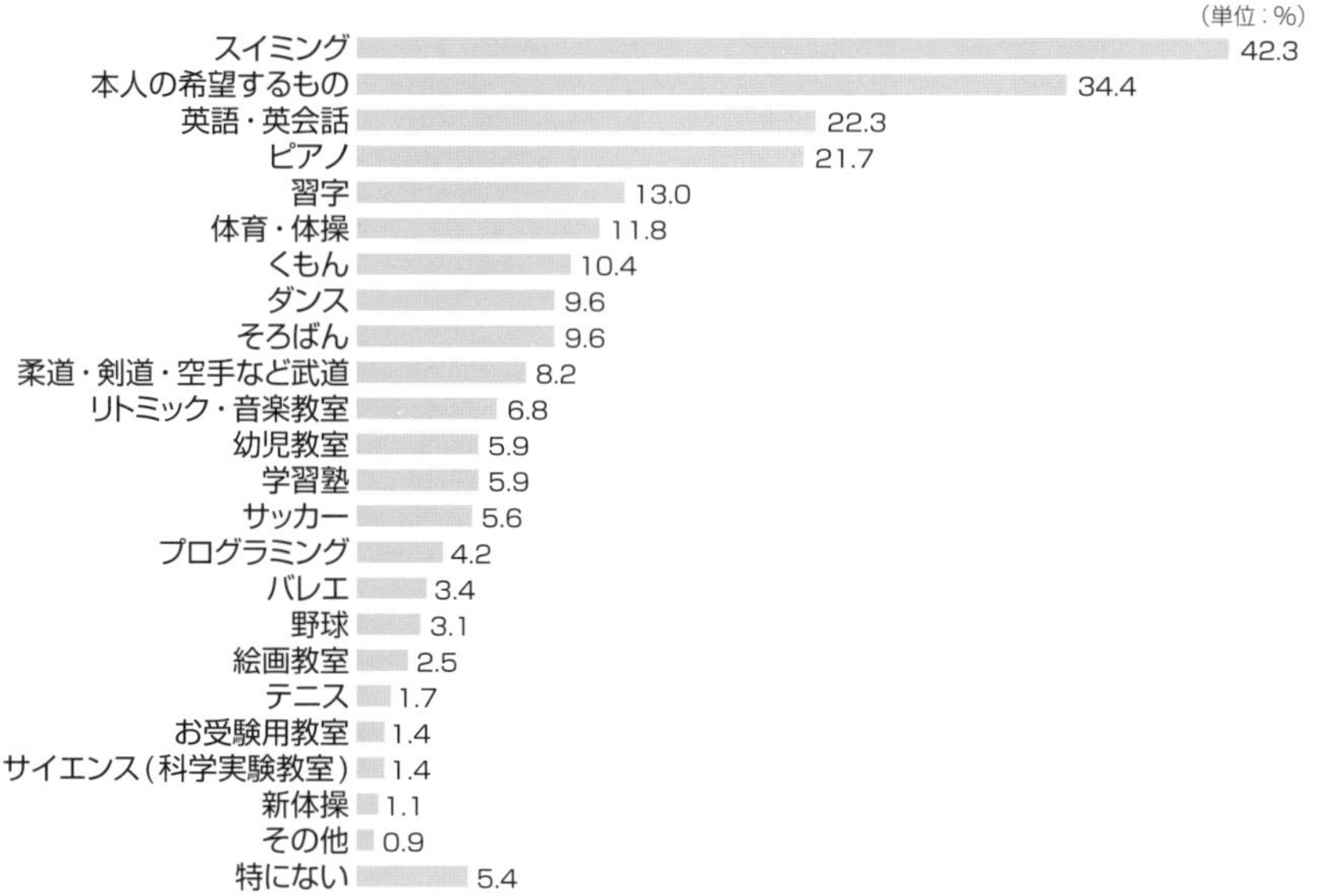


注:いずれも複数回答

出所:「通わせてますか?習い事 Weeklyゴーリサーチ」第895回
(2019年9月、ミキハウス子育て総研㈱)

14

# 英語民間試験の導入延期の影響は

**二〇二一年度入試から始まる大学入学共通テストにおいて、導入延期となった英語民間試験。一〇〇億円程度の新規受験需要が見込まれていました。ただ、各大学の入試での独自導入は進んでいます。**

## 受験機会の公平性に疑念

二〇二一年度入試から始まる大学入学共通テスト（共通テスト）では英語民間試験の活用が見送られました。何が問題だったのでしょうか。

萩生田《はぎうだ》文部科学相が、「自信をもってお薦めできるシステムになっていない」として民間試験の導入を断念すると発表したのは一九年一一月一日でした。同相は、「今後一年間かけて新たな制度を検討し、二四年度からの実施を目指す」とも語りました。

経済的状況や居住している地域にかかわらず、等しく安心して受けられるようにするためには、さらなる時間が必要であることも延期の理由。四七都道府県で受験できる民間試験は、日本英語検定協会が実施する実用英語技能検定（英検）と、ベネッセコーポレーションのＧＴＥＣ（ジーテック／スコア型英語四技能検定）だけで、他の五種類の試験（ケンブリッジ英語検定、ＴＥＡＰ、ＴＥＡＰ ＣＢＴ、ＩＥＬＴＳ、ＴＯＥＦＬ ｉＢＴ）は一〇〜二六都道府県・地域と受験会場が限られていました。

試験によっては、一回の受験料が二万円を超える試験があり、経済的に裕福な家庭は「腕試し」として何回も受けることができます。このため、かねてから受験機会の公平性などを理由に延期を求める声が多く出ていました。そうした中で、萩生田文科省の「自分の身の丈に合わせてがんばってもらえれば」という発言が格差を容認しているとして問題視され、延期へと追い込まれたのです。

## 大学の英語民間試験の活用は進む

英語民間試験の導入の動きは、グローバル社会に対応できる人材育成の観点から、「読む・聞く・書く・話す」の四技能を伸ばすことが重視されつつあることの表れです。従来の大学入試センター試験では「読む・聞く」の二技能が中心。特に「話す」能力に関しては、五〇万人ともいわれる受験生の技能を一日で測るのは難しい。そこで、四技能の測定で実績のある民間の資格・検定試験を活用しよう、という流れになったのです。

今回の延期は、民間試験の共通テストでの活用に限られ、大学入試でまったく使われなくなったわけではありません。二一年度入試に「英語民間試験」を独自導入する大学は過半数に及んでいます。民間試験の成績をAO入試や推薦入試、一般入試の出願資格・加点・試験免除に活用するためです。

受験料は六〇〇〇円から最大約二万五〇〇〇円程度。一〇〇億円程度と計算されていた新規受験需要はいったん幻になったとはいえ、需要は高水準を維持しているといえそうです。

**大学入学共通テストで採用予定だった英語民間試験の概要**

| 試験名 | 運営企業・団体 | 料金（税込み） |
|---|---|---|
| GTEC | ㈱ベネッセコーポレーション | 6,820〜9,900円 |
| 実用英語技能検定（英検） | （公財）日本英語検定協会 | 5,800〜1万6,500円 |
| TEAP | （公財）日本英語検定協会 | 1万5,000円 |
| IELTS | （公財）日本英語検定協会<br>（一財）日本ケンブリッジ英語検定機構など | 2万5,380円 |
| ケンブリッジ英語検定 | （一財）日本ケンブリッジ英語検定機構 | 9,900〜2万5,850円 |
| TOEFL iBT | （一社）CIEE国際教育交換協議会 | 235ドル |

column

# 「優れた人材の育成」になるのか疑問

政府が小中学生の学習履歴やテストの成績をマイナンバーにひも付けてオンラインで管理する仕組みをつくり、2023年度にも試行する方針を固めたということです。蓄積した教育ビッグデータを指導方法の改善や教育政策の検証に役立てるのが狙いといいます。海外に比べ遅れている教育分野のビッグデータ活用やICT(情報通信技術)化を急ぎ、優れた人材の育成につなげるということですが、単に早い時期から国民一人ひとりを監視したいだけなのでは、と突っ込みたくなります。

この取り組みによって、①データを個人別に管理しつつシステム上で共有することで、教員間で児童生徒の得意・不得意分野を引き継ぎやすくなる、②進級・進学や転校をしても一貫した指導を受けやすくなる、といった利点があるといいます。また、高校生になってもスマートフォンで中学までの学習データを確認し、必要な学びを効果的にできるようにする使い方も見込めるといいます。

政府は菅義偉《すがよしひで》首相の指示で教育分野のデジタル化を省庁横断で進めています。20年度中にも全国の小中学生に学習用端末を配備するという「GIGAスクール構想」の実現への動きも加速しています。こうした中で、マイナンバーカードを22年度末に全国民に行き渡らせる計画があることから、個人IDとして教育データの管理に使えると判断したということです。

欧米では、デジタル化した教育データを指導や学校運営に活用する国が多いのが実情のようです。日本での実現には、クラウドで学習履歴などを共有できる仕組みづくりが必要になるとも指摘されています。

とはいえ、政府のこの取り組みには違和感があります。デジタル化を隠れ蓑《みの》に、個人情報の管理を「監視」につなげる恐れがあるからです。小中学生の学習データ管理をマイナンバーにひも付けるというのは、あまりに荒唐無稽な策としかいいようがありません。いくら個人情報の保護ルールを厳格に定めたとしても、悪用される懸念が払拭されるわけではないでしょう。何より、小中学生のときから成績などを管理されることに納得する保護者がどれだけいるのか——。教育関連のデジタル化ビジネスを後押しする取り組みとはいえ、誤った方向に国民を導かないでほしいものです。

第4章

# 教育サービス業界を支える企業の動向

3兆円に迫る教育産業・教育サービス（ビジネス）業界を支える企業は大手から中小・小規模企業に至るまで、そのすそ野は広く実に多彩。この章では、業界を支える株式公開企業を中心に、その特徴や最新動向、今後のビジョンなどについて見ていくことにします。

# 1 通信教育の最大手(ベネッセホールディングス)

**国内教育、海外事業開発(中国、台湾など)、介護・保育、留学支援を軸に事業を展開しています。主力は幼児から高校生までを対象にした会員制の通信教育事業。海外展開やM&Aにも積極的です。**

## M&Aを成長戦略に積極活用

「bene(よく)+esse(生きる)=Benesse(よく生きる)」を企業理念に、国内教育、グローバルこどもちゃれんじ、介護・保育、ベルリッツ(語学教育)を軸に事業を展開しています。主力は、「**進研ゼミ**」「**こどもちゃれんじ**」で知られる、幼児から大学受験者までを対象にした会員制の通信教育事業です。二〇二〇年四月の「進研ゼミ」「こどもちゃれんじ」の会員数は二七一万人と、前年同月比九万人の増加となりました。

子会社に東京個別指導学院、東京教育研、お茶の水ゼミナールなどを持ち、学習塾・予備校の運営も手がけています。中国など東アジアでも幼児向け通信教育事業を進めているほか、米国などにも進出し、グローバルな教育サービス事業の展開を強化。また、ベルリッツコーポレーションでは語学教室も手がけています。

通信教育事業では、IT化やデジタル化の急速な進展に対応し、紙とWEBを組み合わせたブレンド型教材への移行を推進。また、マーケティング戦略の見直しで従来のDMのほか、インターネットの積極的活用を図っています。

M&Aにも意欲的で、前述の東京個別指導学院、東京教育研、お茶の水ゼミナールのほか、関西圏で学習塾を展開するアップをTOBによって連結子会社にするなど、次々と傘下に収めています。

中長期的な経営戦略として、教育・入試改革を機会点とした国内教育事業のさらなる成長、競争力のあるブランドのグローバル展開などを掲げています。

## ベネッセホールディングスの売上高（連結）と営業利益の推移

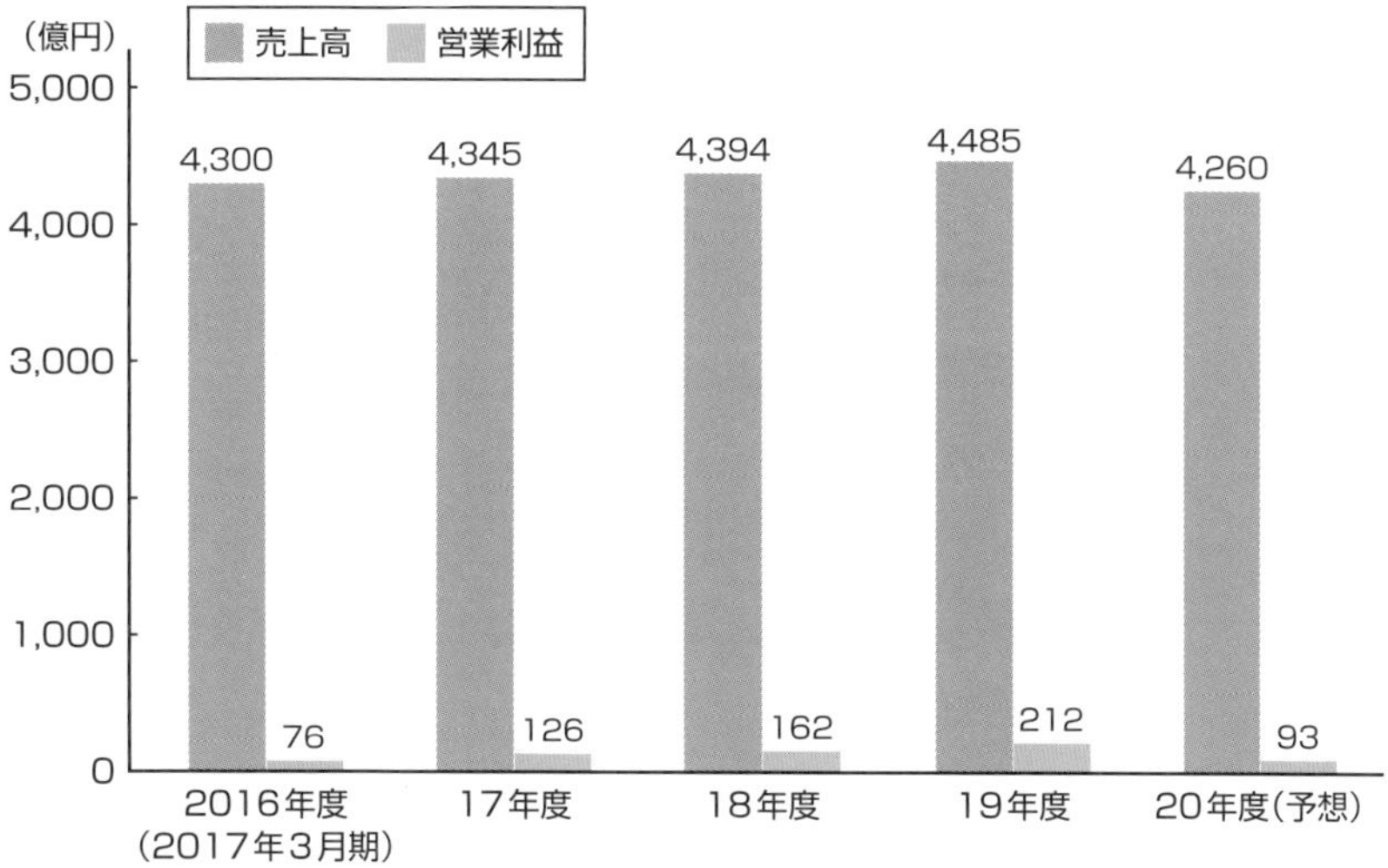


## 会社概要

| | |
|---|---|
| 社名 | (株) ベネッセホールディングス |
| 設立 | 1955年1月 |
| 本社 | 岡山市北区南方3-7-17 |
| 資本金 | 137億円 |
| 社員数 | 1万9,839名／連結（2020年9月） |
| グループ会社 | 子会社40社／関連会社9社 |

## 事業別売上構成（2020年3月期）

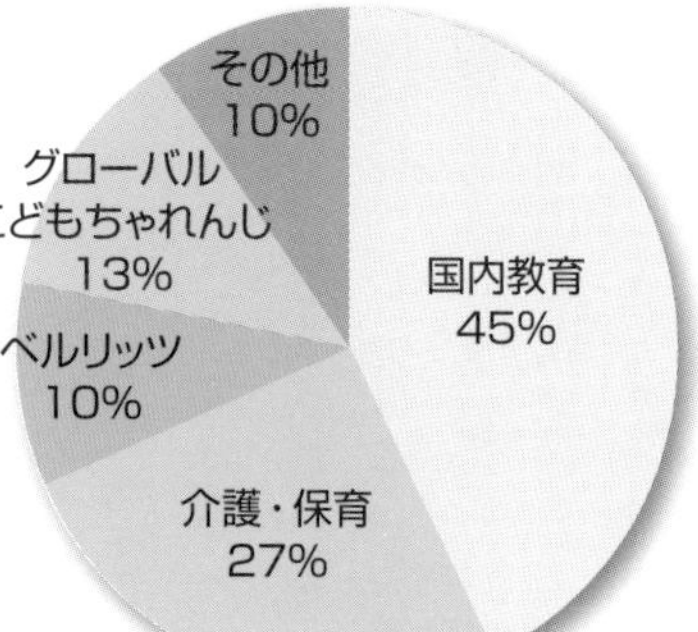


出所：ベネッセホールディングスIR情報

◀ベネッセホールディングス
http://www.benesse-hd.co.jp/ja/

# 2 学習教室・塾も展開（学研ホールディングス）

「学研教室」などの教室事業のほか、創造学園、早稲田スクールなどの子会社で進学塾事業も手がけています。成長事業と位置付ける教室・塾事業の売上高は全体の二三%を占めています。

## 英語コースの受講促進図る

学習参考書などの出版大手ですが、小学生を対象にした「学研教室」や進学塾などの教室事業のほか、創造学園、早稲田スクールなどの子会社で進学塾事業も手がけています。教室・塾事業（教育サービス事業）の売上高は全体の二三%（二〇二〇年九月期の連結売上高に占める割合）。医療福祉事業と共に「成長事業」として位置付けています。

一〇年九月期から持株会社制に移行すると共に、一〇年四月には教室・塾事業の中間持株会社、学研塾ホールディングスを設立。教育サービス事業の子会社は創造学園、早稲田スクールなど九社を数えています。

一一年一一月には市進ホールディングス、一四年には栄光ホールディングス（現ZEホールディングス）と業務・資本提携を結び、関係を強化しています。「学研教室」はタブレットを活用した学習サービスを導入したり、幼児・小学校低学年を中心に学習コースを増設したりして、生徒数の減少に歯止めをかけています。

一八年一一月に二カ年計画の「Gakken2020」を策定。教育分野では、学研教室の英語コースの受講促進、新学習指導要領に対応した「明日の学力」診断の実施、体験型英語学習施設「東京都英語村」の運営など。医療福祉分野では、学研版地域包括ケアの推進、サ高住（サービス付き高齢者向け住宅）とグループホームエナジー創出を進めています。

数値目標として、二三年九月期に売上高営業利益率五・〇%、自己資本利益率八・〇%を掲げています。

## 学研ホールディングスの売上高（連結）と営業利益の推移

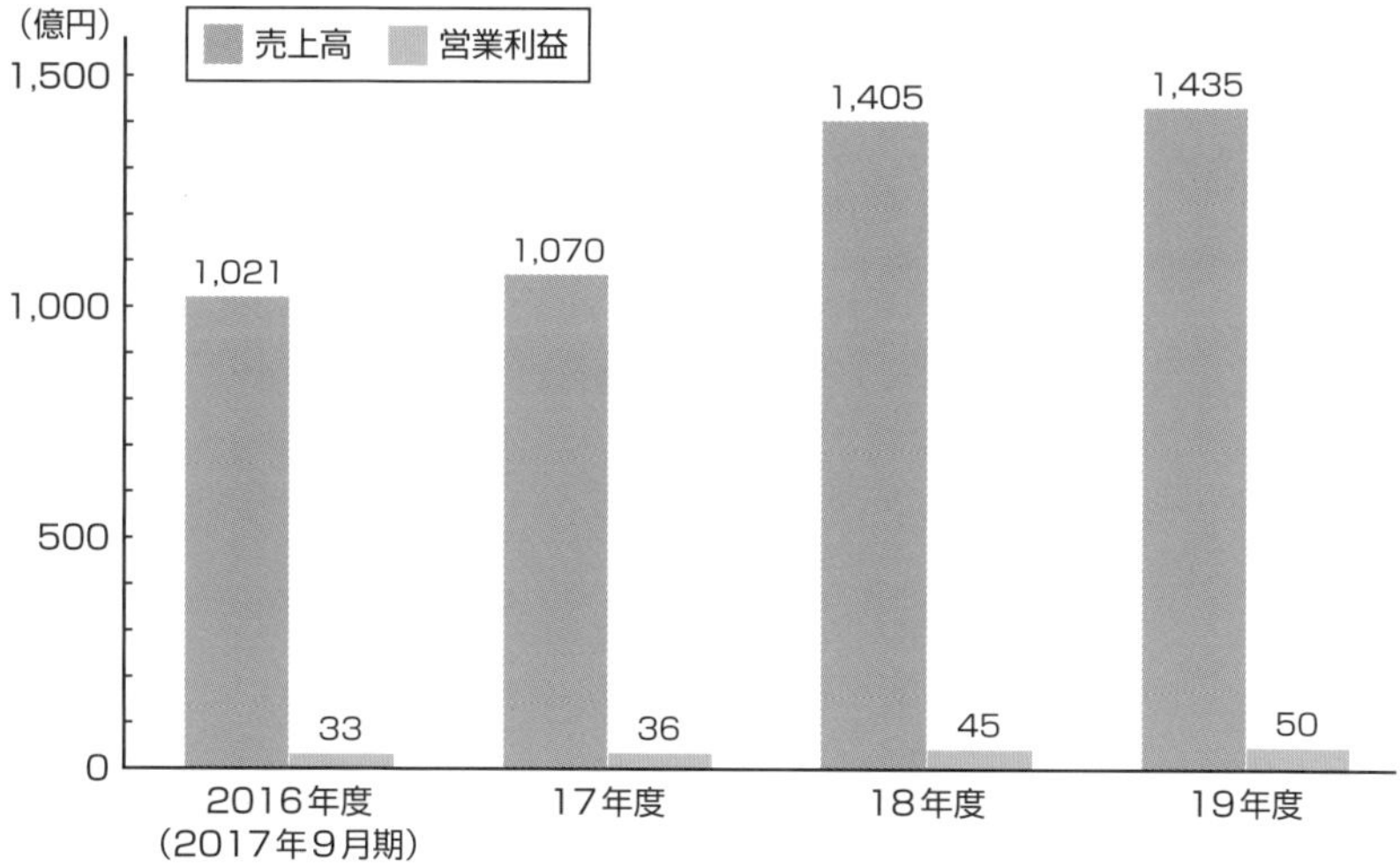


## 会社概要

| | |
|---|---|
| 社名 | （株）学研ホールディングス |
| 設立 | 1947年3月 |
| 本社 | 東京都品川区西五反田<br>2-11-8 |
| 資本金 | 183億5700万円 |
| 社員数 | 7,690名／連結<br>（2020年9月） |
| グループ会社 | 子会社51社／関連会社8社 |

## 事業別売上構成（2020年9月期）

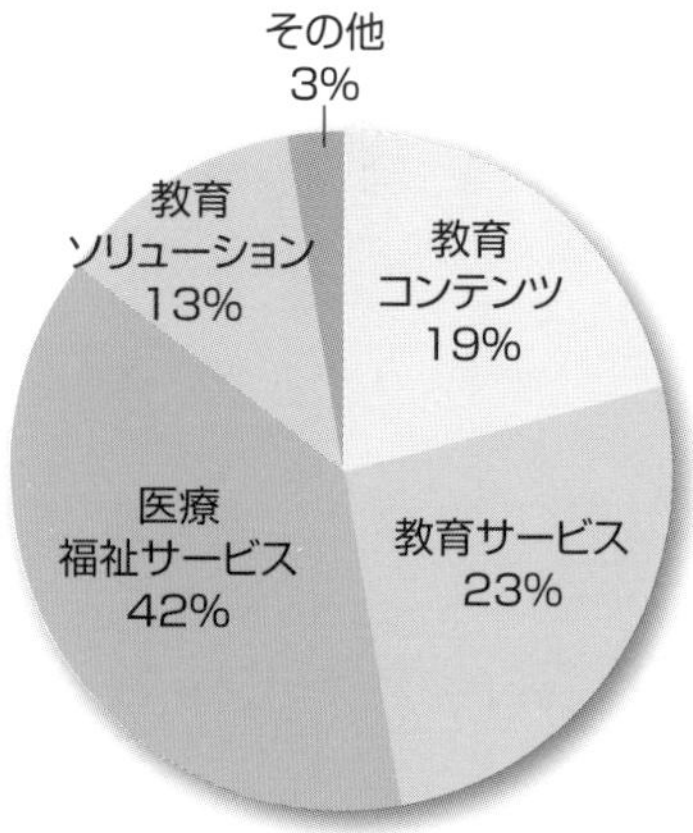


出所：学研ホールディングスIR情報

◀学研ホールディングス
http://www.gakken.co.jp/

3

# 千葉地盤の学習塾大手（市進ホールディングス）

**小中学生および高校生（大学受験生）を対象とした集団・個別・映像授業を中心に手がけています。中核企業の市進は、千葉県・東京都東部地域・茨城県をドミナントエリアとして「市進学院」「市進予備校」を展開しています。**

## 「市進学院」など首都圏で展開

市進や個学舎、ウイングネットなど二〇の子会社（二〇二〇年二月末）で、小中学生および高校生（大学受験生）を対象とした学習塾などを手がけています。

学習塾を軸に教育事業および映像コンテンツ企画販売、日本語学校などの教育関連事業を展開。中核企業の市進が千葉県・東京都東部地域・茨城県を「市進学院」「市進予備校」のドミナントエリアと定め、拠点展開を進めています。

合格実績における地域一番塾の確立に取り組むことで集客力を高め、さらにはコンテンツ事業を始めとする新たな教育事業にも注力。一九年三月に千葉・柏に小学生低学年向けの新ブランドである「ウイングキッズ パンセ」を新規開校するなど、事業領域と対象顧客の拡大を図っています。

個学舎は個別指導塾の「個太郎塾スタディジム」を運営し、最新ＡＩ技術の活用により生徒一人ひとりに最適な教材を提供することで、新しいスタイルの学習塾として展開を強化しています。ウイングネットは、学習塾向けに映像教材と学びのシステムを提供し、コンテンツ事業を手がけています。

一〇年三月から持株会社制に移行。一一年一一月には学研ホールディングスと業務・資本提携を結び、学習塾事業での競争力を強化しています。二〇年で八年目となる海外事業は、インド、香港、北京で日本人向け学習塾事業を展開。コロナ禍の状況を見極めながら慎重に海外展開の立て直しを図っていく方針です。

## 市進ホールディングスの売上高（連結）と営業利益の推移

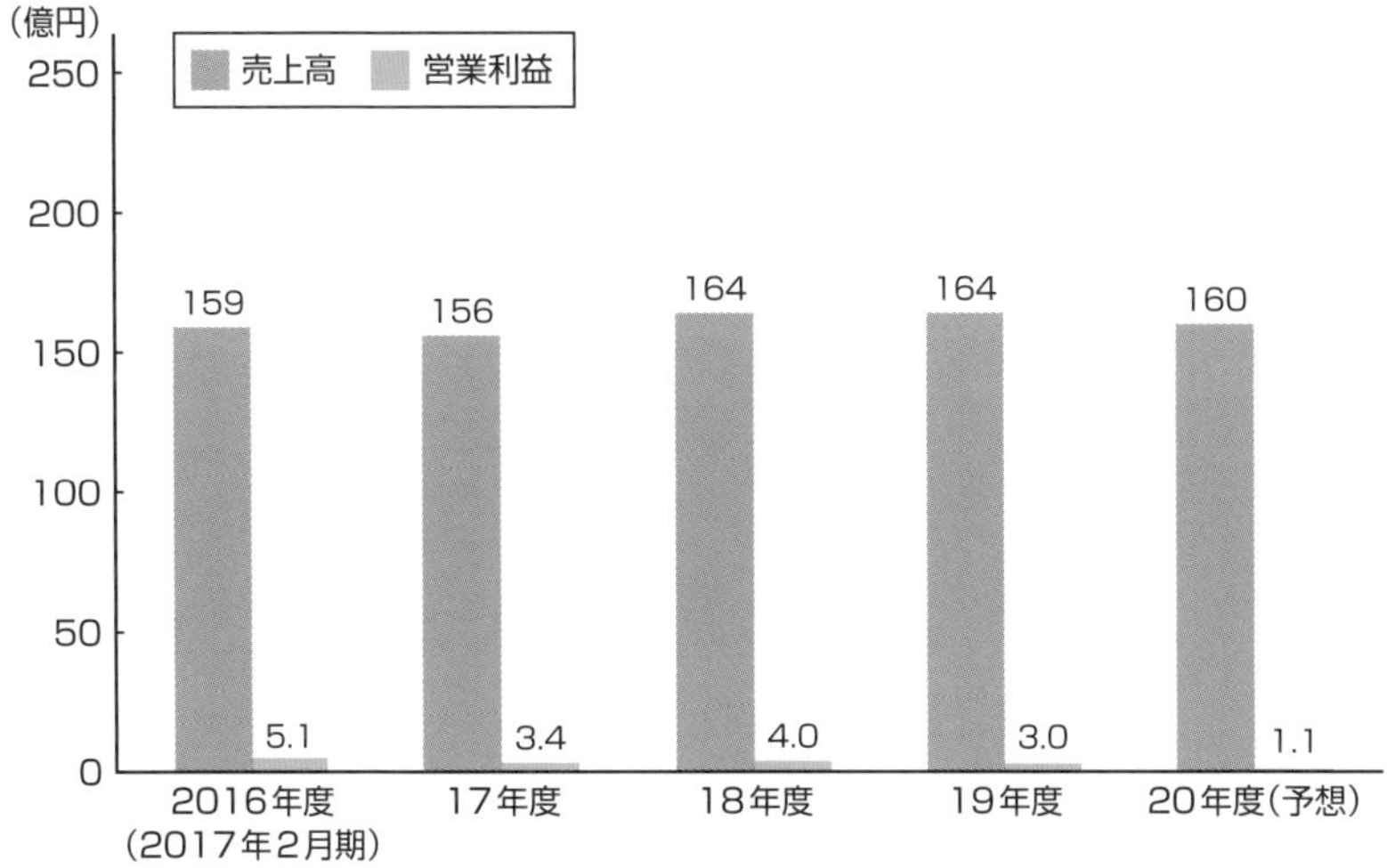


## 会社概要

| | |
|---|---|
| 社名 | (株) 市進ホールディングス |
| 設立 | 1975年6月 |
| 本社 | 千葉県市川市八幡2-3-11 |
| 資本金 | 14億7623万円 |
| 社員数 | 894名／連結<br>(2020年8月) |
| グループ会社 | 子会社20社 |

## 事業別売上構成（2020年2月期）

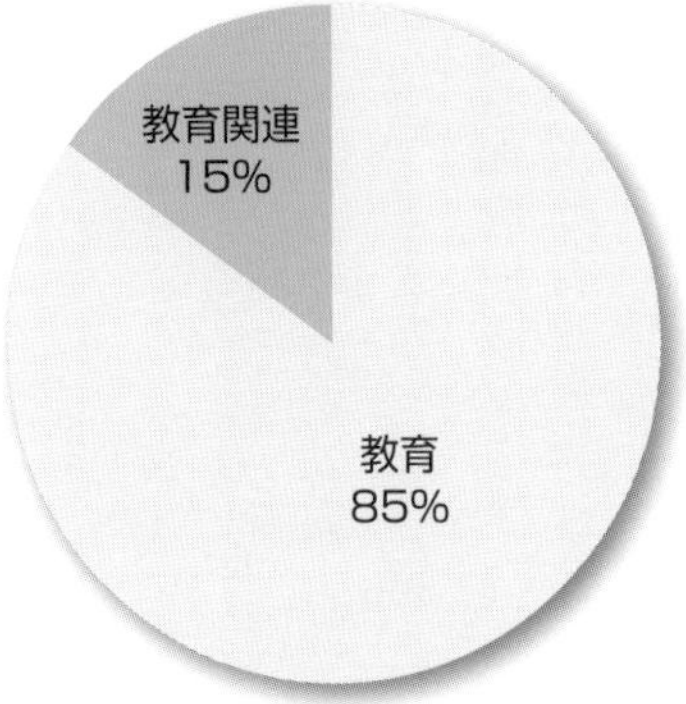


出所：市進ホールディングスIR情報

◀市進ホールディングス
http://www.ichishin.co.jp/

4

# 個別指導の補習塾に特化（東京個別指導学院）

**ベネッセホールディングス傘下で、中高生向け主体の個別指導の補習塾を首都圏地盤に全国に展開。「生徒第一主義」を掲げ、「やればできる」ことを指導方針として、全国に二五六教室を開設しています。**

## 成功事例を水平展開

ベネッセホールディングス（ＨＤ）傘下で、中高生向け主体の個別指導の補習塾を首都圏地盤に全国に展開、個別指導塾のパイオニアといえるでしょう。一九九四年五月、日本教育研究会を設立、九九年に東京個別指導学院に社名を変更。二〇〇七年六月、ＴＯＢによってベネッセＨＤの子会社になっています。

個々の生徒の目的別、能力別、性格別に対応した独自のカリキュラムにより、きめ細かな学習指導を一人の講師が一～二人の生徒に対して行っているのが特徴です。「生徒第一主義」を掲げ、「苦手な科目でもがんばればできるようになるという成功体験を通して、『やればできる』ことを教えること」を方針としています。

首都圏（東京、神奈川、埼玉、千葉）や東海（愛知）、九州（福岡）では**東京個別指導学院**、関西（大阪、京都、兵庫）では関西個別指導学院として直営方式で展開。二〇年二月末現在、首都圏一九八、関西四四、東海八、九州六の全国二五六教室体制となっています。

また、新規事業としてＢｅｎｅｓｓｅサイエンス・文章表現教室やＣＣＤｎｅｔ（ネット教室）にも取り組んでいます。二〇年一月には企業向け人材開発に関する研修を手がけるＨＲＢＣの株式取得を完了し、子会社化しました。個別指導塾事業を基幹事業に据えながら社会人教育にも事業領域を広げるのが狙いで、「ＨＲＢＣとの共創を通じてサービスの複線化を推進する」方針です。

このＨＲＢＣの子会社化により、二〇年二月期から連結決算に移行しています。

### 東京個別指導学院の売上高と営業利益の推移

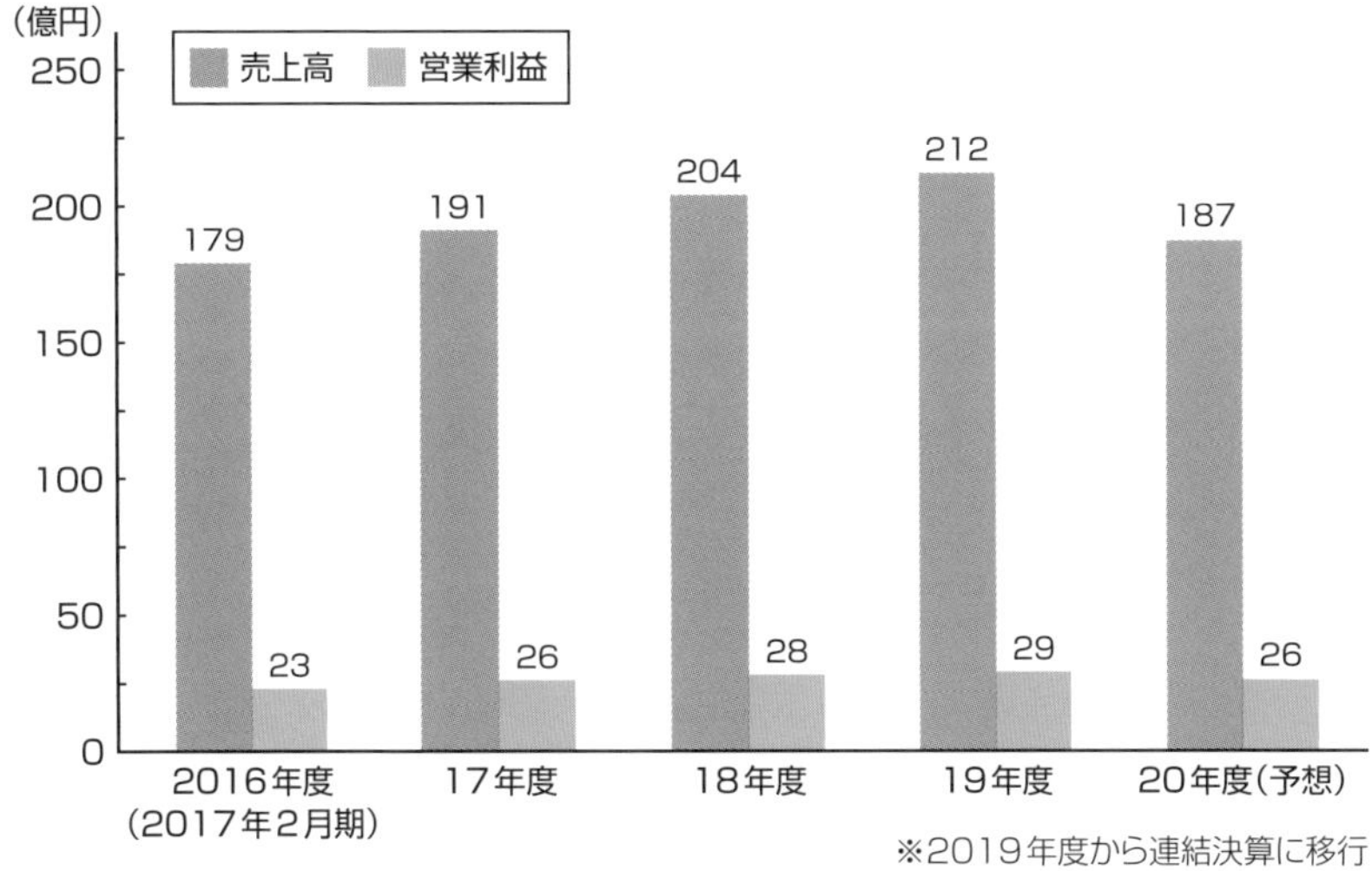


※2019年度から連結決算に移行

### 会社概要

| | |
|---|---|
| 社名 | （株）東京個別指導学院 |
| 設立 | 1994年5月 |
| 本社 | 新宿区西新宿1-26-2 |
| 資本金 | 6億4200万円 |
| 社員数 | 556名（2020年8月） |
| グループ会社 | 子会社1社 |

### 事業別売上構成（2020年2月期）

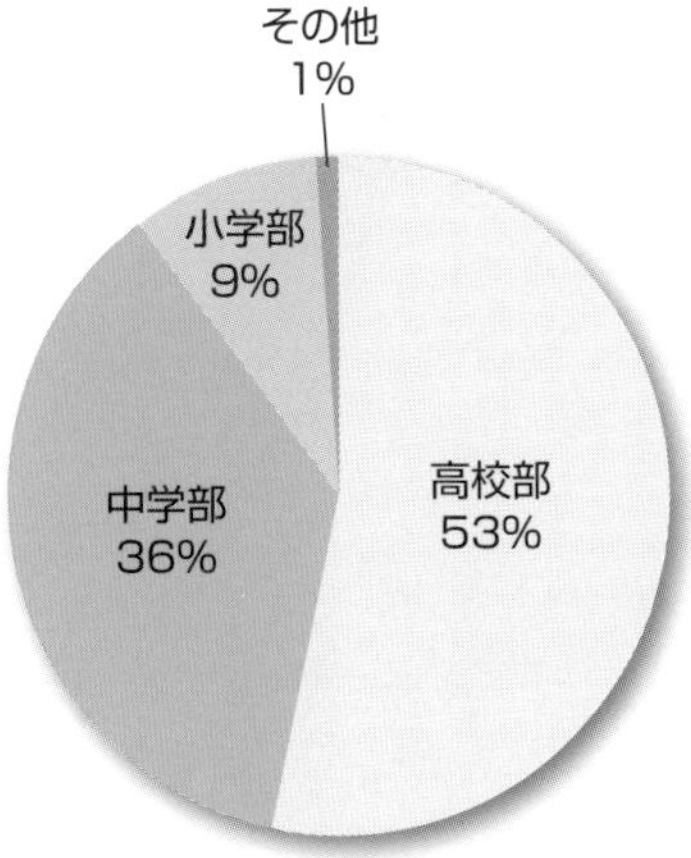


出所：東京個別指導学院IR情報

◀東京個別指導学院
http://www.kobetsu.co.jp/

# 5 近畿地盤に学習塾・予備校など運営（ウィザス）

幼児から高校生までを対象とした学習塾の「第一ゼミナール」を近畿地盤に展開すると共に、高認の予備校事業のほか、通信制高校の生徒学習を支援するサポート校の「第一学院」も併営しています。

## 意欲喚起教育プログラムを徹底

近畿を地盤に幼児から高校生までを対象とした学習塾の「第一ゼミナール」を展開。また、高校卒業を国が認定する高認（高等学校卒業程度認定試験）の予備校事業のほか、通信制高校の生徒学習を支援するサポート校の第一学院も併営しています。

学習塾事業では、脳科学に基づいた独自の教育メソッド（プラスサイクル学習法）を通じた意欲喚起を基軸に据えています。また、教育改革でうたわれている「これからの学び」を実現するため、低学齢から言葉の習得を重視したプログラムを展開したり、四技能習得型（聞く、話す、読む、書く）英語を外国人講師とのオンラインレッスンや英検対策コースなどを通じて指導するなど、学習指導の充実を図っています。

通信制高校、社会人向けキャリア教育、日本語教育サービスが中心の高校・キャリア支援事業では、生徒にいっそうの成長場面を提供し、成長実感を持てるような独自の教育を充実させることで「未来社会で活躍できる人づくり」を推進。さらに、課題解決型の教育プログラムの開発などにも積極的に取り組んでいます。

中長期的な課題として、①顧客満足度の向上、②サービス品質の強化、③商品の再構築と業態開発、④事業領域の拡大、⑤人材育成とマネジメントの強化、⑥グループシナジーの再構築を掲げています。その一方で、入試制度への変化対応とＩＣＴ教育の推進、対象学齢層の拡大とＭ＆Ａや事業提携にも取り組む方針を打ち出しています。

## ウィザスの売上高（連結）と営業利益の推移

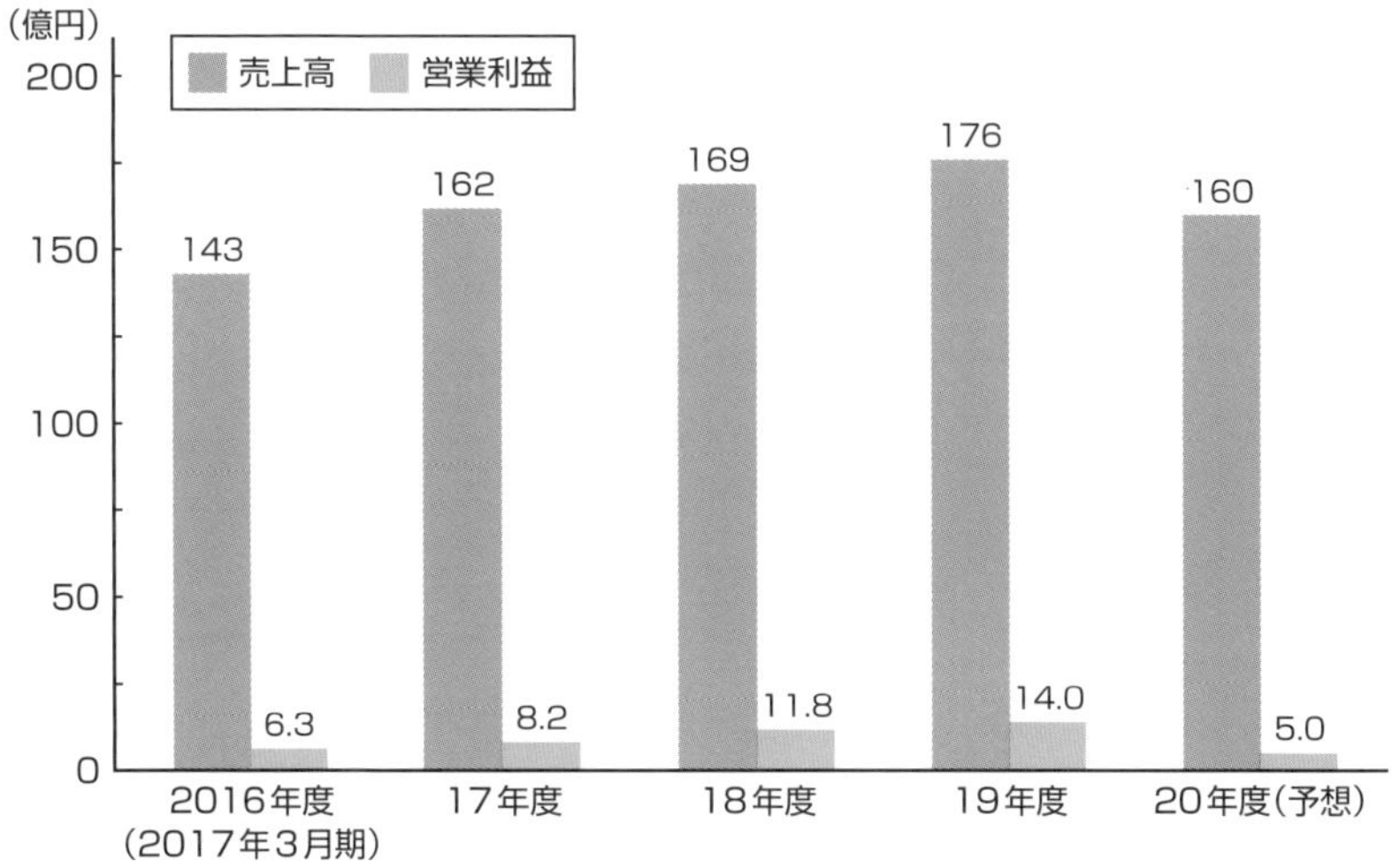


## 会社概要

| | |
|---|---|
| 社名 | （株）ウィザス |
| 設立 | 1976年7月 |
| 本社 | 大阪市中央区備後町3-6-2 |
| 資本金 | 129億9000万円 |
| 社員数 | 810名／連結<br>（2020年9月） |
| グループ会社 | 子会社19社／関連会社9社 |

## 事業別売上構成（2020年3月期）

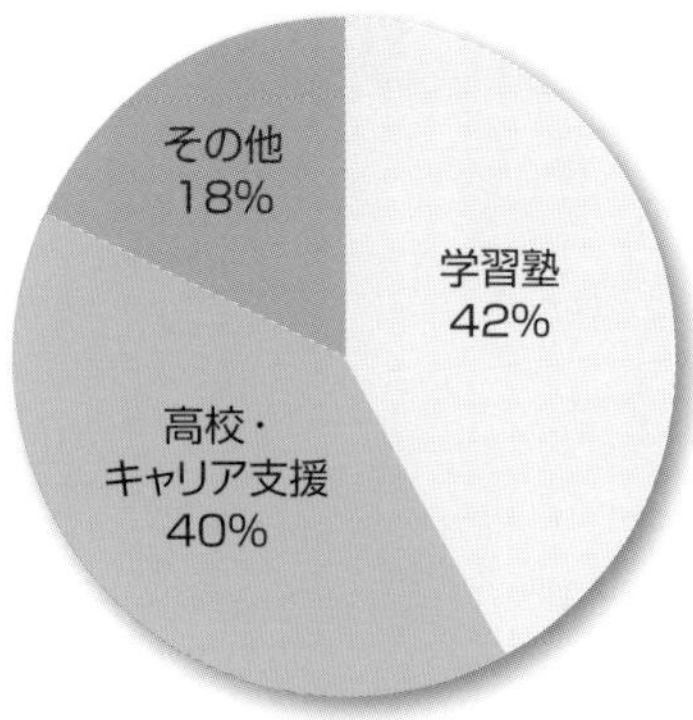


出所：ウィザスIR情報

◀株式会社ウィザス
http://www.with-us.co.jp/

# 6 個別指導受験塾を首都圏に展開（リソー教育）

**学習塾事業が主力で、完全個別指導の「TOMAS」を首都圏地盤に展開しているほか、家庭教師派遣や幼児教育事業も手がけています。英会話スクールや学童保育などの新規事業にも積極的です。**

## 学校内塾の成長に期待

学習塾事業が主力で、首都圏を地盤に高所得者層向け受験塾「TOMAS」を展開しています。学習塾のほか、家庭教師派遣（名門会）や幼児教育事業（伸芽会）なども手がけています。

TOMASでは、講師一人に生徒一人の完全個別指導を実践し、私立難関中高の高い合格実績で優位性を発揮。学習塾事業の売上を伸ばしています。「一〇〇％プロ社会人講師」による家庭教師派遣事業の「名門会」は全国で展開し、二〇二〇年二月期の連結売上高で五一億円強と全体の二割（一九・二％）を占めるまでに成長しています。

新規事業として手がけている受験対応型の長時間英才託児事業「伸芽'Sクラブ（しんが〜ずクラブ）」や、マンツーマン英会話スクール「インターTOMAS」、学校内個別指導塾「スクールTOMAS」も順調に推移。特に伸芽'Sクラブおよびインター TOMASは、「伸芽'Sクラブにより一歳児から顧客を囲い込み、インターTOMASで大学生や社会人へとつなげていく『年齢層から見た囲い込み戦略』のカギとなる事業領域」（同社）として、今後の成長に期待をかけています。

主力事業のTOMASでは、「首都圏サテライト校」戦略を推進。名門会も全国に展開している支社・校舎の効率的運営を図り、TOMASが展開していない地域に個別指導塾「TOMEIKAI」を開校しています。

スクールTOMASは、全国の公私立学校へ向けた積極な営業展開で大きく発展させていく方針です。

## リソー教育の売上高（連結）と営業利益の推移

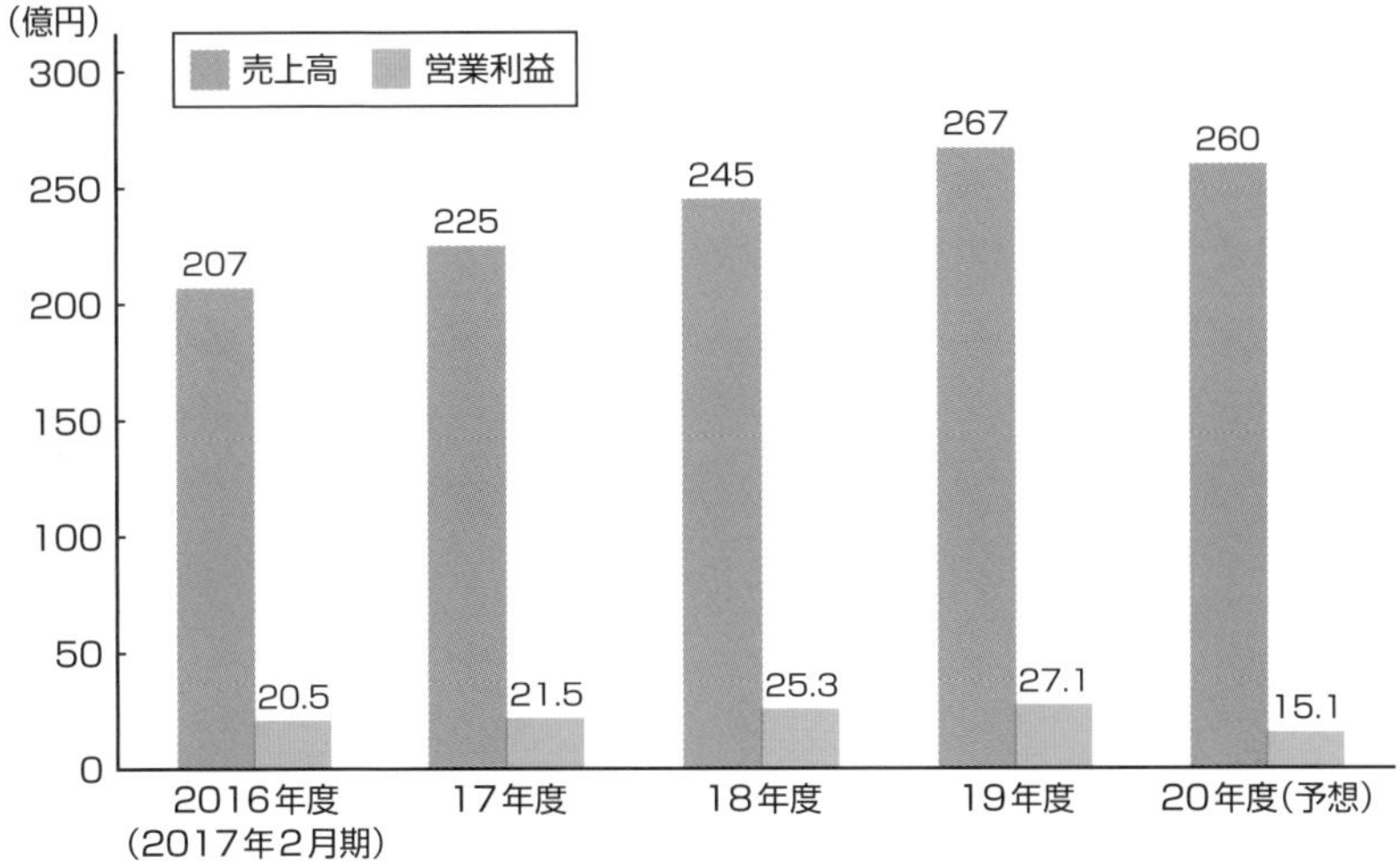


## 会社概要

| | |
|---|---|
| 社名 | (株) リソー教育 |
| 設立 | 1985年7月 |
| 本社 | 東京都豊島区目白3-1-40 |
| 資本金 | 28億9000万円 |
| 社員数 | 924名／連結<br>(2020年2月) |
| グループ会社 | 子会社7社 |

## 事業別売上構成（2020年2月期）

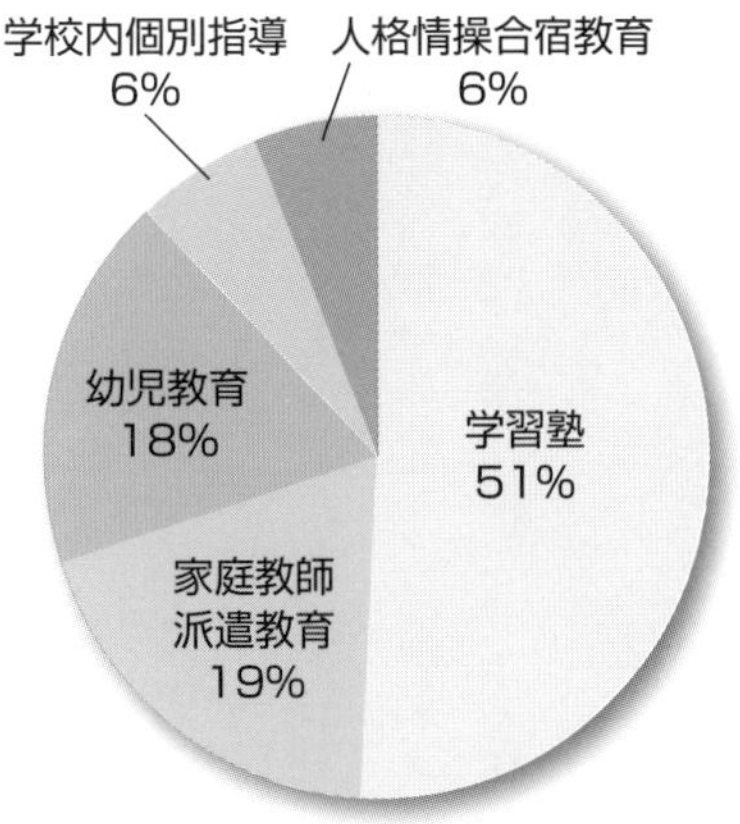


出所：リソー教育IR情報

◀リソー教育
http://www.riso-kyoikugroup.com/

# 7 子育て支援事業最大手（JPホールディングス）

保育園や学童クラブ運営など、子育て支援事業の最大手。中核事業の子育て支援のほか、給食の請負、英語・体操教室請負などの事業も手がけています。待機児童の早期解消政策が事業拡大の追い風に。

## 子育て支援施設は三〇〇に

保育園や学童クラブ運営など子育て支援事業の最大手。中核事業の子育て支援のほか、給食の請負、英語・体操教室請負などの事業も手がけています。二〇二〇年三月末時点で、保育所二〇九園、学童クラブ七二施設、児童館一二施設、民間学童クラブ四施設、幼稚園(海外施設)一園の計二九七施設を保有しています。

保育所は子どもを単に預かるだけでなく、子どもの成長を図るために様々なサービス、例えば、外国人による英語教室や体操講師による運動、給食などを提供しています。こうした取り組みによって他社との差別化を鮮明にし、業績を伸ばしています。

「現場第一主義」を掲げ、各施設や職場の課題を収集し、「働きやすい職場環境の実現」に向けた改善・改革に取り組むことで、保育士の採用増加や定着率の向上につなげています。さらに、効率的かつ効果的な組織運営に向けた施策として、全国の保育所を五つのエリアごとに学童クラブ・児童館を一つに束ねたブロック制によるきめ細かな対応を図ると共に、持続的な成長を見据えた新規事業の開発なども行っています。

二〇二五年三月期の連結売上高一〇〇〇億円を目指す「長期経営ビジョン二〇二五」を策定。重点目標として、①子育て支援事業のさらなる質的成長と既存事業の拡大(新規開設・資本提携)、②事業構造改革による経営基盤の強化、③新しいビジネス価値の創出(新規ビジネスの開発、子育て支援の周辺事業を絡めた業務提携、資本提携)を掲げています。

## JPホールディングスの売上高（連結）と営業利益の推移

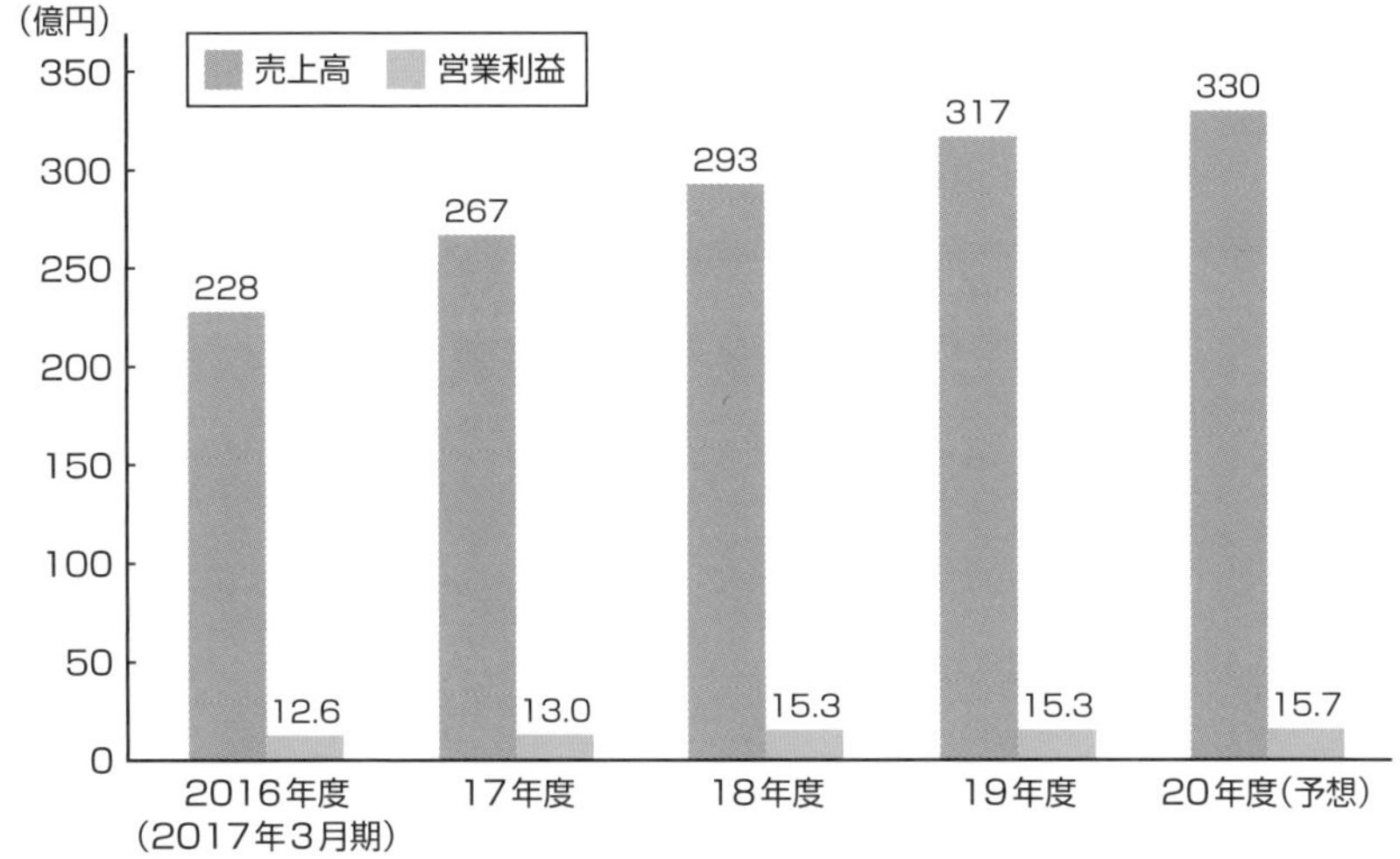


## 会社概要

| | |
|---|---|
| 社名 | （株）JPホールディングス |
| 設立 | 1996年1月 |
| 本社 | 名古屋市東区葵3-15-31 |
| 資本金 | 16億395万円 |
| 社員数 | 4,040名／連結<br>（2020年9月） |
| グループ会社 | 子会社8社 |

## 事業別売上構成（2020年3月期）

出所：JPホールディングスIR情報

◀ JP ホールディングス
http://www.jp-holdings.co.jp/

# 8 集団指導を軸に多角化（早稲田アカデミー）

**小学生から高校生までを対象とした集団指導塾「早稲田アカデミー」を首都圏で運営。個別指導ブランドの育成にも取り組んでおり、二〇二〇年三月末でグループ一六三校を展開しています。**

## 個別指導のブランド力を強化

小学生から高校生までを対象とした集団指導塾「早稲田アカデミー」の運営が主体。子会社の野田学園は、「野田クルゼ」の名称で医歯薬系専門の大学受験予備校を営んでいます。進学学習指導業務で培ったノウハウを活用した社会人対象の教育研修も手がけるなど、多角化を図っています。

基本戦略は、「進学塾としてのブランド力の源泉であり、集客力向上のための大きなファクターである『難関上位校への合格実績』を伸長させることにより他社との差別化を図り、業容を拡大する」というものです。特に高校受験市場においては、開成高校、早慶大学附属高校を始めとする難関私国立高校への圧倒的な合格実績により、首都圏におけるトップブランドとして信頼を得ています。

英語教育改革への対応として、独自のカリキュラムとコンテンツによるオンライン英語学習サービスを開始。二〇二〇年二月から小五・小六Kコース（高校受験準備コース）および中一を対象に全校舎で一斉導入し、中学生の中長期的な集客につなげていく方針です。

個別指導部門では、一九年一〇月一日付で「個別指導MYSTA（マイスタ）」ブランドを「早稲田アカデミー個別進学館」に統合し、ブランド力強化を図っています。ブランド統合後も難関校受験向け個別指導ブランドとして順調に推移しています。

校舎は、海外の二校（ロンドン、ニューヨーク）を含め、二〇年三月末で一六三校となっています。

## 早稲田アカデミーの売上高（連結）と営業利益の推移

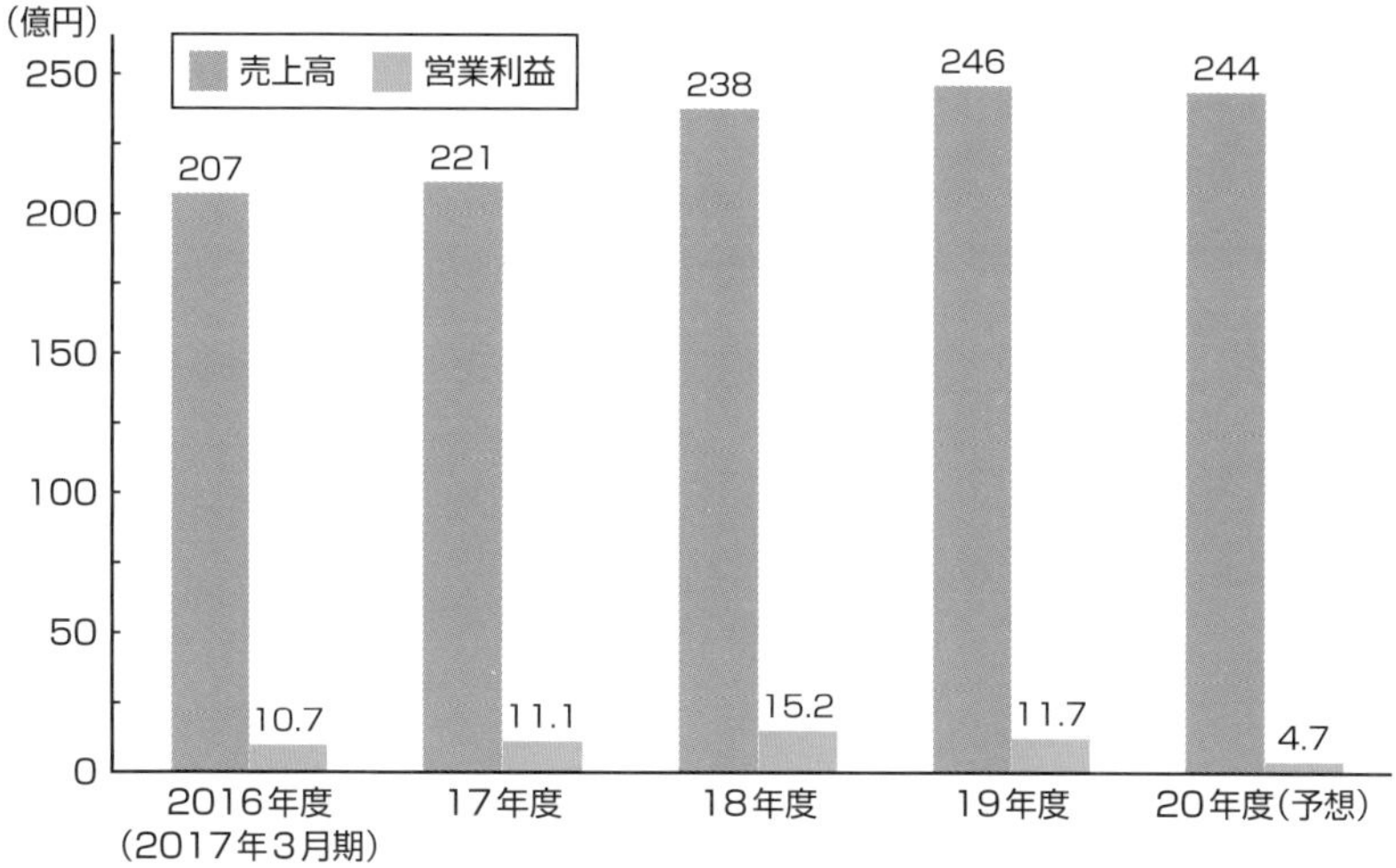


## 会社概要

| | |
|---|---|
| 社名 | （株）早稲田アカデミー |
| 設立 | 1974年11月 |
| 本社 | 東京都豊島区南池袋1-16-15 |
| 資本金 | 9億6800万円 |
| 社員数 | 934名／連結<br>（2020年3月） |
| グループ会社 | 子会社2社 |

## 事業別売上構成（2020年3月期）

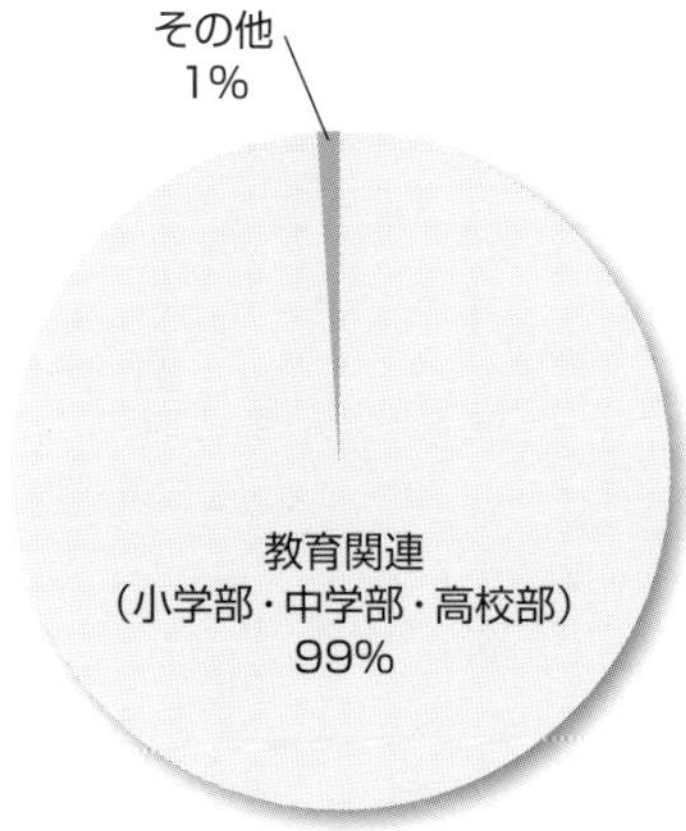


出所：早稲田アカデミーIR情報

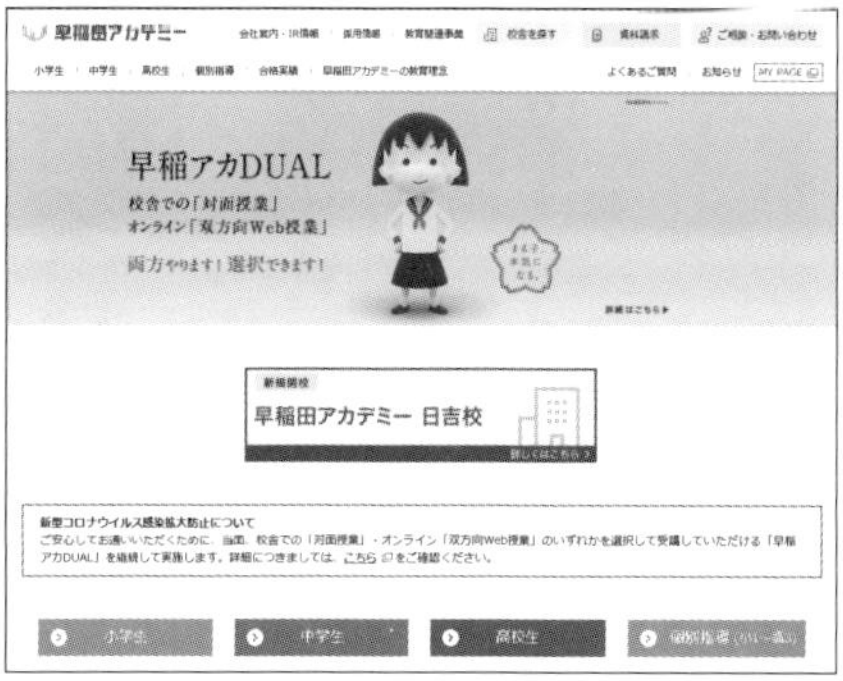


◀早稲田アカデミー
http://www.waseda-ac.co.jp/

# 9 首都圏に個別指導・映像授業塾(城南進学研究社)

川崎(神奈川県)が地盤で首都圏に講師とAI併用の個別指導塾「城南予備校DUO」や映像授業塾の「河合塾マナビス」を展開。児童教育部門を持ち事業拡大を図っています。

## 「デキタス」の導入を促進

川崎(神奈川県)が地盤で、講師とAI併用の個別指導塾「城南予備校DUO」や映像授業塾を展開しています。従来の集団授業を行う「城南予備校」の運営は、二〇二〇年三月にすべて終了し、AIを使った自立学習とプロ講師による指導、徹底したICT学習管理を行う「城南予備校DUO」に移行しました。

同校は、二〇年三月末時点で東京都に六校、神奈川県に六校、千葉県に一校、埼玉県に一校の全一四校舎となっています。

個別指導部門では、個別指導教室「城南コベッツ」を全国に展開しており、「城南予備校DUO」と同様、AIによる個別最適化学習を導入し、一定の売上高を確保しています。映像授業部門では、「河合塾マナビス」が、映像授業のニーズ拡大を背景に、これまで培ったノウハウを活かして規模拡大を図っています。

児童教育部門も持ち、積極的なM&Aにより事業拡大を推進。二〇年度には育脳とSTEAM教育の複合型スクール「城南ブレインパーク」を東京・自由が丘と立川、表参道に開校しています。この「城南ブレインパーク」は、同社の複数の乳幼児向け教育サービスを一カ所で受講できるものとなっています。

「教育ソリューション事業」の戦略的展開を掲げ、経済産業省「未来の教室」実証授業に採択されたWEB学習システム「デキタス」の学校や学習塾への導入を促進する一方、サービスの強化も図っています。

## 城南進学研究社の売上高（連結）と営業利益の推移

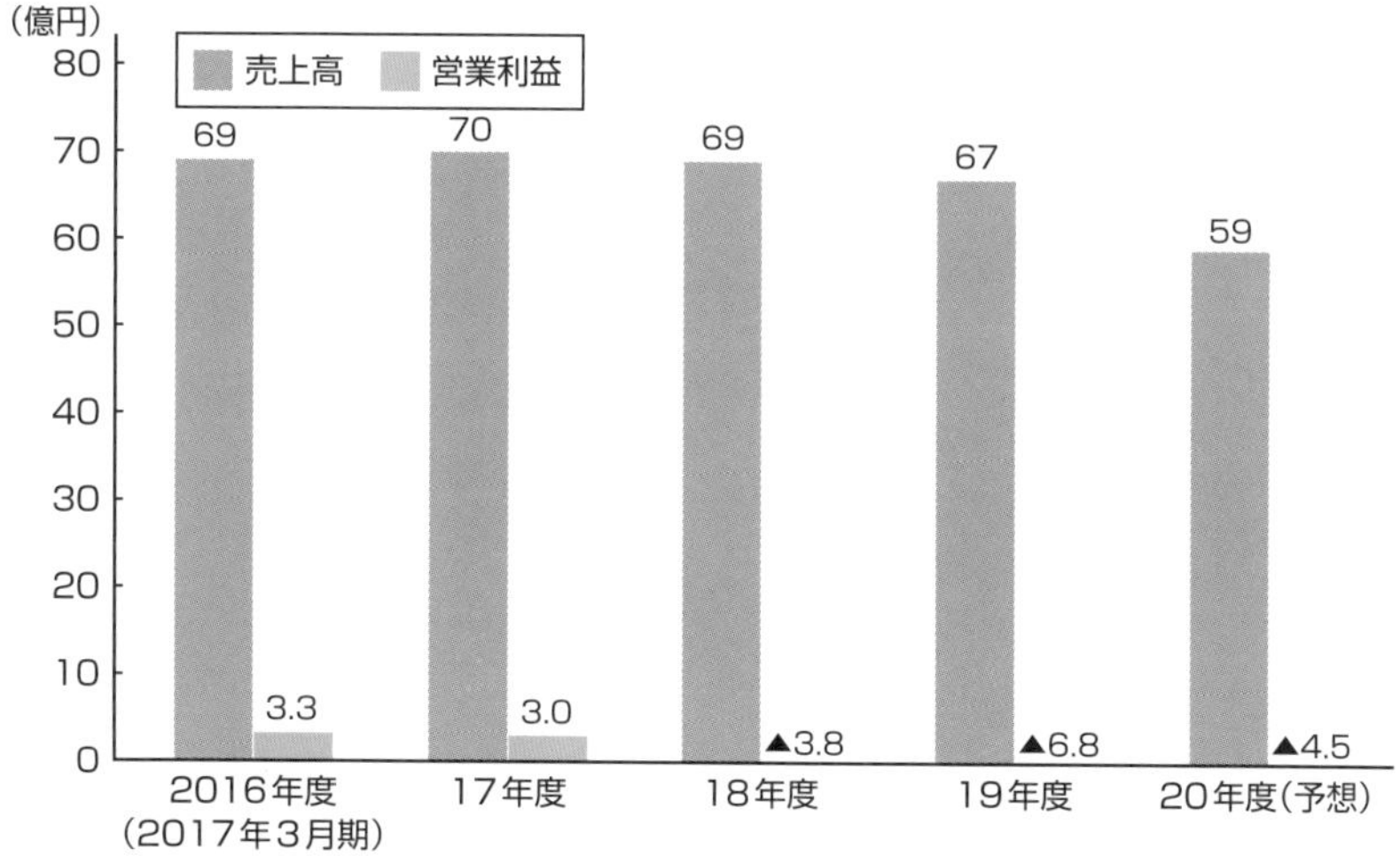


## 会社概要

| | |
|---|---|
| 社名 | （株）城南進学研究社 |
| 設立 | 1982年9月 |
| 本社 | 川崎市川崎区駅前本町22-2 |
| 資本金 | 6億5500万円 |
| 社員数 | 398名（2020年9月） |
| グループ会社 | 子会社9社 |

## 事業別売上構成（2020年3月期）

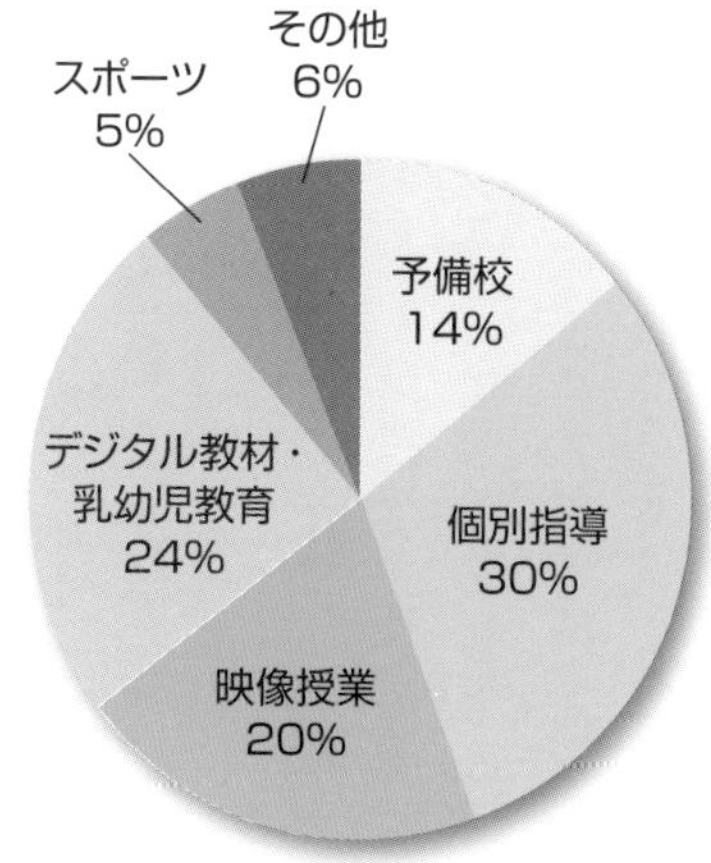


出所：城南進学研究社IR情報

◀城南進学研究社
http://www.johnan.co.jp/

# 10 京都、滋賀地盤に学習塾運営（京進）

全国に四〇〇を超す教室を開設している集団指導主体の学習塾。京都、滋賀が地盤で愛知、大阪、兵庫などにも多くの教室を有しています。個別指導も拡充しており、中国、米国など海外にも展開しています。

## 語学や保育・介護事業も展開

京都、滋賀を地盤に愛知、大阪、兵庫、奈良などへ集団指導主体の学習塾を展開。FC教室を含め、全国に四〇〇を超す教室を開設しています。

事業は、学習塾、語学関連、保育・介護が三本柱で、学習塾は、幼児・小中学生や高校生向け集団（集合）指導塾、小学一年生～高校三年生対象の個別指導塾を手がけています。個別指導塾のブランド名は、「京進スクール・ワン」で、フランチャイズ展開も行っています。

集団指導の学習塾は、日本人子女を対象にドイツ（デュッセルドルフ）や中国（広州）で運営。二〇一一年一一月には米国ニューヨーク州に子会社を設立し、個別指導の学習塾に参入したことも特筆に値します。

幼児から大人までを対象とする英会話教室や、日本国内の外国人を対象にした日本語学校を手がけるほか、保育園事業にも参入するなど、収益源の多様化も図っています。

また、他社との差別化と長期的な事業拡大を図るため、各年齢層向けの学習塾事業では、脳科学に基づくオリジナル学習法「リーチングメソッド」の確立に取り組んでいます。

保育事業では、二〇一〇年春に一三園の保育園を開園し、グループおよび連結子会社の保育園数は八八園となっています。中核の学習塾事業では、大学入試制度の見直しや、英語教育の抜本的な改革など教育環境も変化しています。こうした中で顧客ニーズの変化への対応が課題となっています。

## 京進の売上高（連結）と営業利益の推移

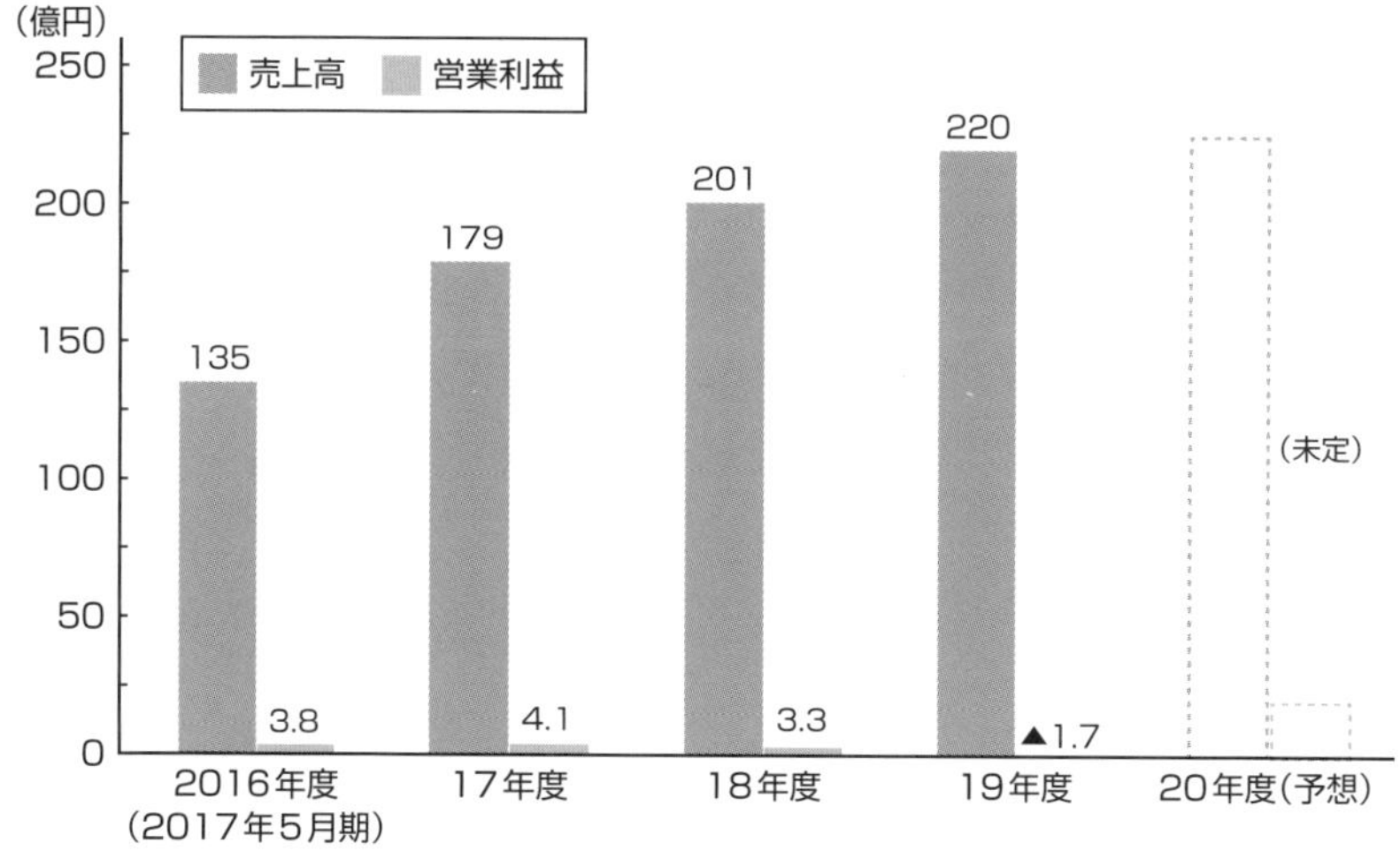


## 会社概要

| | |
|---|---|
| 社名 | （株）京進 |
| 設立 | 1981年4月 |
| 本社 | 京都市下京区烏丸通五条下る<br>大阪町382-1 |
| 資本金 | 3億2789万円 |
| 社員数 | 1,987名／連結<br>(2020年5月) |
| グループ会社 | 子会社23社／関連会社1社 |

## 事業別売上構成（2020年5月期）

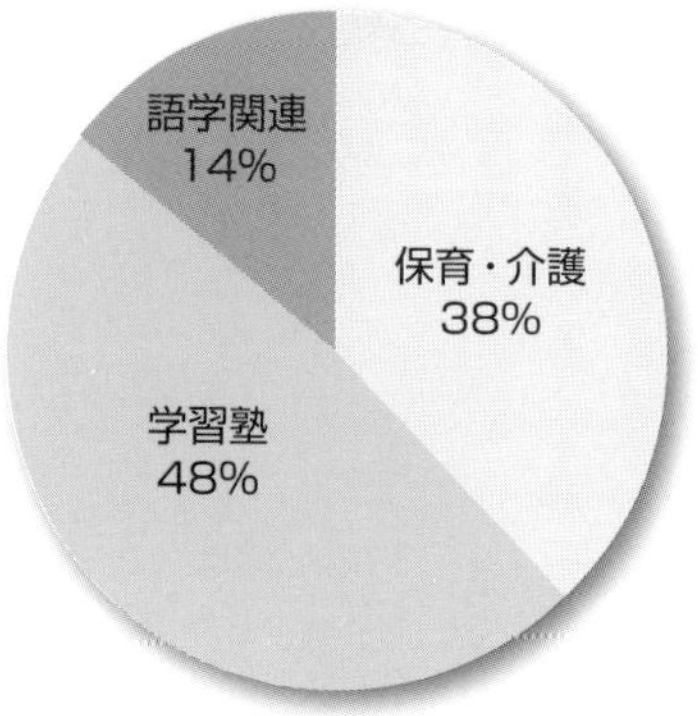


出所：京進IR情報

◀京進
http://www.kyoshin.co.jp/

# 11 静岡地盤に集団指導塾展開（秀英予備校）

**中学生向け集団指導塾が中心ですが、高校生向けも併営。静岡を地盤に関東や北海道など全国一〇道県に二五〇を超す校舎を展開しています。個別指導や映像授業にも取り組んでいます。**

## 学習支援ツールを駆使

静岡を地盤に関東や北海道、さらには九州へも進出している学習塾。中学生向け集団指導塾が中心ですが、高校生向けも併営し、全国一〇道県に二五〇を超す校舎を展開しています。市場規模の縮小や競争激化という環境の中で、①機能的な校舎を開設し、快適な学習空間を提供する、②高均一な教育サービスを提供し、学校外教育に対する高いレベルのニーズに応える、③現役高校生部門を拡充させる、④教育コンテンツの動画配信サービスを提供し、学習効果を高める、⑤個別指導分野において、習熟度に合わせたきめ細かい指導を徹底する、などの基本方針を掲げています。

新型コロナウイルスの感染拡大という状況下、小中学部では、①集団部門は、授業と授業以外の教育サービスを向上させ、成績・合格実績を確実に上げる、②個別（講師・映像）部門は、差別化戦略をさらに進化させ顧客満足を向上させる、③小学生英語の教科化に伴った教務対応を行うことを、また高校部では多様なニーズに対応した教育メソッドを提供することを、経営の柱として取り組んでいます。

コロナ禍での課題として、集団部門の生徒数・売上高減少をすべての地域本部で食い止めることが重要とし、そのために、開発した「夢ノート」や「コミル」などの学習支援ツールを駆使し、生徒の学習モチベーションの高揚を図る方針です。また、「オンラインによる遠隔個別指導」を次の新しい経営の柱として育成することにも取り組んでいく計画です。

## 秀英予備校の売上高（連結）と営業利益の推移

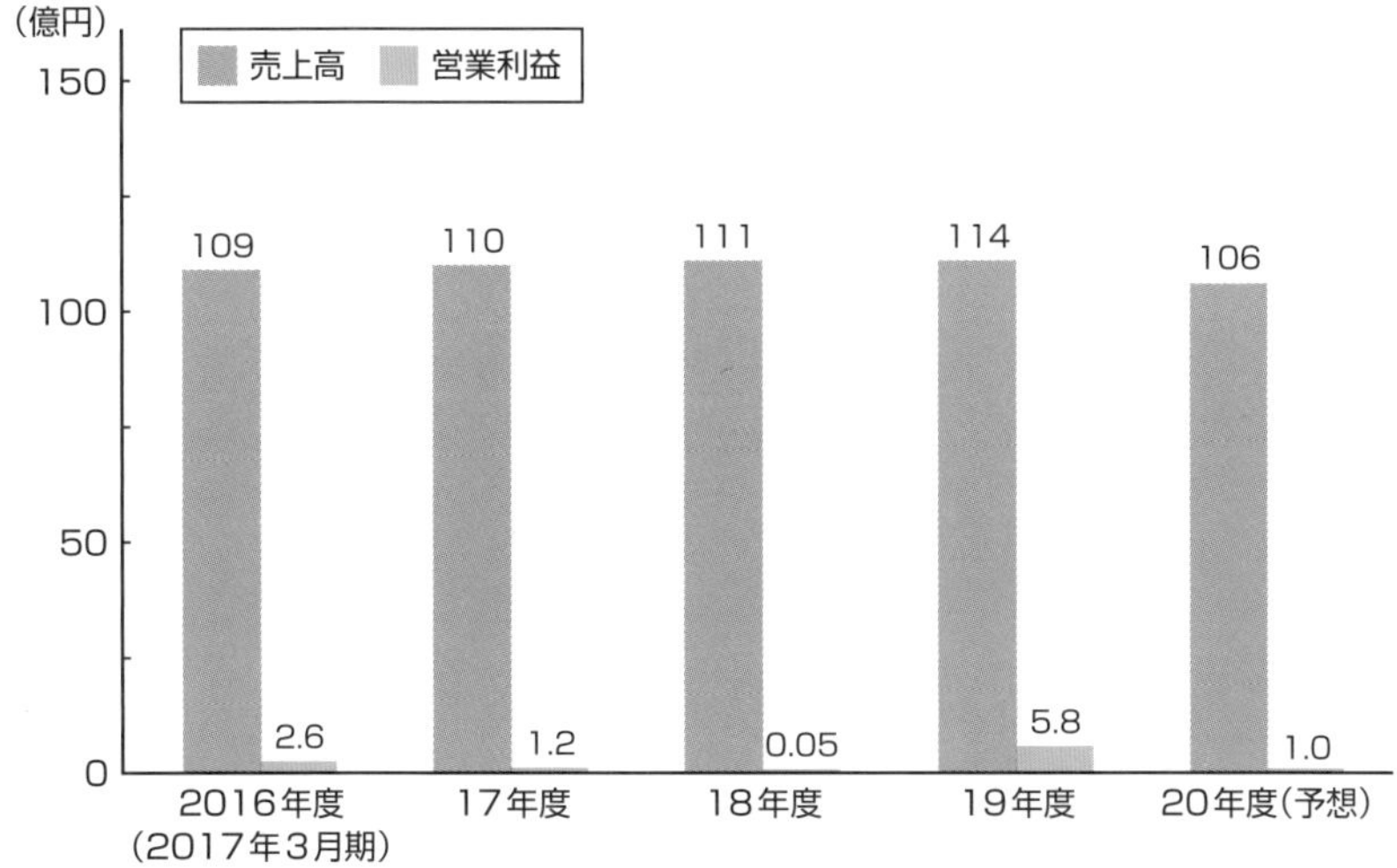


## 会社概要

| | |
|---|---|
| 社名 | （株）秀英予備校 |
| 設立 | 1984年11月 |
| 本社 | 静岡市葵区鷹匠2-7-1 |
| 資本金 | 20億8940万円 |
| 社員数 | 693名／連結<br>（2020年9月） |
| グループ会社 | 子会社1社／関係会社1社 |

## 事業別売上構成（2020年3月期）

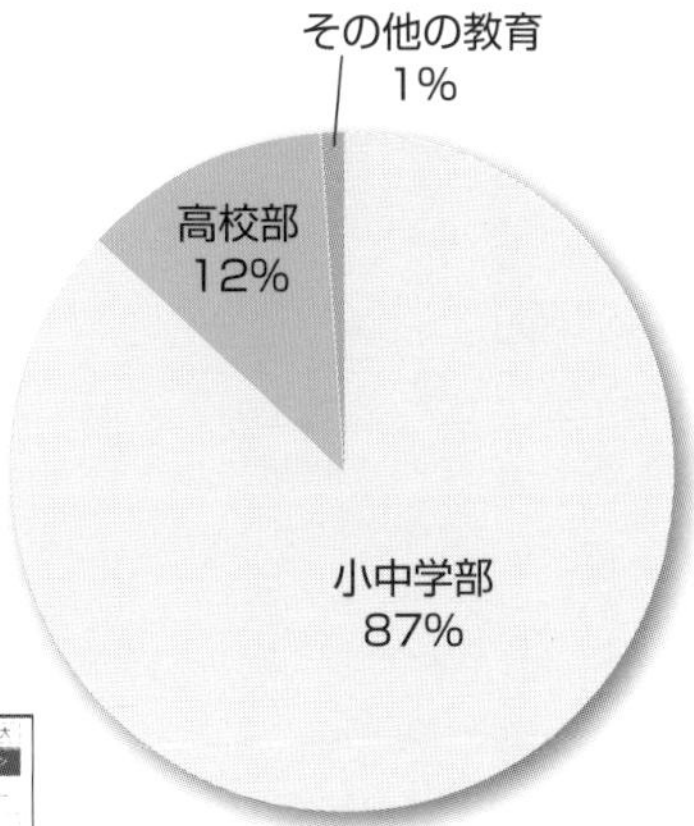


出所：秀英予備校IR情報

◀秀英予備校
http://www.shuei-yobiko.co.jp/

# 12 高校生向け受験塾を運営（ナガセ）

**高校生向け受験塾の「東進ハイスクール」「東進衛星予備校」を主体に、中学生対象の「東進中学NET」や中学受験塾の「四谷大塚」を運営。「東進こども英語塾」を開講し、英語教育分野も手がけています。**

## 子ども向け英語教育も展開

高校生向け受験塾の「**東進ハイスクール**」「**東進衛星予備校**」「**早稲田塾**」を主体に、小学生を対象にした「**四谷大塚**」などを運営しています。東進ハイスクールは、首都圏を中心に直営九七校（二〇二〇年三月現在）を展開。難関大学現役合格実績は日本一ともいわれています。

全国の塾とFC契約を結び、首都圏で展開する東進ハイスクールの授業を映像配信しているのが、「東進衛星予備校」です。FC加盟塾は全都道府県に一〇二〇校存在し、映像授業の教育ネットワークでは国内最大規模を誇っています。難関大学への高い合格実績を背景に、主力の高校生向けは業績も順調に伸びています。

また、三～一二歳対象の「東進こども英語塾」や中学生対象の「東進中学NET」、大学生・社会人対象の「東進ビジネススクール」なども展開し、幼・小・中・高・大・社会人の一貫した教育体系を構築しています。スイミングスクール部門も持ち、「イトマンスイミングスクール」で水泳教室やフィットネスクラブの運営も手がけています。

同社の永瀬昭幸社長は、「公教育では生まれぬリーダー」と題したかつてのメッセージの中で、「公教育では人財を発掘できないばかりか育成することもできていない。私は民間の立場から公教育を補完し、『心知体』を統合した幼少中高一貫の新しい教育体系を構築する」と語っています。それを裏付ける事業体系といえるようです。

**ナガセの売上高（連結）と営業利益の推移**

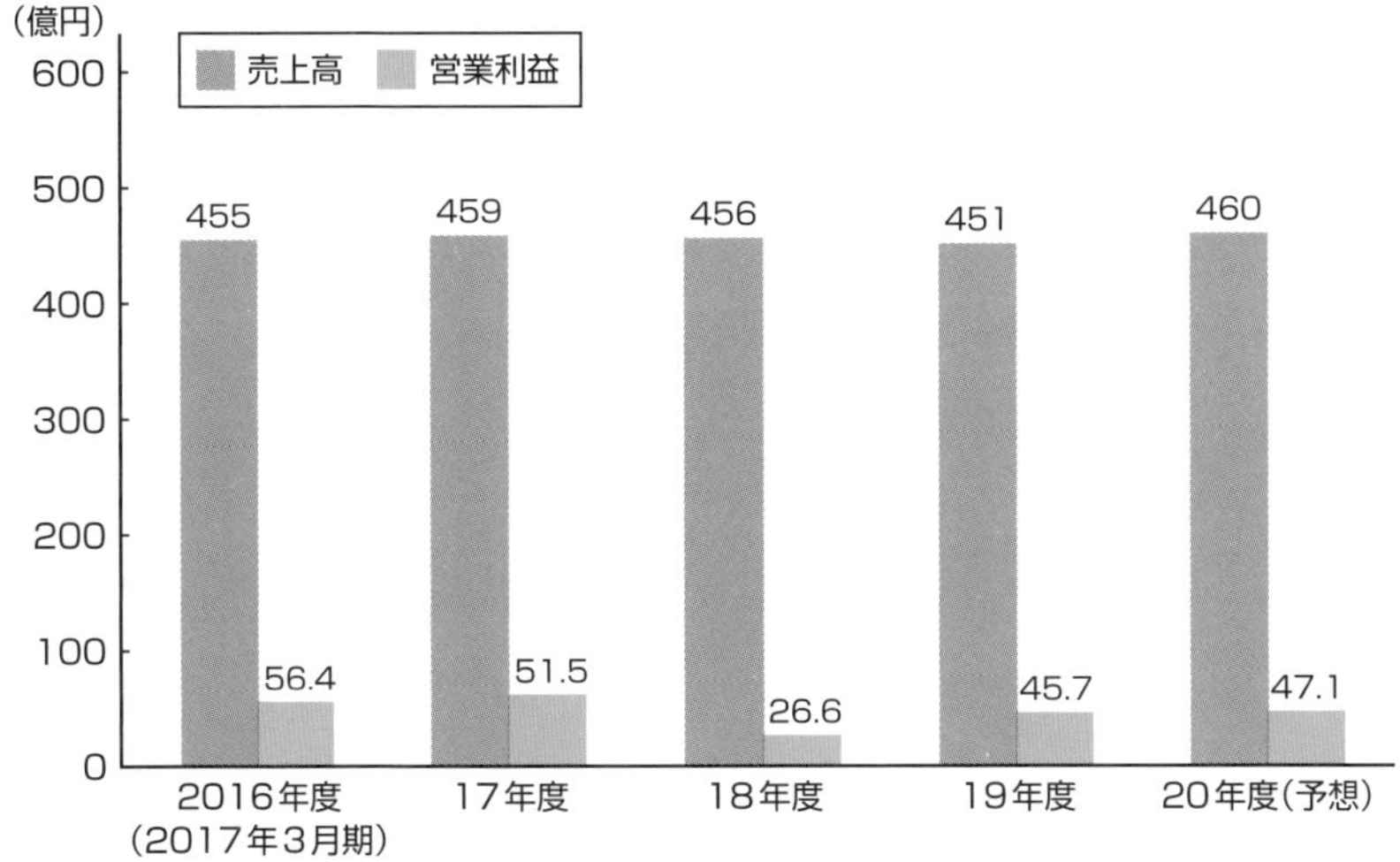


**会社概要**

| | |
|---|---|
| 社名 | (株) ナガセ |
| 設立 | 1976年5月 |
| 本社 | 東京都武蔵野市吉祥寺南町 1-29-2 |
| 資本金 | 21億3800万円 |
| 社員数 | 1,258名／連結 (2020年9月) |
| グループ会社 | 子会社11社 |

**事業別売上構成（2020年3月期）**

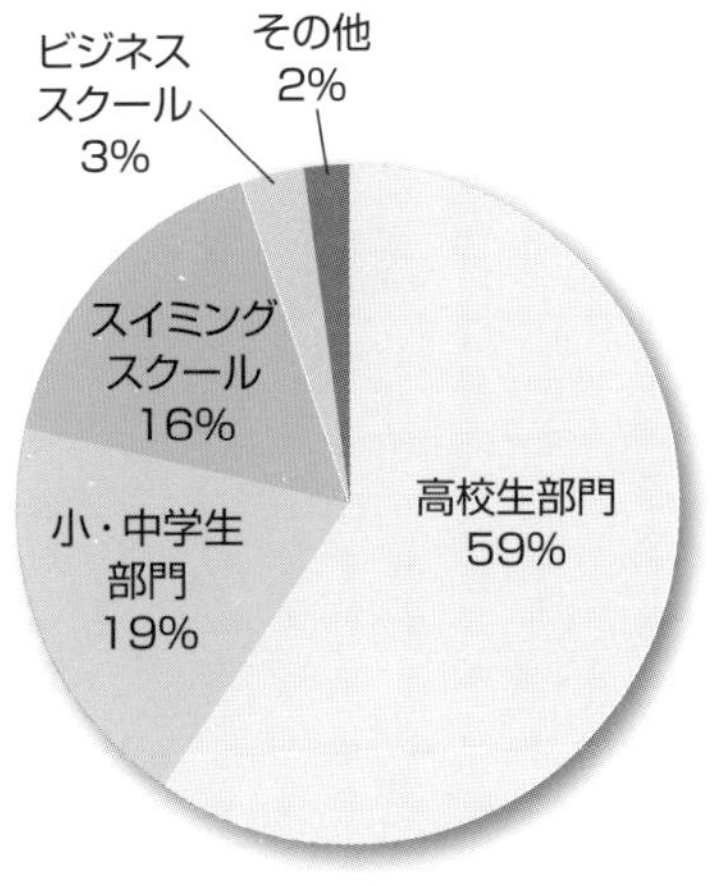


出所：ナガセIR情報

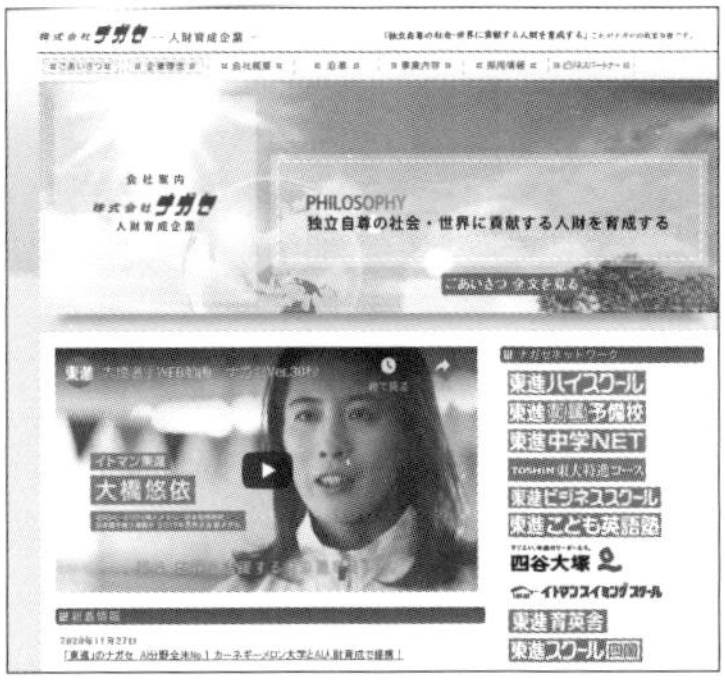


◀ナガセ
http://www.toshin.com/nagase/

# 13 全日制専門学校運営（ヒューマンホールディングス）

**全日制専門学校や社会人教育、通信制高校から、人材派遣、介護などへ事業領域を広げています。教育分野では、カルチャー教室の運営や一般保育事業にも乗り出すなど新需要の開拓にも積極的です。**

## 全国で児童向けロボット教室も

一九八五年に予備校から出発。全日制専門学校や社会人教育、通信制高校から、人材派遣、介護などへ事業領域を広げています。

連結売上高の約三割を占める教育事業は、子会社のヒューマンアカデミーを軸に手がけています。ヒューマンアカデミーは、全日制教育の「**総合学園ヒューマンアカデミー**」と通信制高校、それに通信・通学の社会人教育が主体。総合学園ヒューマンアカデミーは、「産官学協同で業界最先端教育を実施するカンパニースクール」(同社)です。

社会人教育では、ネイル講座や日本語教師養成講座、心理・カウンセラー講座など、主要な通学講座で新規契約数が順調に増加。今後の成長が見込まれる語学ビジネスや通訳・翻訳ビジネス、留学ビジネスなどのグローバル分野におけるサービスを拡充しています。

また、人材不足となっている保育士の確保・定着を目的とした研修プログラムを開発するなど、市場のニーズに対応した新講座の開発にも取り組んでいます。カルチャースクールも運営しており、二〇二〇年一二月現在で横浜、横浜(別所)、大阪(茨木)に三カ所の拠点を開設しています。

児童教育や保育事業も手がけ、児童教育ではロボット教室・理科実験教室のフランチャイズ加盟教室の開拓を強化。教育事業では、ＩＣＴ化による教育手法を推進する共に、オンラインによる授業などの拡充で受講生の増加を図る方針です。

## ヒューマンホールディングスの売上高（連結）と営業利益の推移

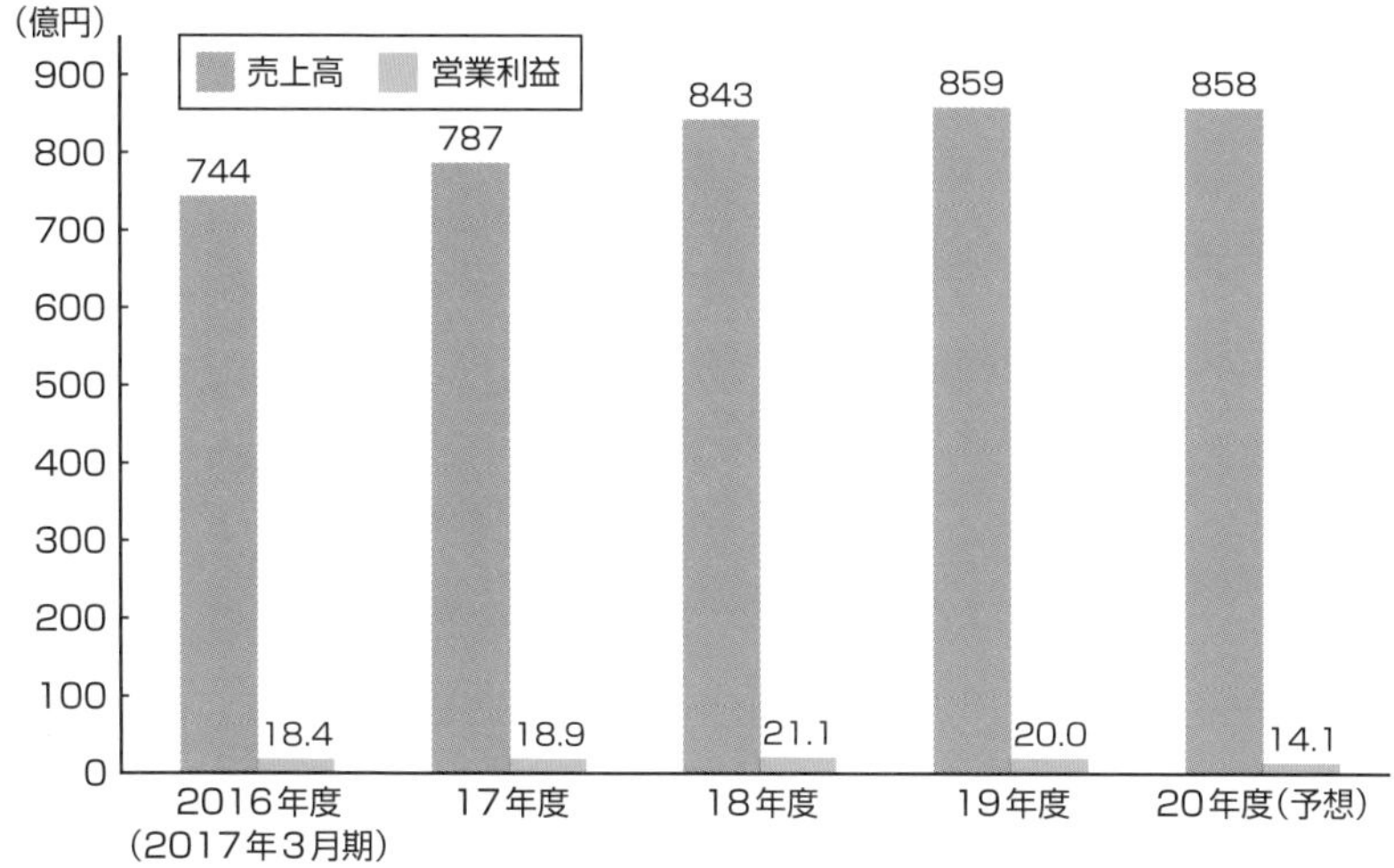


## 会社概要

| | |
|---|---|
| 社名 | ヒューマンホールディングス（株） |
| 設立 | 2002年8月 |
| 本社 | 東京都新宿区西新宿7-5-25 |
| 資本金 | 12億9990万円 |
| 社員数 | 4,211名／連結（2020年9月） |
| グループ会社 | 子会社12社／関連会社2社 |

## 事業別売上構成（2020年3月期）

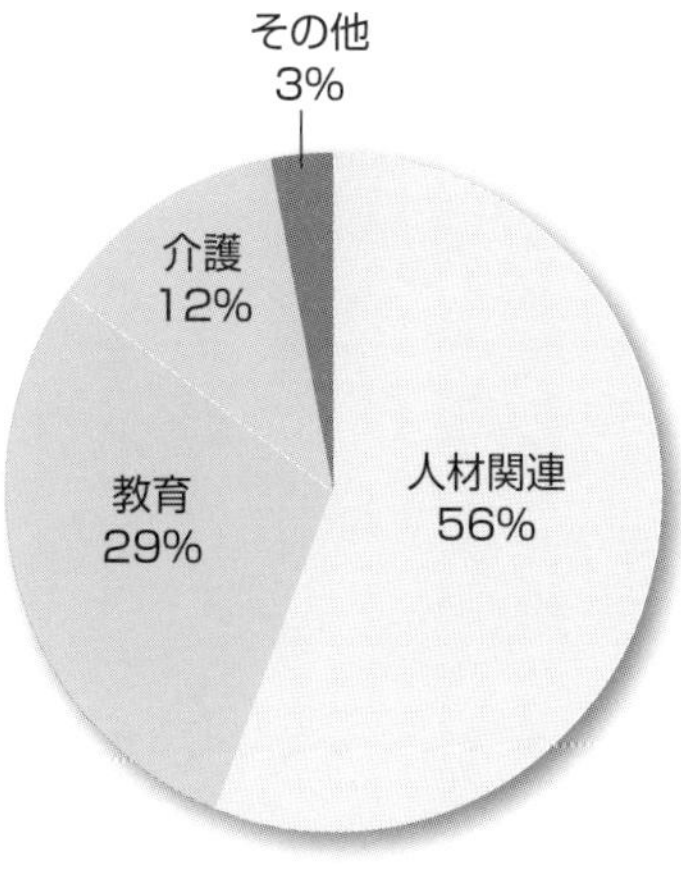


出所：ヒューマンホールディングスIR情報

◀ヒューマンホールディングス
http://www.athuman.com

# 14 神奈川中西部で展開の学習塾（ステップ）

**神奈川中西部で中学生主体の学習塾「ステップ」を運営。難関国公立校の合格実績に強みを発揮しています。人口増が続く横浜・川崎地域にエリアを拡大し、ブランド力強化を図っています。**

## 「横浜川崎シフト」を強化

藤沢、横浜など神奈川中西部で中学生主体の学習塾「ステップ（ＳＴＥＰ）」を運営。難関国公立校に高い合格実績を上げていることで知られ、二〇二〇年春の神奈川県の高校入試では、受験に臨んだステップ学習塾の生徒のうち二一八三人が公立トップ校に合格しています。

二〇年九月末時点で、ステップのスクールは中学・高校部合わせて一五一を数え、そのうちの一校が個別指導部門、三校が学童部門です。また、教師は二〇年一〇月末時点で六五九名に上り、このうち正社員教師は六五三名で全体の九九・一％を占めています。

「あくまでも教師の息吹が伝わるライブ授業をベースとし、全体としての競争力を強化していく」のが同社の特徴です。

経営の基本方針として、①学習塾専業に徹し、経営資源を専門分野に集中的に投下する、②スクールは神奈川県内に集中して展開する、③授業内容とシステムの高品質化を不断に追求する、④県内公立トップ高校への進学実績Ｎｏ・１を堅持し、さらに難関国私立高校への合格実績をいっそう向上させる、⑤公立高校生を中心にした地元現役高校生をサポートする「大学受験ＳＴＥＰ」の発展を推進する、といった五項目を掲げています。

課題は、「人口増が続く横浜・川崎などの地域において今後の事業展開を図るため、ブランド力をいま以上に強化していくこと」としており、「横浜川崎シフト」はさらに深化していくことになりそうです。

## ステップの売上高と営業利益の推移

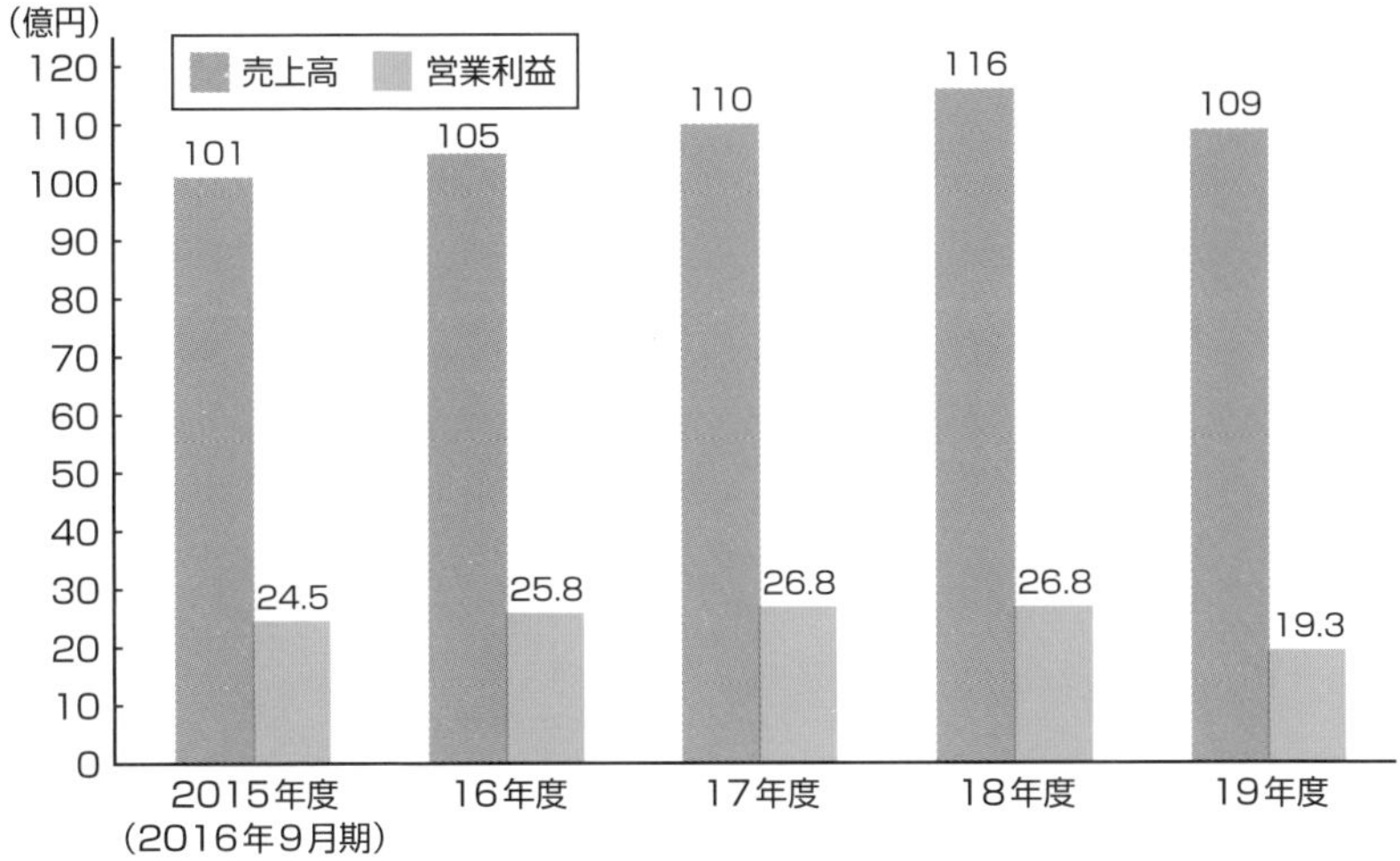


## 会社概要

| | |
|---|---|
| 社名 | （株）ステップ |
| 設立 | 1979年9月 |
| 本社 | 神奈川県藤沢市藤沢602 |
| 資本金 | 17億7833万円 |
| 社員数 | 820名（2020年9月） |

## 事業別売上構成（2020年9月期）

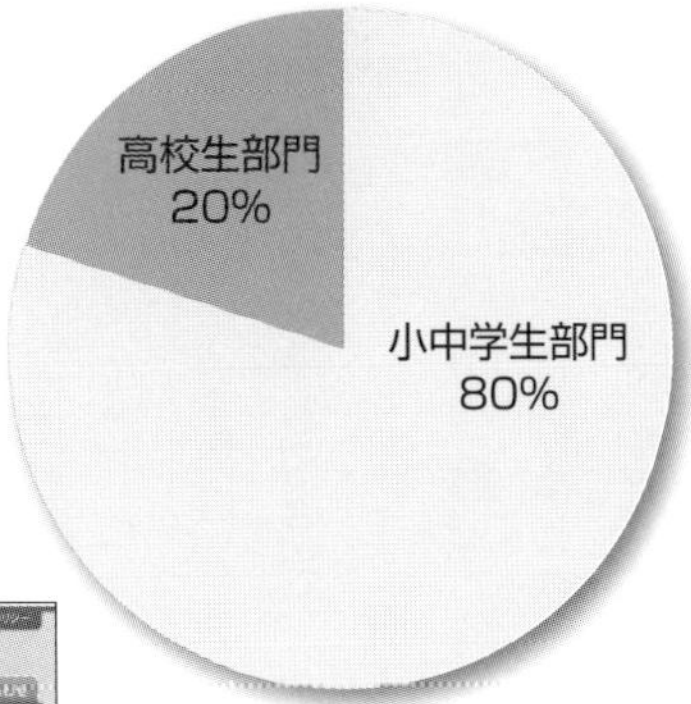


出所：ステップIR情報

◀ステップ
http://www.stepnet.co.jp/

# 15 北海道地盤に学習塾運営（進学会ホールディングス）

**全国に六〇を超す本部を置き、直営学習塾を運営。主に中学生向けの集団指導塾を、地盤の北海道では「北大学力増進会」、道外では「東北大進学会」「東大進学会」などのブランドで展開しています。**

## 一七年に持ち株会社制へ移行

全国に六〇を超す本部を置き、直営方式の学習塾を運営しています。主に中学生向けの集団指導塾を、地盤の北海道では「**北大学力増進会**」、道外では「**東北大進学会**」「**東大進学会**」「**名大進学会**」などといったブランドで展開しています。

事業は、学習塾を柱にスポーツや賃貸、資金運用なども手がけています。学習塾部門は、引き続き高校受験指導を中核としながら、対象年齢層の拡大を目指し、大学受験（現役高校生）部門および中学受験部門の生徒層の獲得に努めています。

また、収益の効率化を目的として、首都圏を中心に新規地域への進出および不採算地区からの撤退を含め、教室のスクラップ&ビルドを積極的に推進しています。

二〇〇八年に市進、〇九年にZ会と業務提携を結び、学習塾運営で関係を強化。さらに一四年に浜学園、一七年には学研ホールディングス、城南進学研究社と相次いで資本業務提携を結んでいます。この間、一七年に進学会ホールディングスへと社名変更し、持ち株会社体制へ移行しています。

二〇年二月に北大学力増進会とスポーツクラブZipが共同で運営する新しいスタイルの学童クラブを札幌市内三カ所で開校。待機児童問題への対応も強化しています。コロナ禍という危機を乗り越えるため、新規エリアの開拓や新規メニューの開発、さらには講師指導力のレベルアップや教材の質の向上を推し進めていく方針です。

## 4-15　北海道地盤に学習塾運営（進学会ホールディングス）

### 進学会の売上高（連結）と営業利益の推移

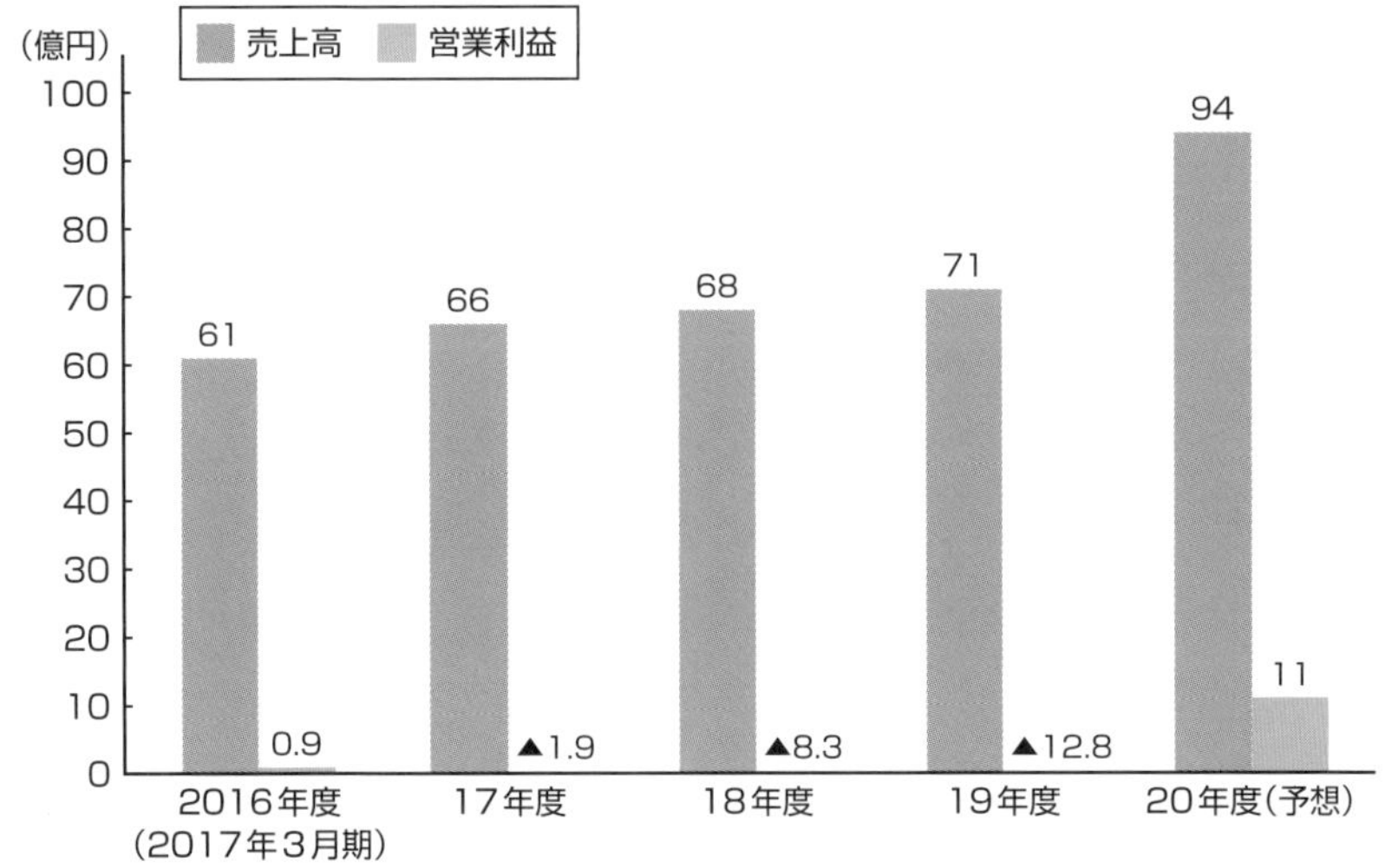


### 会社概要

| | |
|---|---|
| 社名 | （株）進学会ホールディングス |
| 設立 | 1976年6月 |
| 本社 | 札幌市白石区本郷通1-北1-15 |
| 資本金 | 39億8410万円 |
| 社員数 | 200名／連結（2020年9月） |
| グループ会社 | 子会社5社／関連会社1社 |

### 事業別売上構成（2020年3月期）

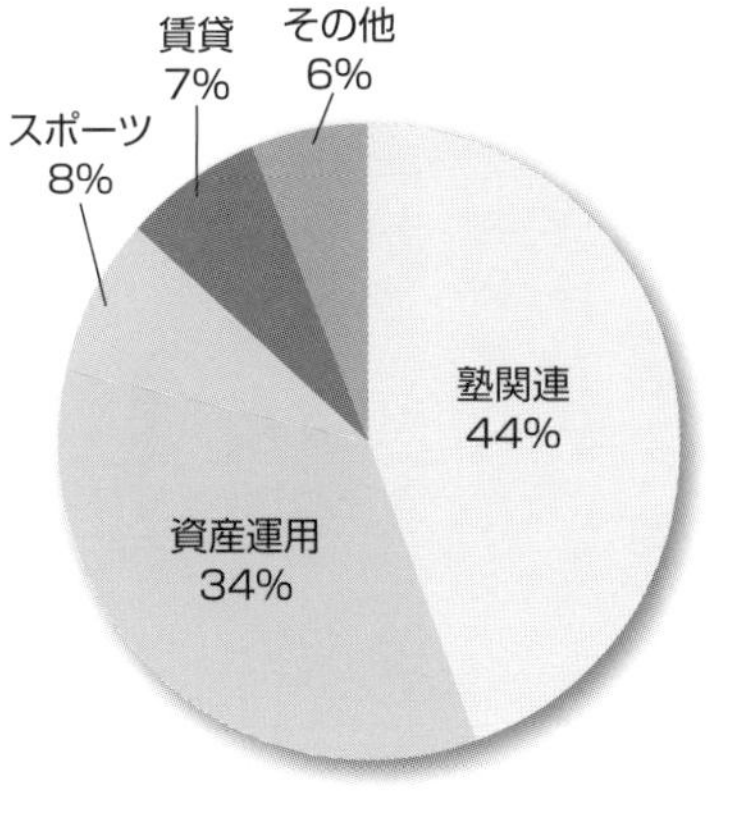


出所：進学会ホールディングスIR情報

◀進学会
http://www.shingakukai.co.jp

# 16 大阪地盤に集団・個別指導塾（成学社）

**大阪を地盤に集団指導塾と個別指導塾を展開しています。集団指導は「開成教育セミナー」、個別指導は「フリーステップ」を主力ブランドに展開し、関西圏だけでなく、東京にも進出しています。**

## 海外展開にも積極姿勢

大阪府を中心とした近畿圏で集団指導塾「**開成教育セミナー**」「**エール進学教室**」、それに個別指導塾「**フリーステップ**」を主力ブランドとして展開しています。「大学進学までの小中高一貫教育を基本とする学習塾」で、中学受験に特化した「開成ベガ」や、現役高校生を対象にした「開成ハイスクール」など、学力別クラス編成に基づいたコースも設けています。

二〇二〇年九月末の直営教室は、クラス指導（集団指導）が九五、個別指導が二二〇で、前期末比二教室の増加。直営教室は大阪、滋賀、兵庫、京都、奈良だけでなく、東京、埼玉、海外にも展開しています。グループ生徒数（二〇年九月末）は、クラス指導が前年比八・二％減の六八五六人、個別指導が同七・九％減の一万五七六二人となっています。

生徒数は、新型コロナウイルス感染拡大の影響による期初塾生数の厳しいスタートが響いています。とはいえ、個別指導、クラス指導部門とも徐々に回復しています。

海外展開にも積極姿勢を見せています。一九年一〇月にベトナムに子会社を設立し、幼稚園や日本語学校の経営に乗り出しています。同年一一月には韓国の子会社が、日本の有名大学への進学を目指す学生に特化した日本語学校を開校しています。

市場規模が縮小しているクラス指導形態は、不採算教室を閉鎖しコンパクトな運営体制とすることで収益改善を図っていく方針です。

## 成学社の売上高（連結）と営業利益の推移

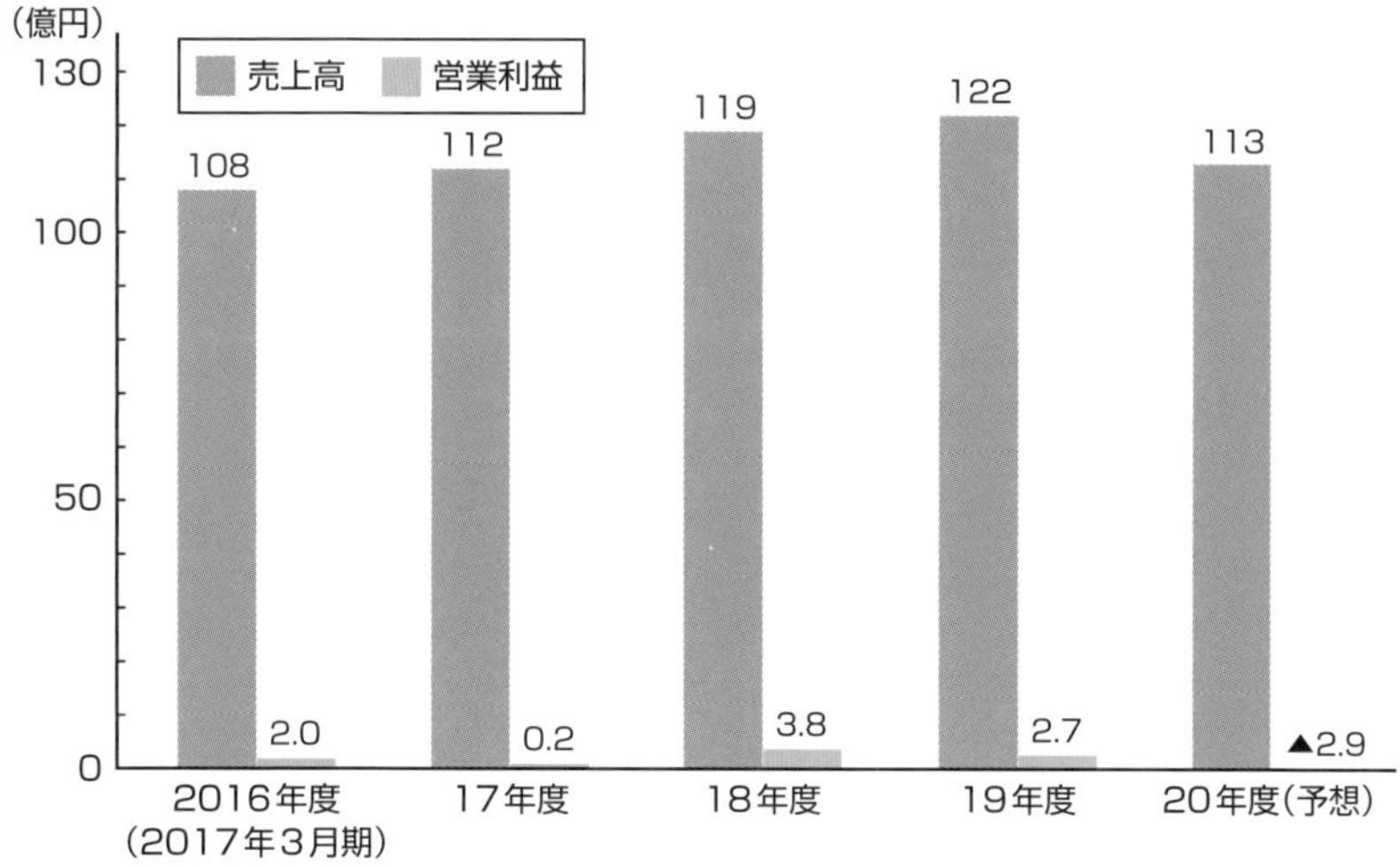


## 会社概要

| | |
|---|---|
| 社名 | （株）成学社 |
| 設立 | 1987年1月 |
| 本社 | 大阪市北区中崎西3-1-2 |
| 資本金 | 2億3510万円 |
| 社員数 | 748名／連結<br>（2020年9月） |
| グループ会社 | 子会社6社 |

## 事業別売上構成（2020年3月期）

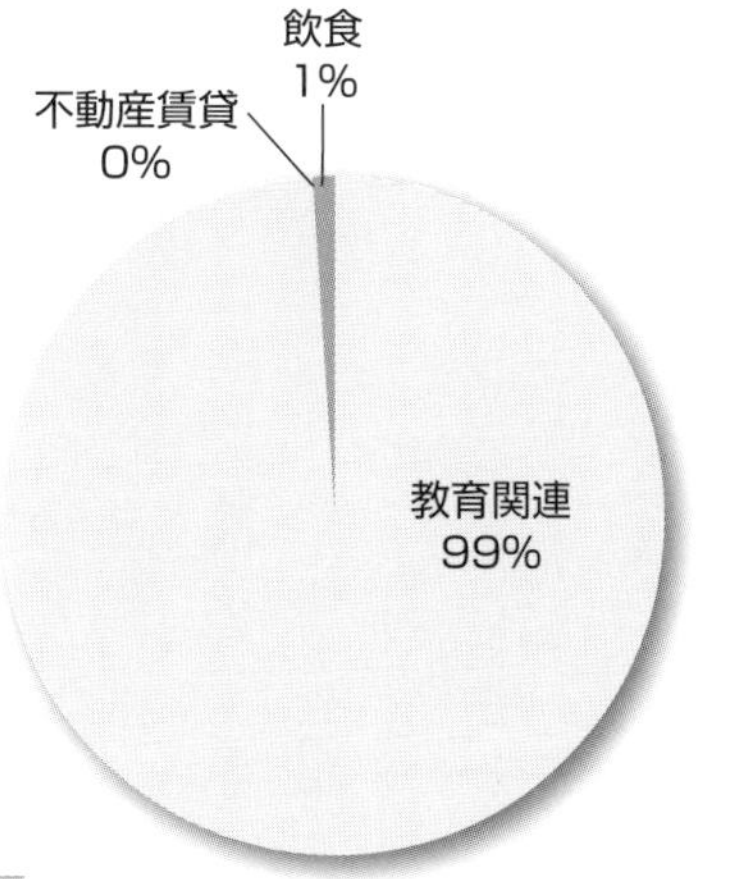


出所：成学社IR情報

◀成学社 開成教育グループ
http://www.kaisei-group.co.jp/

# 17 「明光義塾」を軸に展開（明光ネットワークジャパン）

**小中校生向け個別指導の補習塾「明光義塾」が中核事業です。FCを軸に全国展開し、教室数は四七都道府県で一八〇〇を超えています。予備校事業として、医系大学受験専門の「東京医進学院」も運営しています。**

## 明光義塾事業の再構築図る

小学生から大学受験までの全学年を対象にした個別指導の補習塾「**明光義塾**」が中核事業。直営・FCで展開し、全国四七都道府県で教室数は一八〇〇を超え、在籍生徒数も一〇万一〇〇〇人超を数えています。予備校事業として、医系大学受験専門の「**東京医進学院**」も運営しています。

同社は一九八四年、全学年を対象とした個別指導型学習塾の全国FC展開を目的にスタート。以来、「成績中位層を対象にした補習」を行う個別指導塾のパイオニアとして市場を牽引《けんいん》してきました。全国に教室展開している「明光義塾」は、その知名度の高さとブランド力が強みといってもいいでしょう。

事業領域の拡大を図るため、子ども対象のサッカースクール、高学力層向け個別指導塾「早稲田アカデミー個別進学館」、長時間預かり型学習塾「明光キッズ」などの事業も手がけています。

教育サービス業界では、教育とテクノロジーを融合させたエドテックと呼ばれるICT活用の教育サービスが急速に広がりを見せ、異業種からの新規参入の動きも活発化して企業間の差別化競争が激化しています。

こうした中で同社は、①明光義塾事業の再構築、②既存事業の拡大・強化、③新規事業の創出、④人材・組織改革という四つの戦略を打ち出しています。明光義塾事業の再構築では、授業品質・サービスレベルの向上に努め、成績アップを追求することなどを重点施策として取り組んでいく方針です。

## 明光ネットワークジャパンの売上高（連結）と営業利益の推移

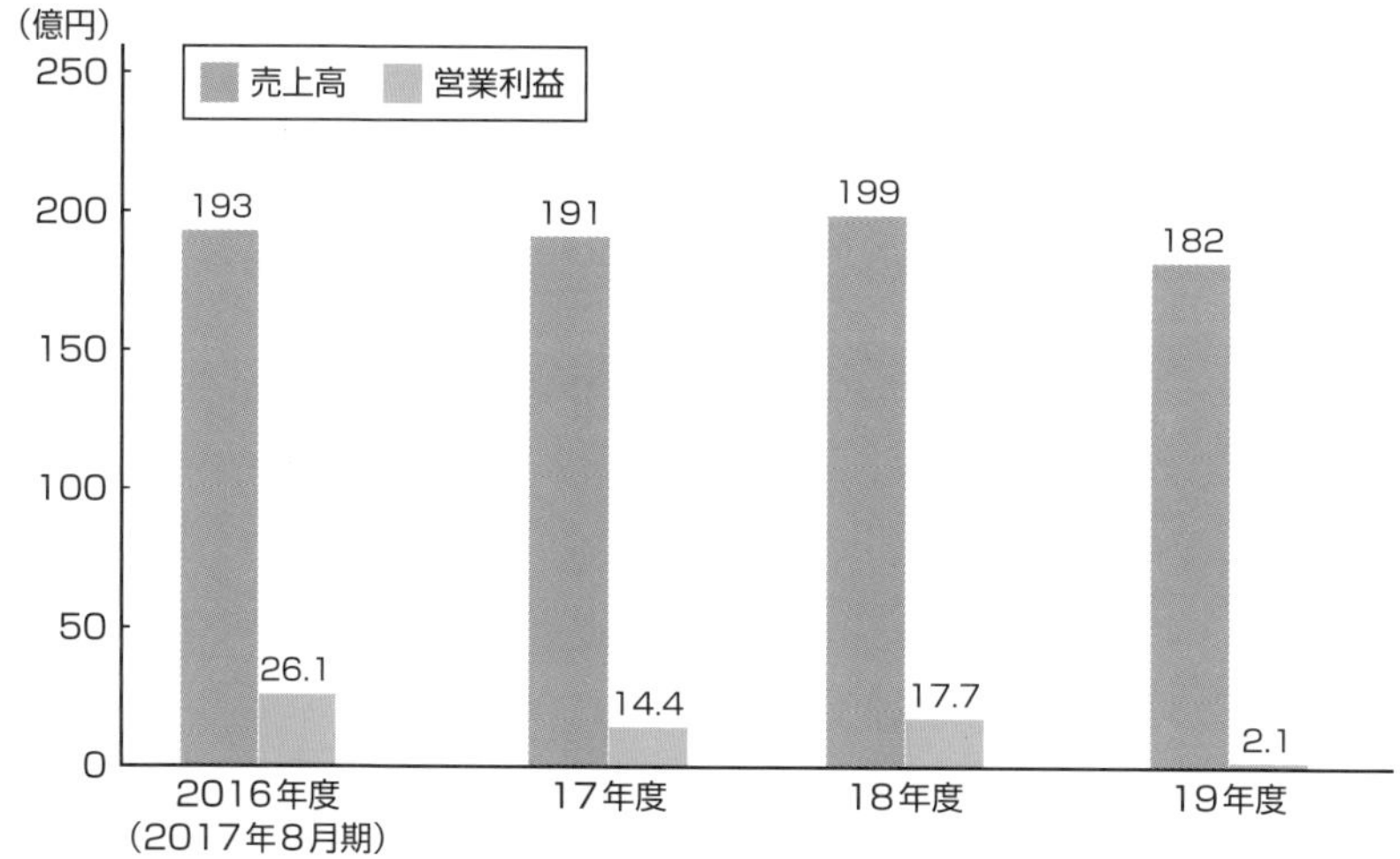


## 会社概要

| | |
|---|---|
| 社名 | （株）明光ネットワークジャパン |
| 設立 | 1984年9月 |
| 本社 | 東京都新宿区西新宿7-20-1 |
| 資本金 | 9億7251万円 |
| 社員数 | 939名／連結（2020年8月） |
| グループ会社 | 子会社7社／関連会社1社 |

## 事業別売上構成（2020年8月期）

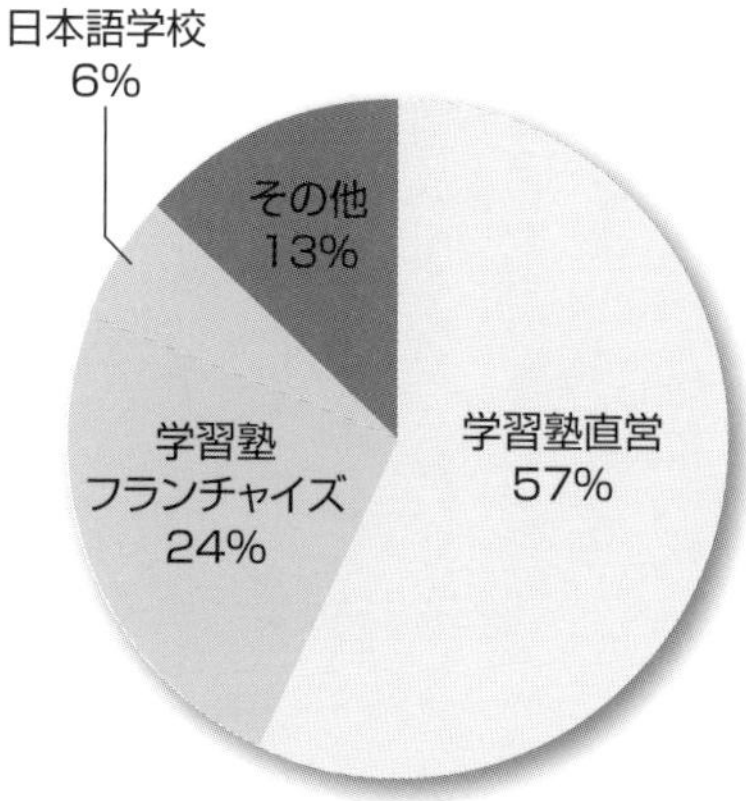


出所：明光ネットワークジャパンIR情報

◀明光ネットワークジャパン
http://www.meikonet.co.jp/

# 18 東京西部地盤に小中学生学習塾（学究社）

**東京西部を地盤に小中学生向け進学塾「ena」のほか、高校生向けや個別指導塾を展開し、受験情報サイトも運営。米国、カナダ、中国など海外にも日本人向けの進学塾を開設しています。**

## 新規開設は東部地域中心に

東京西部地域を中心に小中学生向け進学塾「ena*」を展開。高校生向けや個別指導塾のほか、受験情報サイトの運営も手がけています。設立は一九七六年一〇月。八五年には塾業界で初めて株式公開をしています。

八七年には米ニューヨーク校を開設し、海外進出に先鞭《せんべん》をつけています。カナダ、シンガポール、中国でも「ena」を運営。海外赴任者の子女を中心に、帰国後の受験対策指導を専門に行う塾も開校しています。

また、個別指導の「個別ena」、最難関中高受験指導の「ena最高水準」、難関私立中受験指導の「egg」、国私立小受験・国私立小中指導の「Céna」、看護医療系受験指導の「ena新セミ」、芸大・美大受験指導の「ena新美」、映像授業塾の「enastar」の運営を行っています。

新規校舎は、二〇一九年三月期に一四校、二〇年三月期に一一校（全ブランド）を展開しています。最近は、「ena」の出校エリアを東京の東部・北部地域に移し、そちらを中心に強化しています。「多摩地区を中心とした進学塾から都内全域を射程とするステージに飛躍していく段階に来たと判断したため」（同社）です。

全校舎にプロジェクターを配置し、映像による学校の試験対策を行うなど、新たな取り組みも始めています。二〇年の教育改革の不透明感から、私立中学・高校の需要が高まっている中で、enaのキャッチコピーを「都立専門」から「都立も私立も」に変更し、時代の要請に応えていく方針です。

**用語解説**
＊ena　教師陣が結実した教育網連合（Education Network Association）の頭文字をとって名付けた。

## 学究社の売上高（連結）と営業利益の推移

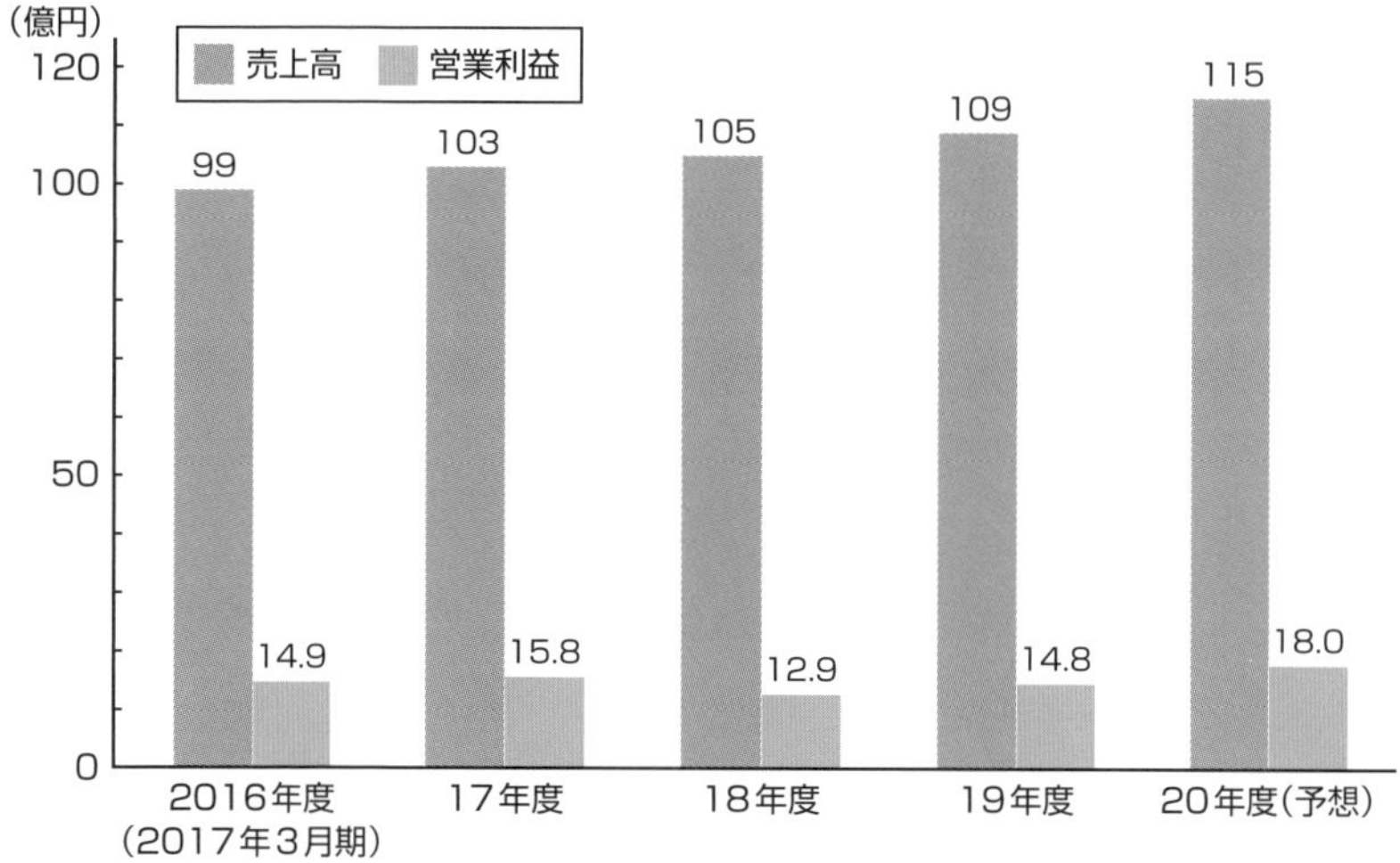


## 会社概要

| | |
|---|---|
| 社名 | （株）学究社 |
| 設立 | 1976年10月 |
| 本社 | 東京都渋谷区代々木1-12-8 |
| 資本金 | 12億1600万円 |
| 社員数 | 531名／連結<br>（2020年9月） |
| グループ会社 | 子会社7社／関連会社2社 |

## 事業別売上構成（2020年3月期）

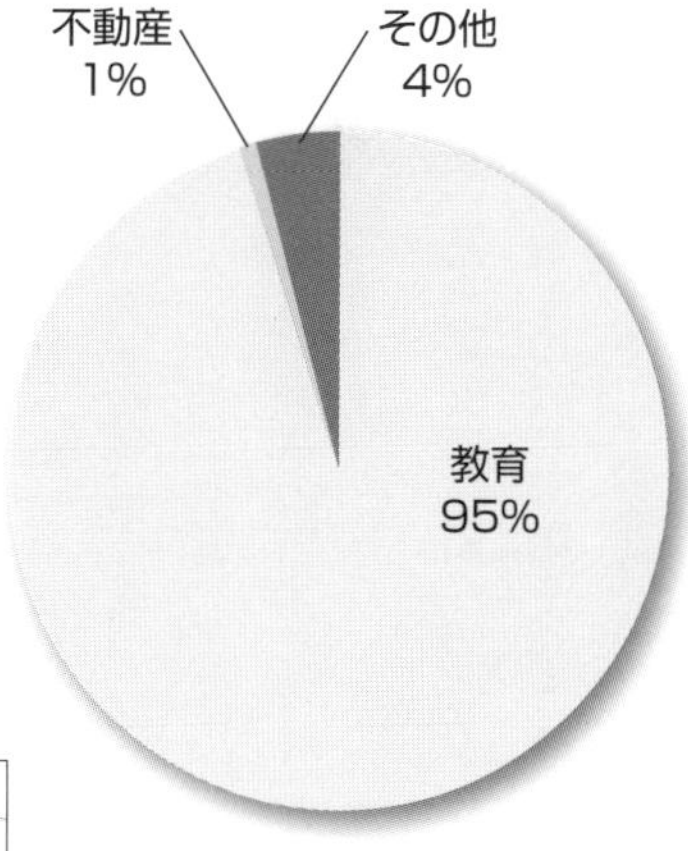


出所：学究社IR情報

◀学究社
http://www.gakkyusha.com/

# 19 鹿児島地盤で九州に展開の学習塾（昴《すばる》）

**鹿児島が最大の地盤で、宮崎、熊本、福岡にも教室を展開している学習塾です。中学生向け集団指導塾を主体に小学生や高校生向け、さらには個別指導塾にも力を入れて取り組んでいます。**

## 「東進衛星予備校」の運営も

鹿児島が最大の地盤で、宮崎、熊本、福岡にも教室を展開している学習塾です。教室数は約四三〇。中学生向け集団指導塾を主体に小学生や高校生向け、さらには個別指導塾にも力を入れています。

昴は、創業者である西村佳夫氏が鹿児島大学在学中に実家から送られてきた「りんご箱」で小さな学習塾を始めたことに端を発しています。一九六五年に「鶴丸予備校」として本格的な事業を始め、七二年七月に法人化。八四年の「受験ラサール」の開校を経て、九一年二月に昴に社名変更しています。

中核事業の中学生向けや個別指導は生徒数の伸び悩みで苦戦しているものの、二〇一六年二月期から鹿

鹿児島と宮崎で運営を始めた「東進衛星予備校」など高等部が堅調です。小学生向け「キッズくらぶ」など、コースの拡充によって受験学年以外の層の掘り起こし、潜在的通塾ニーズの発掘にも取り組んでいます。

将来の九州全域への事業展開を視野に入れ、福岡への進出に軸足を移しながら、沖縄を新たな挑戦の場として進出し、「引き続き地元鹿児島の経営基盤の充実に努めていく」方針。そのためには、「ブランド力の強化」「人材の育成」「経営の効率化促進」などが不可欠としています。

業績が一進一退で伸び悩んでいることは、少子化による地方学習塾の厳しさの一端を物語っています。競争も激化する中で、差別化戦略をいかに打ち出していくかが課題といえそうです。

## 4-19 鹿児島地盤で九州に展開の学習塾（昴）

### 昴の売上高と営業利益の推移

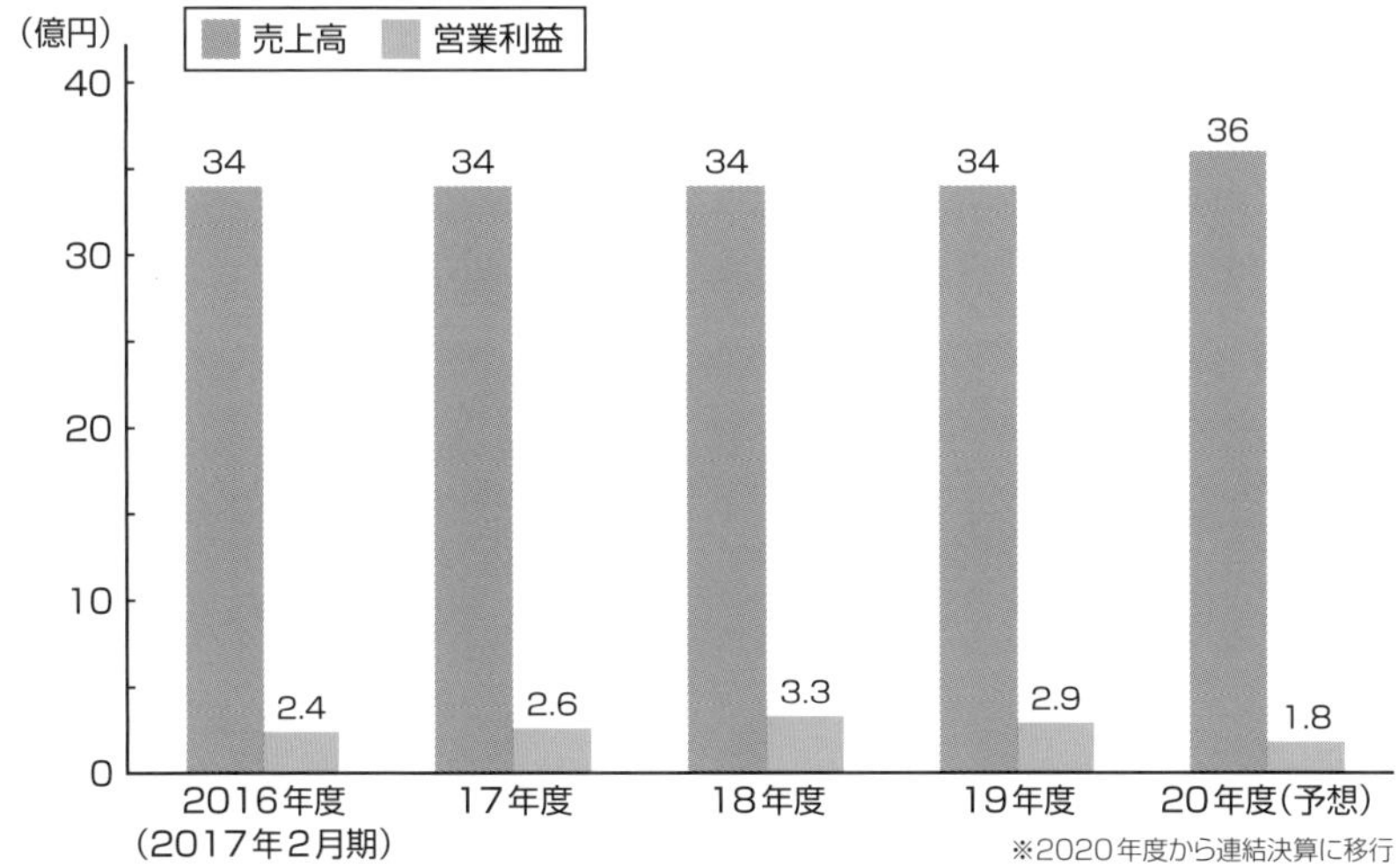


※2020年度から連結決算に移行

### 会社概要

| | |
|---|---|
| 社名 | （株）昴 |
| 設立 | 1972年7月 |
| 本社 | 鹿児島市加治屋町9-1 |
| 資本金 | 9億9075万円 |
| 社員数 | 328名／連結<br>（2020年8月） |
| グループ会社 | 子会社1社 |

### 事業別売上構成（2020年2月期）

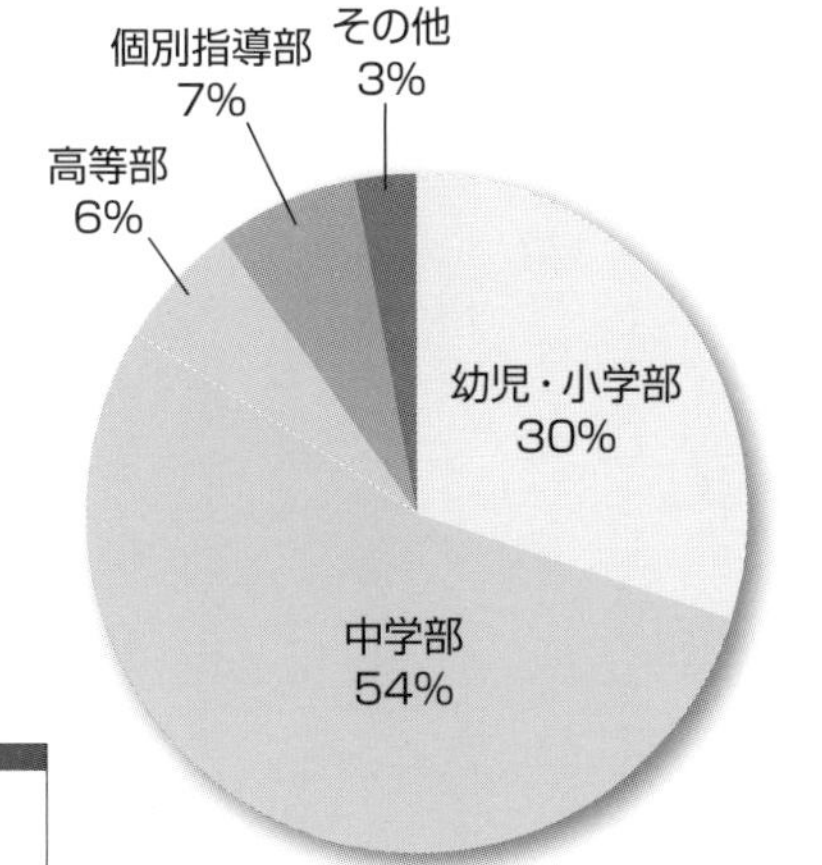


出所：昴IR情報

◀昴
http://www.subaru-net.com/

# 20 学校教育向けICT事業を展開（チエル）

**小学校から大学までの教育機関向けに特化して、ICTを活用したシステムやサービスを手がけています。講義支援システムや画像転送システム、eラーニングシステムが主力商品です。**

## 「GIGAスクール」が追い風に

二〇一六年三月、東京証券取引所ジャスダック市場に上場しました。旺文社が一九九七年に設立した子会社、デジタルインスティテュートが前身。〇六年一〇月、アルプス電気子会社の教育事業部門と統合し、誕生しました。「子どもたちの未来のために、世界中の先生の授業をICTで支える」が経営理念。社名のチエルは、「知を得る」（CHIeru）に由来しています。

教育ICT事業を手がけ、学習、進路、情報基盤の三つに区分。学習部門は、主に文教市場（小学校、中学校、高校、大学および専門学校）や企業向けに、授業・講義支援システム、デジタル教材の企画・開発・製造・販売を行っています。

高校・大学市場向けには、主に学内のLL（言語実習室）・PC教室や講義教室、アクティブ・ラーニング教室において活用される講義支援システムや画像転送システムなどを提供しています。

進路部門は、高校生の職業・進路選択に役立つ情報・サービスを提供。高等学校に対して、大学・短大・専門学校を集めた進学相談会の企画・実施や進学情報誌の企画・制作・配布を行っています。情報基盤部門では、文教市場や自治体向けに情報セキュリティ対策のソフトウェアや運用管理システムの企画・開発などを提供し、実績を積み上げています。

政府が公表した「GIGAスクール構想」によって、学校教育向けICT環境の整備がいっそう促進されるなど、同社の事業の弾みとなりそうです。

## チエルの売上高（連結）と営業利益の推移

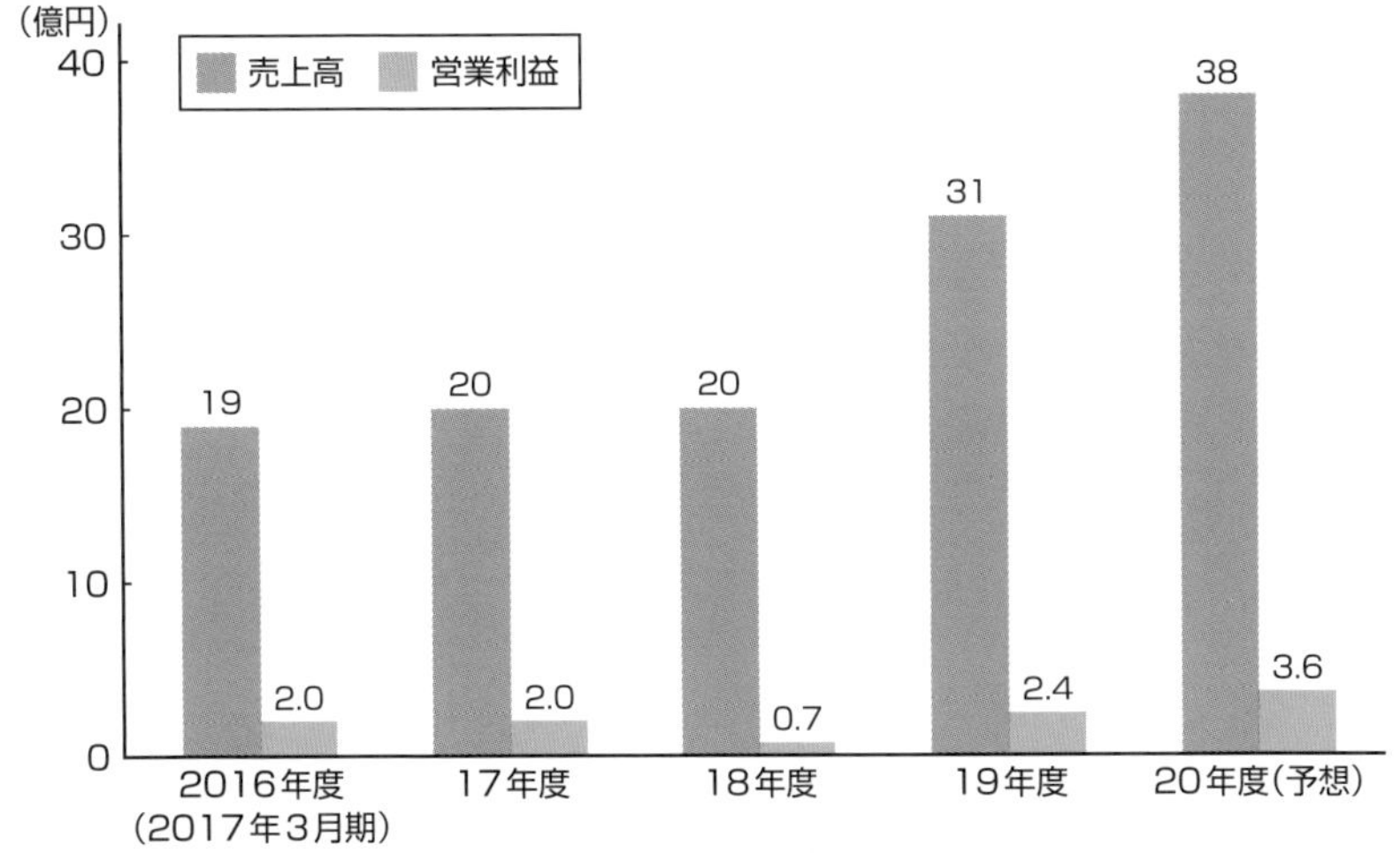


## 会社概要

| | |
|---|---|
| 社名 | チエル（株） |
| 設立 | 2006年10月 |
| 本社 | 東京都品川区東品川2-2-24 |
| 資本金 | 3億3300万円 |
| 社員数 | 165名／連結<br>（2020年9月） |
| グループ会社 | 子会社5社／関連会社3社 |

## 事業別売上構成（2020年3月期）

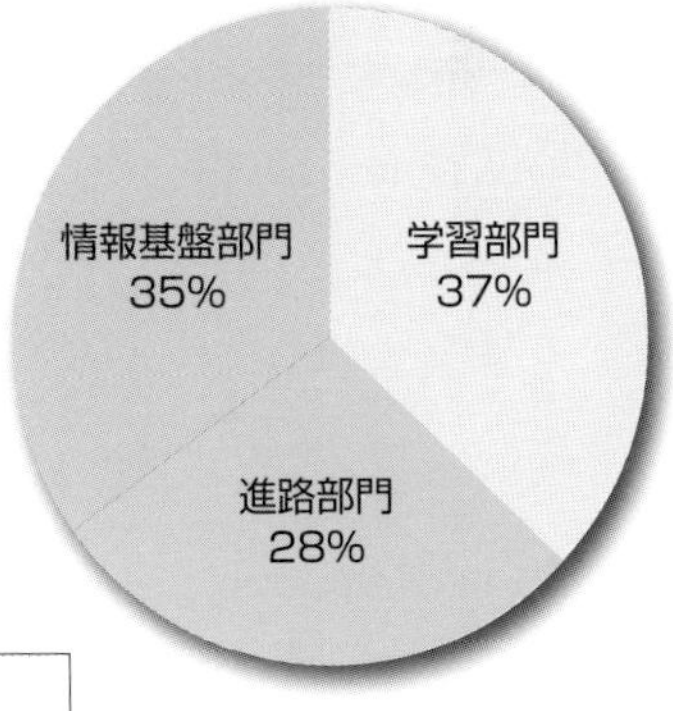


出所：チエルIR情報

◀チエル
http://www.chieru.co.jp

21

# 塾とサッカー教室(クリップコーポレーション)

**愛知を地盤に、小中学生向け学習塾と幼児から小学低学年向けのサッカー教室を二本柱に事業を展開。関西や関東にも進出しています。理科実験や野外体験授業、農業体験授業の実践にも取り組んでいます。**

## 教室数は横ばい傾向に

愛知を地盤に、小中学生向け学習塾と幼児から小学低学年向けのサッカー教室を二本柱に事業を展開。関西にも進出しているほか、東京、神奈川の関東でも教室を拡充しています。

学習塾は、「大量生産的な学習指導を避け、個別学習、個別指導、能力別指導、習熟の程度に応じた指導、選択式学習など、あらゆる学習指導の方法を探りながら、一人ひとりの能力や習熟度に応じた指導を実践している」のが特徴です。

二〇二〇年三月期末の教室数は一一四で、横ばい状況が続いています。二〇年三月期の平均生徒数は六六〇〇人で前期比二・七%減となっています。こうした中で、「体験と学習」を重視し、理科実験や野外体験授業、さらには農業体験授業の実践にも力を入れています。

サッカー教室は、「学力の向上だけでなく、体力や精神力、人間性などもしっかり育んでおくことが、未来を担っていく力になる」との考えから取り組んでいるものです。スクールの統廃合などで、サッカー教室の二〇年三月期の平均生徒数は七七八八人(前期比一・四%増)。「担当者の育成とコストの適正化に努め、利益回復を図っていく」のが課題となっています。

M&Aを企業グループ成長の手段の一つとして重視し、積極的な対応を図っていくことも明言しています。また、「学習塾とサッカー教室である程度の成長は見込めても、将来的には限界がある」として、新規事業の開拓にも意欲を見せています。

## クリップコーポレーションの売上高（連結）と営業利益の推移

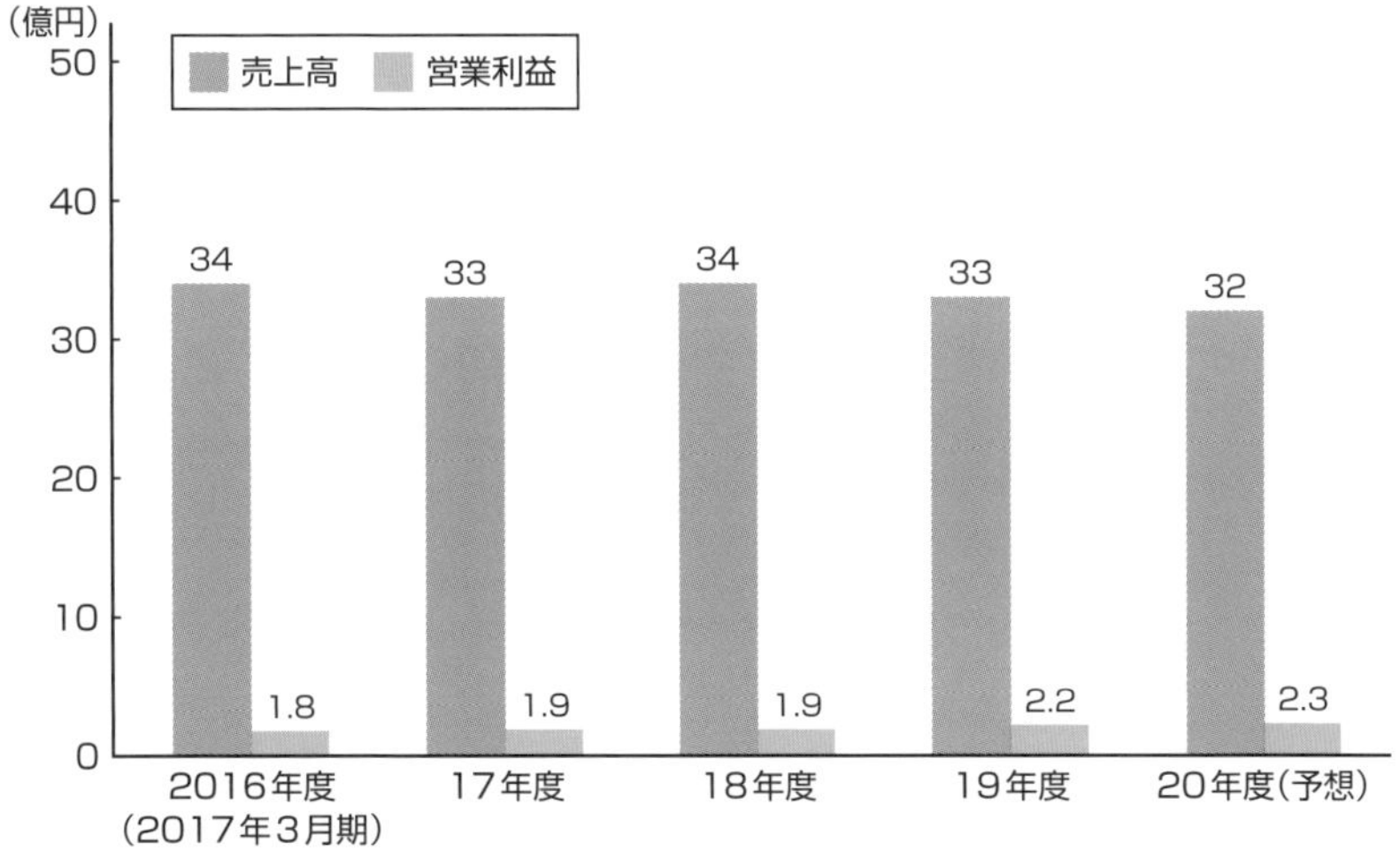


## 会社概要

| | |
|---|---|
| 社名 | (株) クリップコーポレーション |
| 設立 | 1981年5月 |
| 本社 | 名古屋市千種区内山3-18-10 |
| 資本金 | 2億1270万円 |
| 社員数 | 186名／連結<br>(2020年9月) |
| グループ会社 | 子会社7社／関連会社1社 |

## 事業別売上構成（2020年3月期）

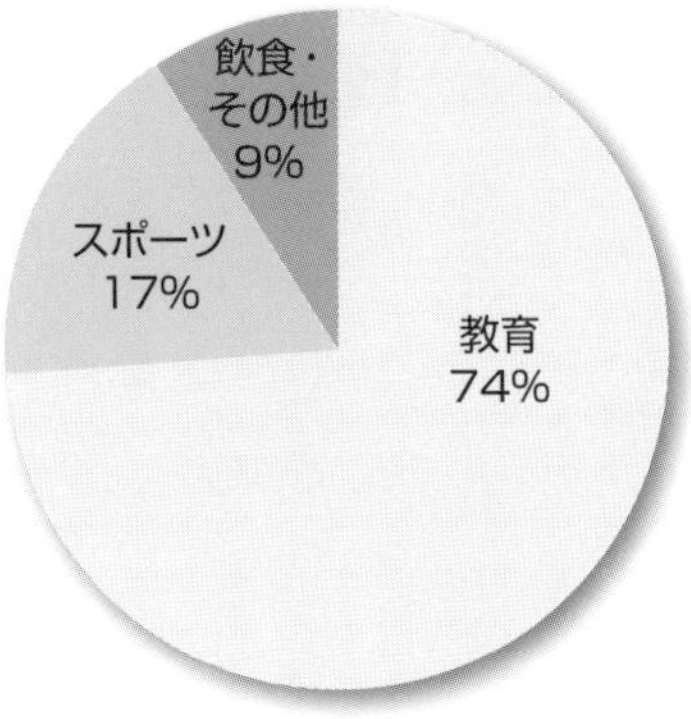


出所：クリップコーポレーションIR情報

◀クリップコーポレーション
http://www.clip-cor.co.jp/

# 22 会計など「資格の学校」大手（TAC）

個人教育と法人研修が二本柱。「資格の学校TAC」として手がけている資格講座は会計・経営・労務関係、金融関係、不動産関係、法律・公務員関係など四〇を超え、年間受講生は約二二万人に達しています。

## 中国・大連で企業研修も

会計、法律分野の「資格の学校」大手。個人教育と法人研修を二本柱に、出版や人材紹介事業も手がけています。設立は一九八〇年一二月で、公認会計士講座を皮切りに、日商簿記検定や税理士試験講座を開講。以後、情報処理技術者試験、宅地建物取引士、社会保険労務士、行政書士などの講座を相次いで開講し、現在、財務・会計、経営・税務、金融・不動産、法律、公務員・労務など四〇を超す講座を設けています。

「資格の学校TAC」としての個人教育事業は、連結売上高の約六割を占める主力部門。「通学・DVD講座」「DVD通信講座」「Web通信講座」などによって実施しています。二〇二〇年三月期は、主力の公認会計士や建築士、行政書士、教員などで前年を上回ったものの、公務員、税理士、中小企業診断士、司法試験、社会保険労務士は前年を下回りました。

法人研修事業では、資格取得や実務などの社員研修の実施、自己啓発講座の提供、専門学校や会計事務所などへの教材の提供、さらにはビジネススクール／大学内セミナーなども行っています。二〇年三月期は、年間を通して企業向け研修サービスの需要は堅調に推移。講座別では、FPが前年同期比六・〇％増、証券アナリストが一五・一％増などと人気を集めています。

年間の受講生は二二万人に上るため、入会登録業務などのオペレーションセンターを中国・大連に開設しているほか、二〇〇五年三月に設立の大連合弁会社を軸に日系企業の企業研修なども手がけています。

## 4-22 会計など「資格の学校」大手（TAC）

### TACの売上高（連結）と営業利益の推移

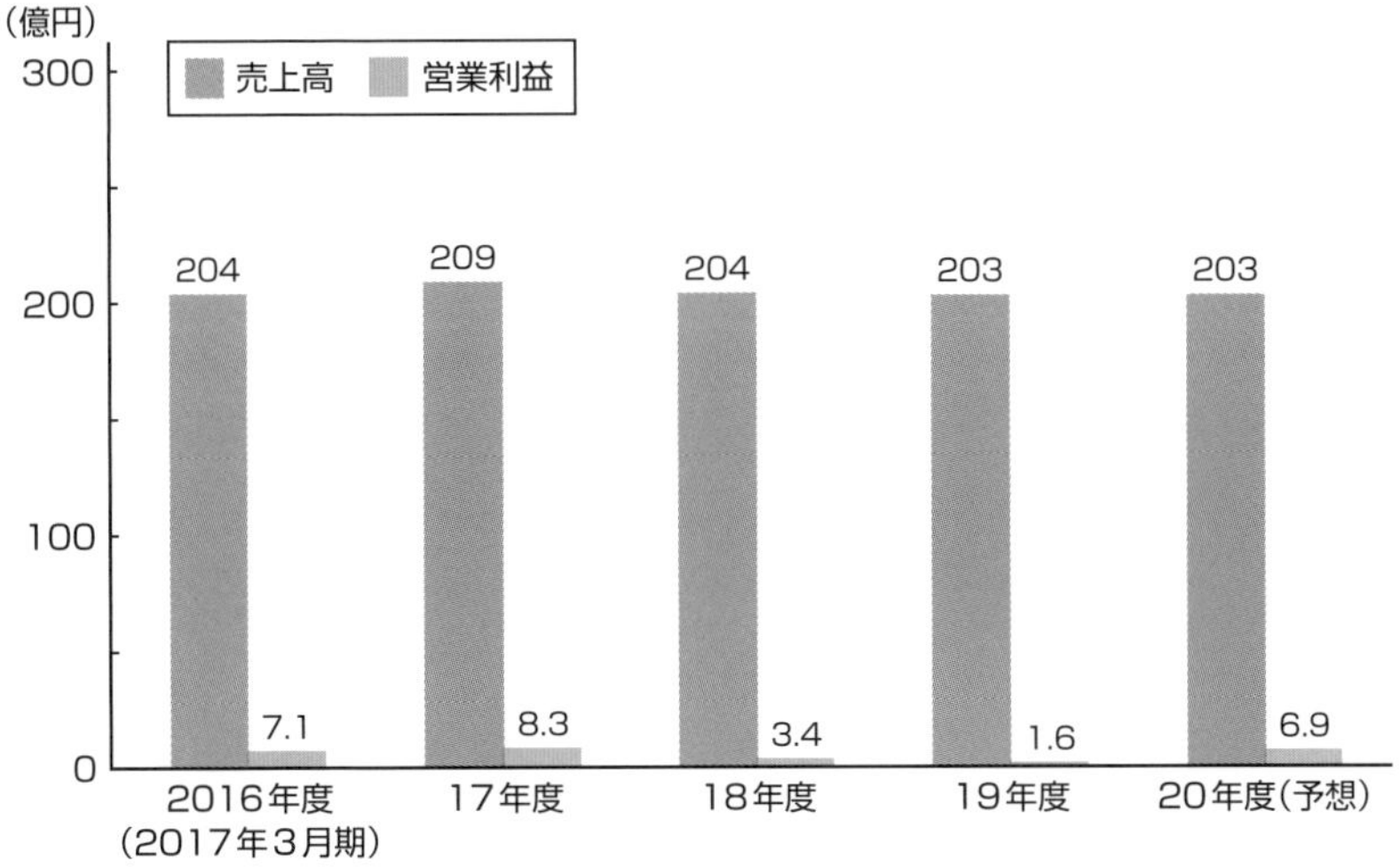


### 会社概要

| | |
|---|---|
| 社名 | TAC（株） |
| 設立 | 1980年12月 |
| 本社 | 東京都千代田区神田三崎町3-2-18 |
| 資本金 | 9億4020万円 |
| 社員数 | 571名／連結（2020年9月） |
| グループ会社 | 子会社9社／関連会社1社 |

### 事業別売上構成（2020年3月期）

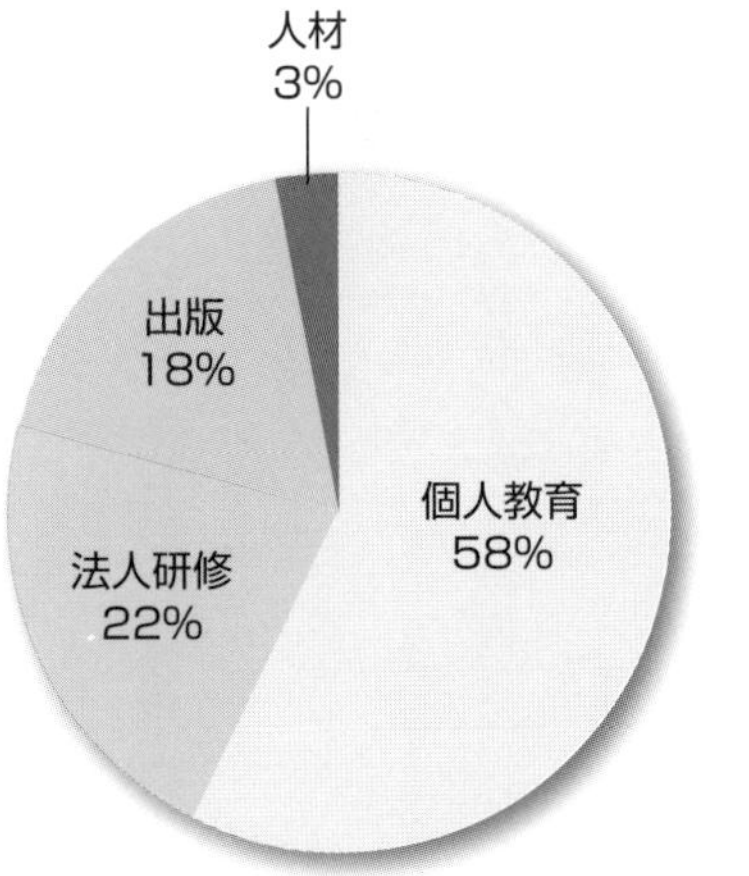


出所：TAC IR情報

◀ TAC
http://www.tac-school.co.jp/

# 23 医療事務講座から英語に参入（ニチイ学館）

**教育事業のウエイトは小さいものの、医療事務や介護関連の講座を主力に存在感を高めています。英会話スクールのCOCO塾事業は、二〇二〇年三月末で撤退しています。**

## MBO成立し上場廃止

医療事務受託の最大手ですが、医療・介護関連講座など教育事業も手がけています。医療関連、介護の二本柱が連結売上高で圧倒的なウエイトを占める中で、教育事業は三％程度。それでも、医療事務・介護職員初任者研修講座を主力に存在感を高めています。

医療・介護・保育の講座を持ち、全国約三〇〇教室での「通学」（対面型授業）、自宅学習する「通信」のほか、通信と通学を組み合わせた「通学＋通信」といった学習形態をそろえています。

医療では医療事務講座を始めとする医療関連講座、介護では介護職員初任者研修を始めとする介護関連講座、保育では保育系講座（ベビーシッター講座）などラインナップも充実しています。

二〇一一年二月にマンツーマン英会話レッスンのGABAを子会社化し、語学事業に参入。一二年四月から新ブランドの英会話スクール「COCO塾」を立ち上げ、全国展開を図りましたが、同事業は二〇年三月末に撤退しています。現在は、GABAによる「Gabaマンツーマン英会話」を提供し、受講生拡大に向けレッスンクオリティの向上や受講生サポートなどに取り組んでいます。

事業環境は厳しく、抜本的な改革を実行していく必要があるとの判断から、米投資ファンドと組んで実施したMBO（経営陣が参加する買収）が二〇年八月に成立。同社は上場廃止となり、既存事業の業務改善、構造改革を急ぐ方針です。

## ニチイ学館の売上高（連結）と営業利益の推移

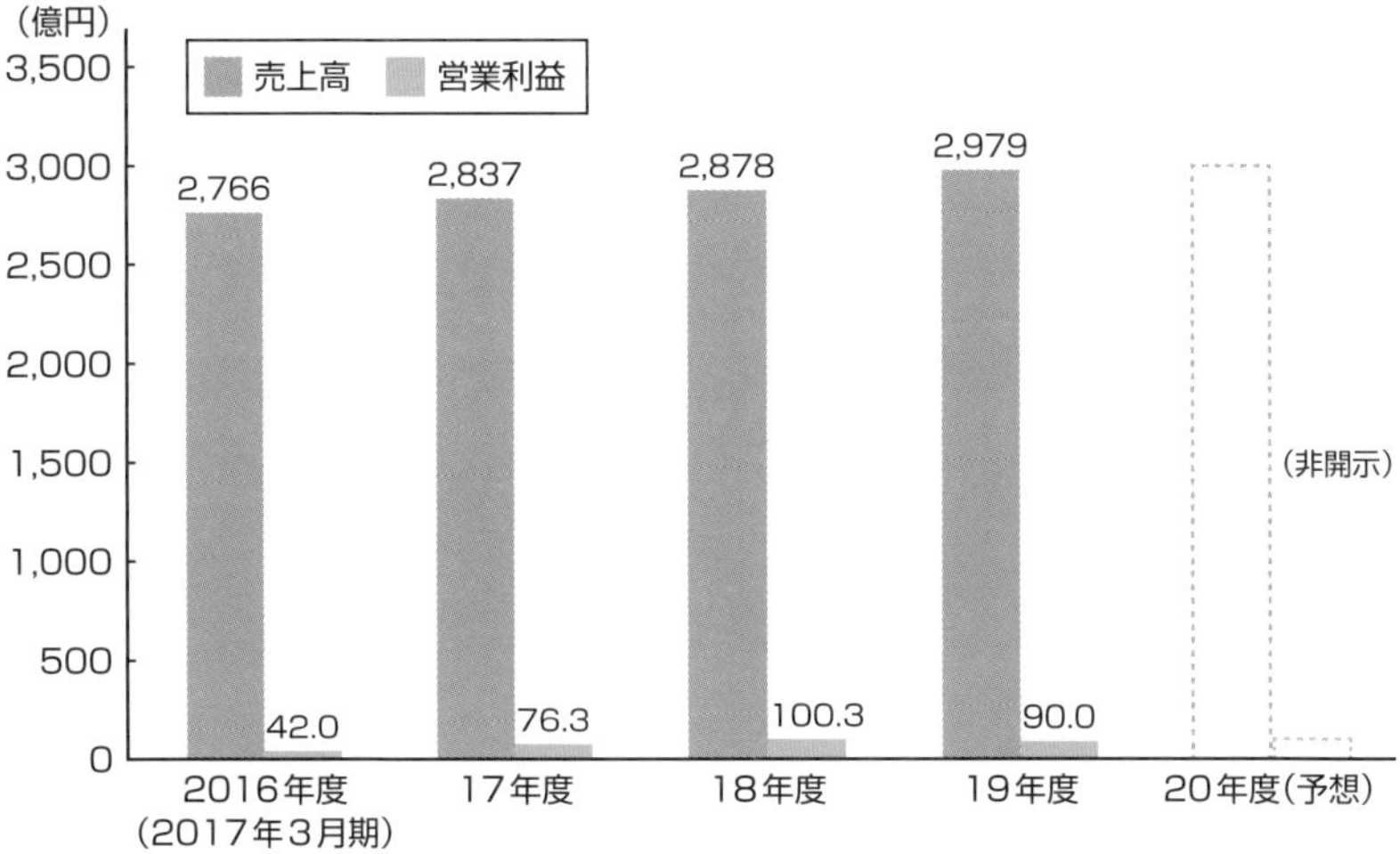


## 会社概要

| | |
|---|---|
| 社名 | （株）ニチイ学館 |
| 設立 | 1973年8月 |
| 本社 | 東京都千代田区神田駿河台2-9 |
| 資本金 | 119億3300万円 |
| 社員数 | 3万7,738名／連結（2020年3月） |
| グループ会社 | 子会社37社／関連会社2社 |

## 事業別売上構成（2020年3月期）

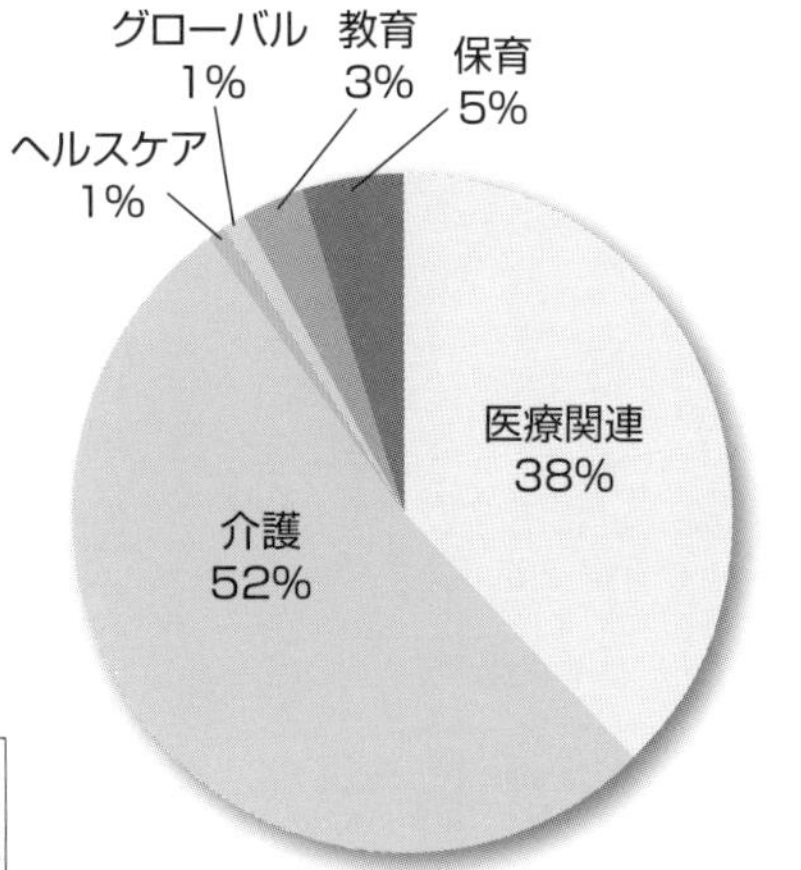


出所：ニチイ学館IR情報

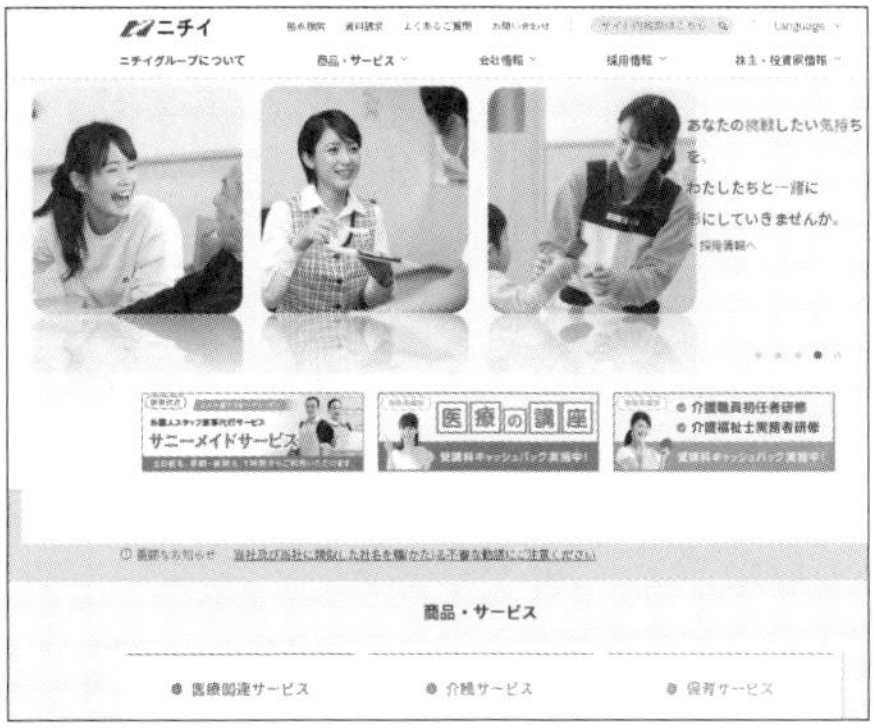


◀ニチイ学館 まなびネット
http://www.e-nichii.net/

# 24 幼稚園・保育園で体育指導（幼児活動研究会）

**全国の幼稚園や保育園での体育指導業務を中心に、読み・書き・計算・音楽・体操などを自学自習で教育する「YYプロジェクト」の普及で独自色を発揮。園経営のコンサルティングも展開しています。**

## YYプロジェクトで独自色

全国の私立幼稚園や私立保育園に通う子どもに対する体育指導業務を中心に、読み・書き・計算・音楽・体操などを自学自習で教育する「YYプロジェクト」を手がけ、独自色を発揮しています。

事業は、幼児体育指導関連とコンサルティング関連が二本柱。幼児体育指導関連は幼稚園や保育園、こども園の保育の一環として行う正課体育指導、幼児・児童を対象とした課外体育指導、保育所の経営が中心です。コンサルティング関連は、幼稚園や保育園、こども園に対する経営指導や運営指導を手がけています。こうした事業展開により、「高成長・高収益企業」の実現を目指し、持続的な売上成長を図る方針です。

**正課体育指導**＊の実施会場は、二〇二〇年三月末の一一七五園から一一園増加し、二〇年九月末は一一八六園。課外体育指導の実施会場数および会員数は、二〇年九月末で一一四一園六万三〇三三人。三月末に比べ、一園二五六四人の減少となっています。

少子化が進み、市場は縮小傾向にある一方で、「子どもの希少価値は高まり、高付加価値・高品位・高品質の商品やサービスが求められる」として、いっそうの事業拡大を図る考えです。

このため、正課体育指導では、高付加価値のサービスを開発・提供することで既存顧客の安定化と新規顧客開拓を推進。また、課外体育指導では各会場当たりの会員数の増員を図り、園児数に対する会員比率を高めていくことを最重要課題としています。

用語解説

＊**正課体育指導**　保育時間内に行う体育専門講師による体育指導。

## 4-24　幼稚園・保育園で体育指導（幼児活動研究会）

### 幼児活動研究会の売上高と営業利益の推移

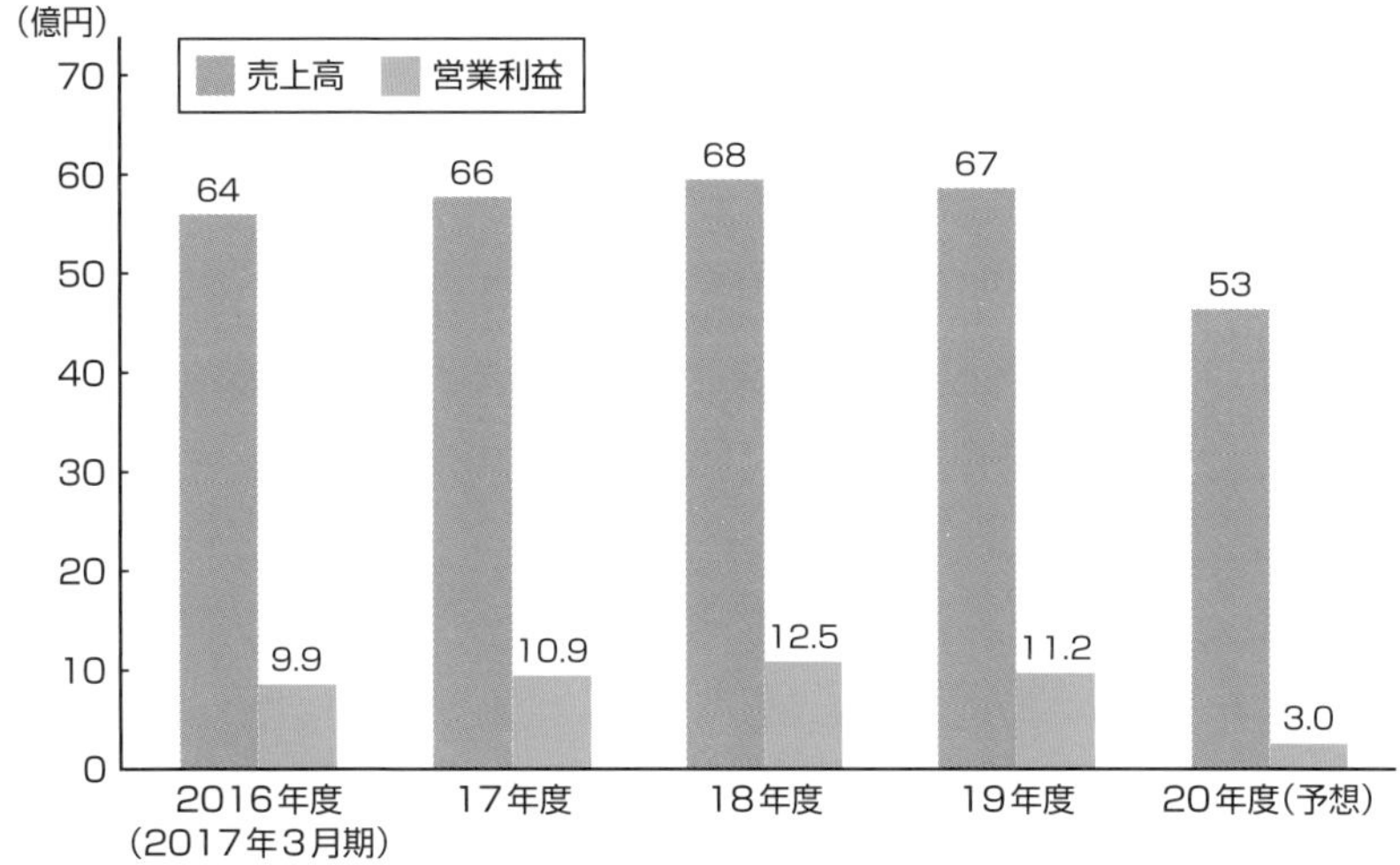


### 会社概要

| | |
|---|---|
| 社名 | 幼児活動研究会（株） |
| 設立 | 1972年9月 |
| 本社 | 東京都品川区西五反田2-11-17 |
| 資本金 | 5億1300万円 |
| 社員数 | 563名／連結（2020年9月） |

### 事業別売上構成（2020年3月期）

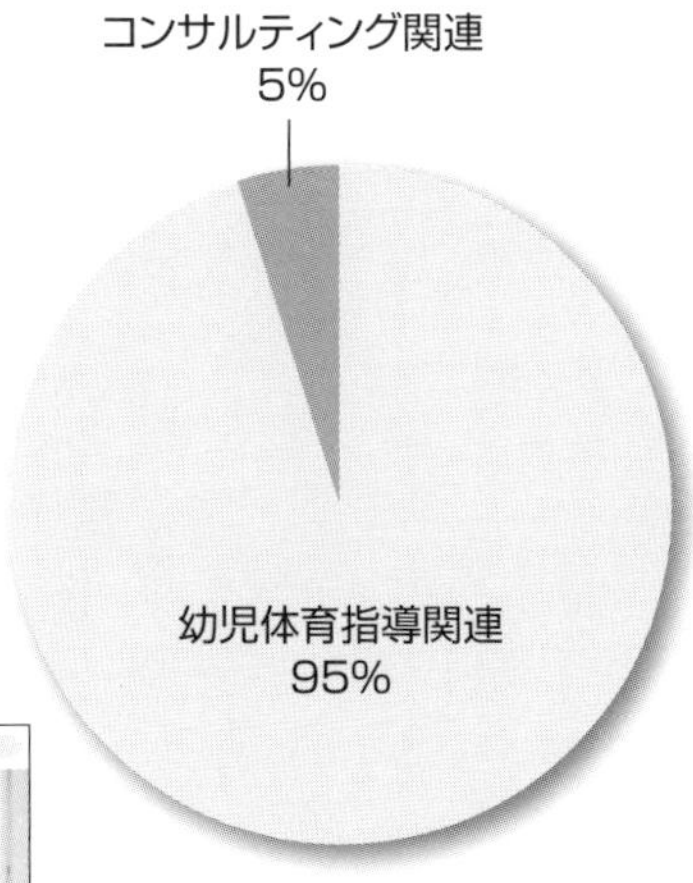


出所：幼児活動研究会IR情報

◀幼児活動研究会
http://www.youji.co.jp/

# 25 オンライン英会話の最大手（レアジョブ）

**スカイプを利用してマンツーマンの英会話レッスンを低価格で提供するオンライン英会話の最大手です。低価格でのレッスンを提供し、学生向け英会話市場の拡大に対応するなど事業強化を図っています。**

## 成果保証型コースを提供

オンライン英会話の最大手です。無料のインターネット通話ソフト「スカイプ＊（Skype）」を使用してマンツーマンの英会話レッスンを低価格で提供。フィリピン在住のフィリピン人講師と利用者との遠隔レッスン方式で展開しています。

設立は二〇〇七年一〇月。〇九年には法人向けのサービスも始め、既存導入数は一五〇〇社以上を数えています。一四年にはリクルートライフスタイルと業務提携し、「レアジョブ英会話リクルート校」を開校しています。また、一五年七月には三井物産と提携し、同社の顧客基盤を活用した企業や学校法人とのアライアンスを促進。さらにブラジルでのサービス提供など海外展開も強化しています。

グローバル化に対応した文部科学省の英語教育改革を受けて、英語四技能（聞く・話す・読む・書く）を評価する資格・検定試験の活用が決まるなど、学校や塾での英語学習ニーズは一段と高まりを見せています。こうした中で、一六年二月には増進会ホールディングス（Z会グループ）と提携、Z会グループの通信教育・学習塾の顧客に対するオンライン英会話の提供などにも取り組んでいます。

英会話市場では、確実に成果を求める「ビジネス」や「学生向け」英会話のニーズが広がりつつあります。これに対して同社は、成果保証型のサービスである「スマートメソッドコース」の提供を始めるなど、サービスの品質向上に取り組んでいます。

用語解説

＊**スカイプ**　マイクロソフト社が提供するインターネット電話サービス。

## レアジョブの売上高（連結）と営業利益の推移

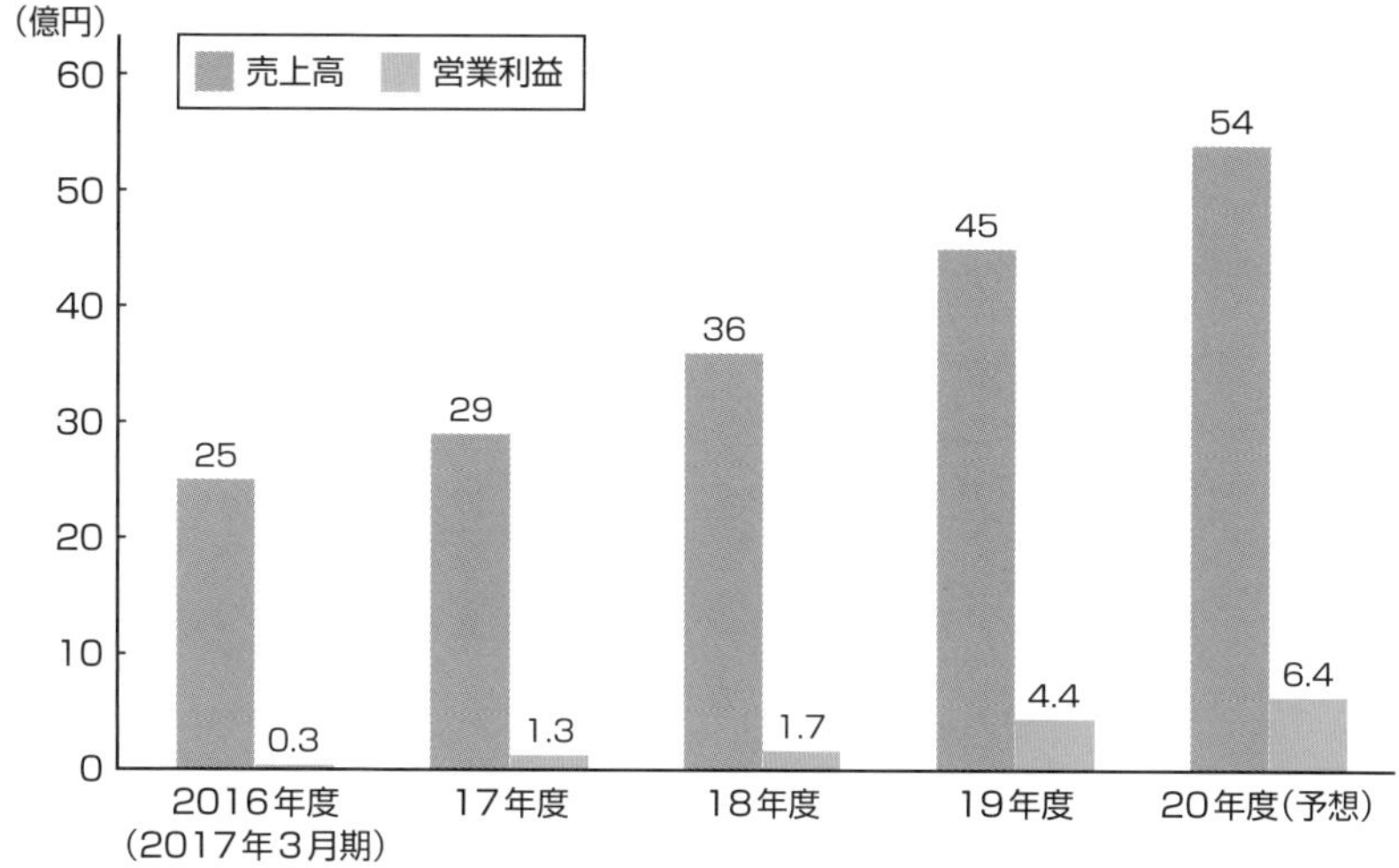


## 会社概要

| | |
|---|---|
| 社名 | （株）レアジョブ |
| 設立 | 2007年10月 |
| 本社 | 東京都渋谷区神宮前6-27-8 |
| 資本金 | 5億7300万円 |
| 社員数 | 731名／連結<br>（2020年3月） |
| グループ会社 | 子会社6社／関連会社1社 |

## 事業別売上高（2020年3月期）

出所：レアジョブIR情報

◀レアジョブ
http://www.rarejob.com

# 26 発達障がいの児童対象に支援（ＬＩＴＡＬＩＣＯ）

**精神障がい者や発達障がい者を対象にした就労支援と学習支援サービスを中核に、プログラミング教室も手がけています。拠点の新規開設も進み、全国に二二〇超を数えています。**

## 全国に二二〇超拠点を開設

精神障がい者や発達障がい者を対象にした就労支援サービスと学習支援事業を中核に、プログラミング教室も手がけています。社名のＬＩＴＡＬＩＣＯ（りたりこ）は、日本語の利他と利己を組み合わせた造語で、「関わる人を幸せにすることが自分たちの幸せにつながる」という理念を表現した言葉です。

設立は二〇〇五年一二月。「障がいのない社会をつくる」というビジョンを掲げ、「社会の側に人々の多様な生き方を実現するサービスや技術があれば、障がいはなくしていける。障がいは人ではなく、社会の側にある」（長谷川敦弥社長）との考えのもとに事業を推進しています。

事業は、就労支援を柱としたワークス、児童発達支援や放課後等デイサービスなどを盛り込んだジュニアを二本柱に、プログラミングやロボットなどのモノづくりを通じた教育提供事業にも取り組んでいます。こうした事業で全国に二二二拠点（二〇年九月末時点）を開設しています。

今後の課題として、①インターネットプラットフォームの実現、②既存の店舗サービスの安定的な出店拡大、③サービス提供範囲の拡大と収益源の多角化、④人材採用と育成、⑤知名度の向上、広告宣伝の強化、⑥事業基盤の強化などを挙げています。また、コロナ禍への対応として、オンラインを活用した授業提供にも取り組む方針です。

## LITALICOの売上高（連結）と営業利益の推移

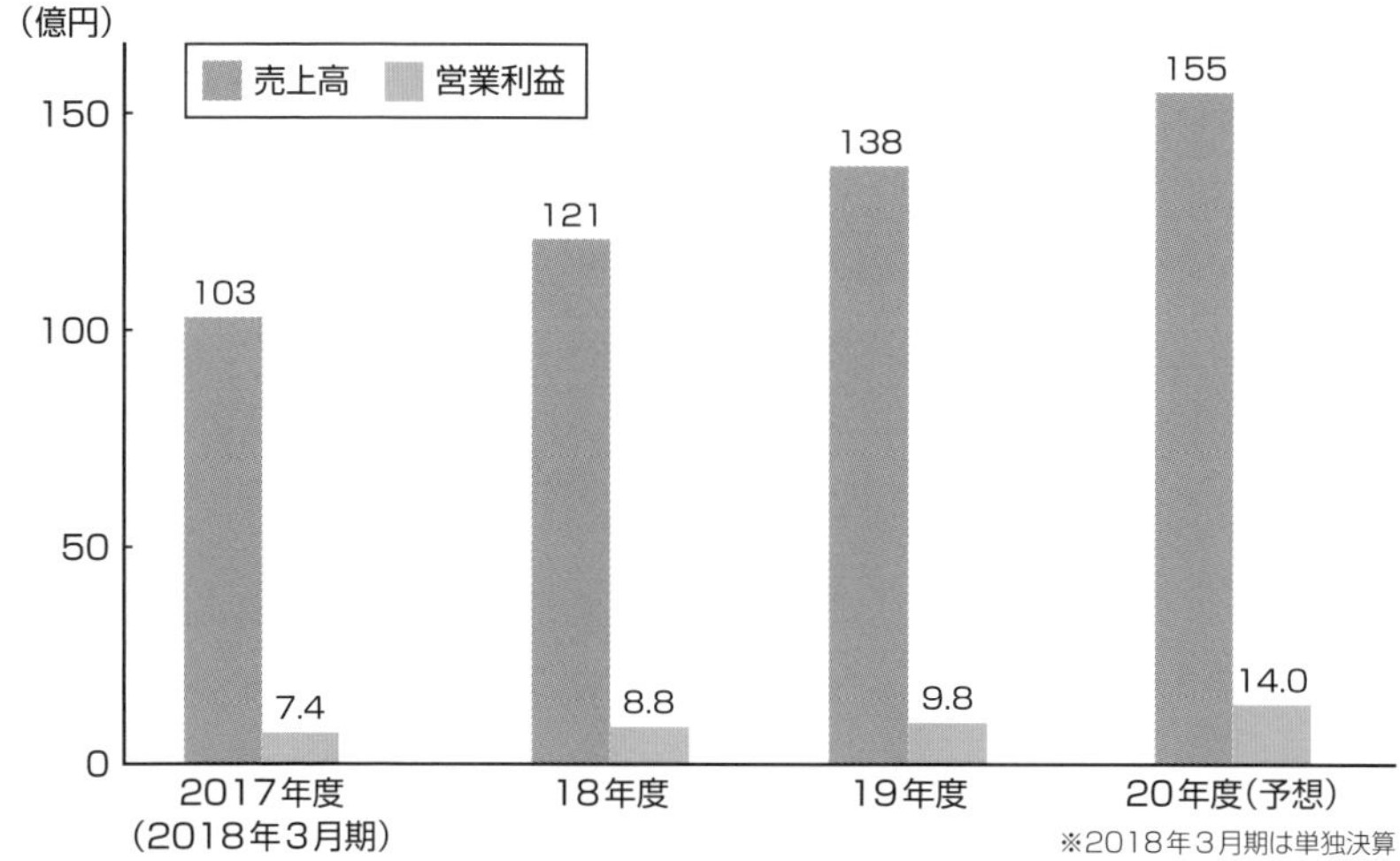


※2018年3月期は単独決算

## 会社概要

| | |
|---|---|
| 社名 | (株)LITALICO |
| 設立 | 2005年12月 |
| 本社 | 東京都目黒区上目黒2-1-1 |
| 資本金 | 3億7400万円 |
| 社員数 | 2,111名／連結<br>(2020年9月) |
| グループ会社 | 子会社1社／関連会社1社 |

## 事業別売上構成（2020年3月期）

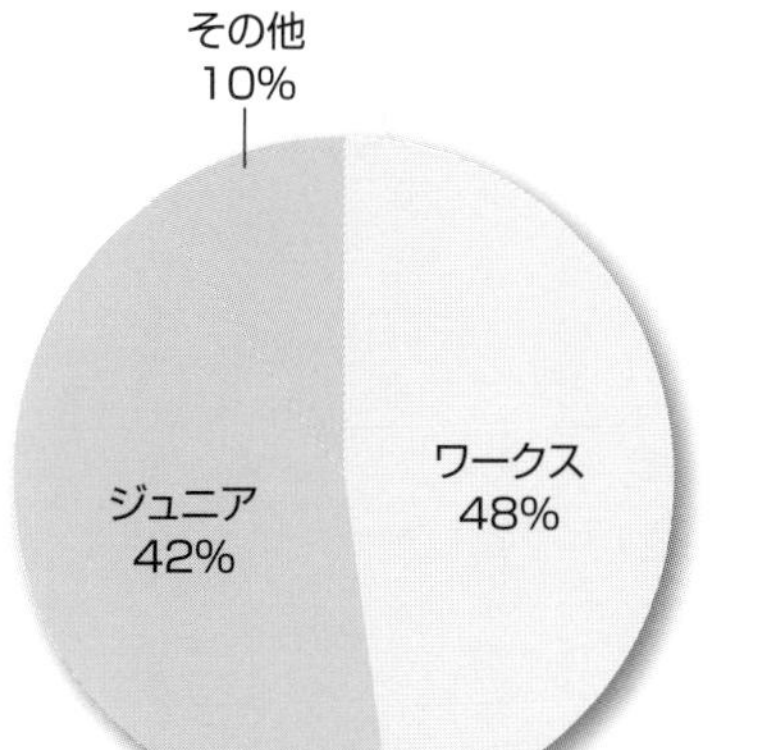


出所：LITALICO IR情報

◀ LITALICO
http://www.litalico.co.jp

# 27 対話式ICT教材を塾や学校に提供（すららネット）

アダプティブな対話式ICT教材「すらら」を国内外の塾や学校、個人に提供しています。発達障がいや学習障がい、不登校、経済的困窮世帯を含む生徒に学習の機会を提供することで成長を続けています。

## 全国二〇〇〇校超に導入広がる

「教育に変革を、子どもたちに生きる力を。」を企業理念に、低学力の子どもにも適応する対話式ICT教材「すらら」を塾や学校、個人に提供しています。全国の有名私立中高や大手塾での活用が広がる一方で、発達障がいや学習障がい、不登校などの生徒に学習の機会を提供することで成長を続けています。

設立は二〇〇八年八月。eラーニングによる教育サービスの提供や運用支援などを目的としてスタートしました。一一年一二月にオンライン学習教材「すらら」の販売を開始し、一三年六月に「すらら」のアダプティブラーニング機能で特許を取得しています。

同機能は、生徒の解答結果から苦手部分を分析・特定し、生徒の理解度に合わせて学習すべき解説や問題を提示することで、学習者が苦手を自分で克服できるよう設計されているのが特徴です。

一七年五月に凸版印刷と資本提携し、一七年一二月には東京証券取引所マザーズ市場に株式上場しています。一九年八月に「すらら」の導入校数が全国一〇〇〇校を突破、海外を含めて二〇〇〇校を超す塾や学校に導入が進んでいます。利用者数は約二三万人に及んでいます。

湯野川孝彦社長は、「『塾に通う』『先生に教わる』『高い料金を支払う』という前提を根本から見直し、『安価に』『自宅で自学自習』、だけど『先生や他の生徒ともつながれる』というまったく新しい学習スタイルを提供していく」と強調しています。

## 4-27 対話式ICT教材を塾や学校に提供（すららネット）

### すららネットの売上高と営業利益の推移

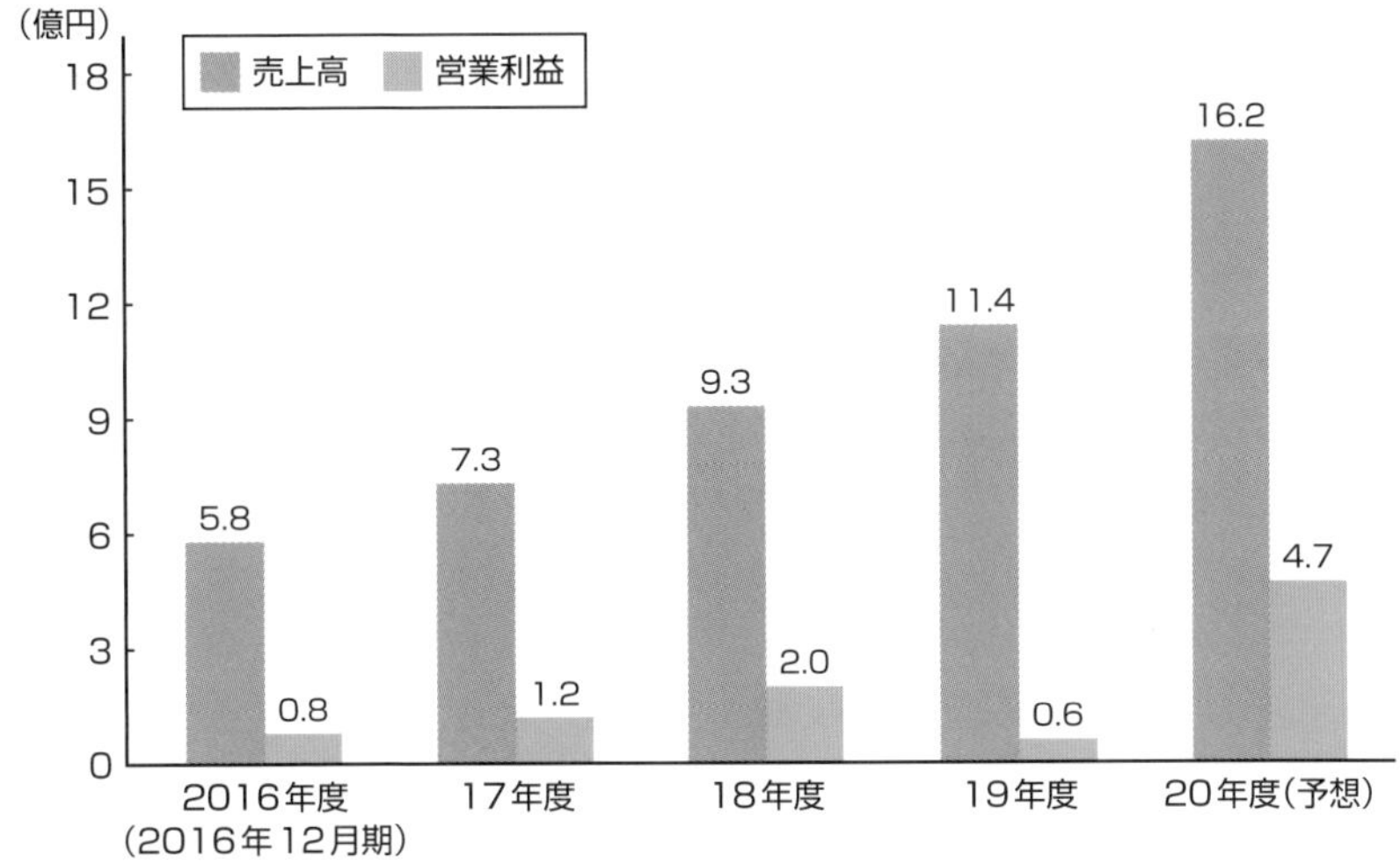


### 会社概要

| | |
|---|---|
| 社名 | （株）すららネット |
| 設立 | 2008年8月 |
| 本社 | 東京都千代田区内神田<br>1-13-1 |
| 資本金 | 2億8200万円 |
| 社員数 | 51名（2020年9月） |

### 事業別売上構成（2019年12月期）

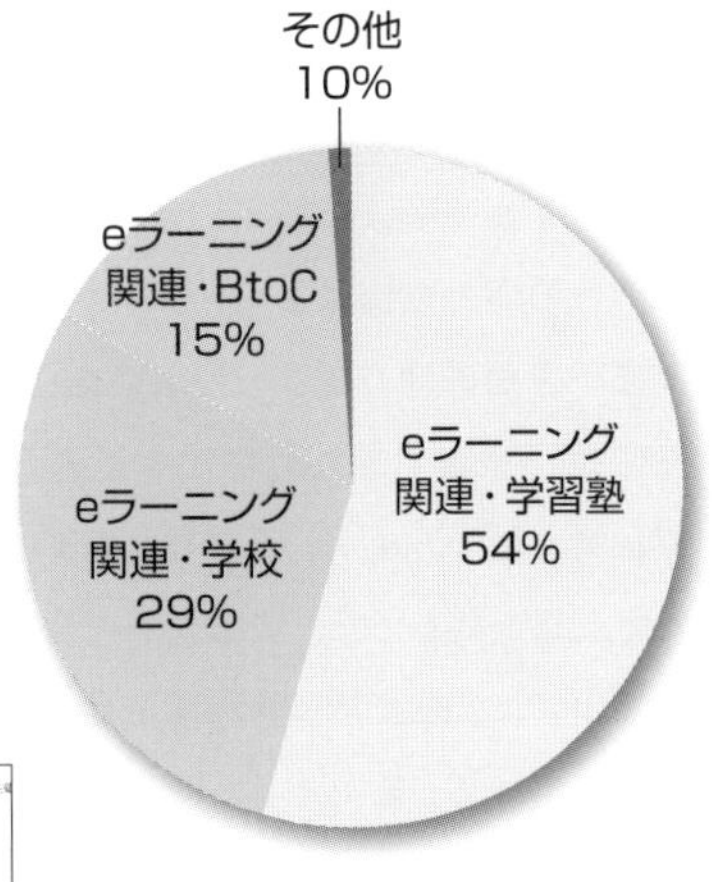


出所：すららネットIR情報

◀すららネット
https://www.surala.jp

column

# いまや世界の「KUMON」になった公文式学習法

未上場企業ですが、教育サービス業界にあって独自の地位を築いているのが公文教育研究会です。同社についても紹介しておくことにしましょう。1958年７月に大阪数学研究会を創立したのが始まりで、62年8月に有限会社大阪数学研究会を設立し、本格的な事業を展開しています。創立25周年を迎えた83年4月に株式会社公文教育研究会に社名を変更しています。

国内では全国65カ所（2020年12月現在）を拠点として、１万6100（20年3月現在）の公文式教室（算数・数学、英語、国語）を全国でフランチャイズ展開しています。学習者は幼児から社会人まで幅広く、0～3歳児の乳幼児教育や障がい児教育にも取り組んでいます。

「公文式学習」は、一斉授業は行わず、一人ひとりが自分に与えられた教材を自分で読み、考え、解き進んでいく「自学学習」形式。年齢や学年にとらわれず、一人ひとりの学力に応じた「ちょうどの学習」を、週2回は教室で、その他の日は家庭で行うというスタイルを特徴にしています。

同社の海外進出は古く、74年１月に米ニューヨークに初めて算数教室を開設したことまでさかのぼります。とはいえ、この教室は、国内で公文式を学んでいた子どもの母親が、「家族で海外駐在するに当たり、どうしても公文式を続けたい」として、自身で教室を開いたもの。その後、88年に米国アラバマ州の公立小学校で公文式が採用されて反響を呼び、いまでは全米で25万人以上が公文式で学んでいるそうです。

公文式は、日本の学習指導要領を考慮していない普遍的な基礎教育であることも大きな特徴です。海外でも、進出先の教育内容や教育事情を反映する必要もなく、普及させやすいという利点があります。使われる教材は日本とまったく同じで言語が異なるだけ。海外普及は進み、いまでは日本を除く世界56カ国に8800教室（20年3月現在）を数え、生徒数は247万人。いまや、世界の「KUMON」に成長しているといっても過言ではありません。

第5章

# 教育サービス業界の課題と展望

少子化の影響を余儀なくされている教育サービス（ビジネス）業界。とりわけ、学習塾・予備校業界は生徒の獲得競争も激化し、再編が一段と進むことになりそうです。とはいえ、新たな需要を開拓し、活路を開こうとする動きも活発です。「課題と展望」にスポットを当ててみました。

# 1 学習塾業界の課題と対処策①

教育ビジネス市場で最も大きなウエイトを占めるのが学習塾業界です。少子化やコロナ禍の中で、業界が抱える課題や対処策を学習塾大手のナガセと早稲田アカデミーの有価証券報告書から探ってみました。

## 新たな教育手法を開発へ

学習塾業界は、長期にわたる出生率低下による学齢人口減少すなわち市場縮小への対応を余儀なくされています。加えて、大学入試制度の見直しや英語教育の抜本的な改革など多方面に及ぶ教育改革の進行は、今後の民間教育機関のあり方に大きな影響を与えることは間違いありません。さらに、新型コロナウイルスの打撃を受けていることも見逃せません。

そうした中で、学習塾業界はどのような課題を抱え、どう対処しようとしているのでしょうか。業界各社の有価証券報告書をもとに課題と対応策などを探ってみました。

### ●ナガセ

〈課題〉

グループの教育目標である「独立自尊の社会・世界に貢献する人財の育成」の実現に取り組み、引き続き高品質の教育を提供していくこと。

〈対処策(抜粋)〉

・東進ハイスクールでは、既存校舎の体制整備など最適な学習環境を追求しながら、学力向上と生徒一人ひとりの第一志望校合格を達成する校舎づくりを強力に推進する。

・これまで培ってきたコンテンツと一連のオンラインによる施策で得たノウハウや知見を活かし、ディスタンス・エデュケーション(遠隔教育)のさらなる普及、新しい教育手法の開発に取り組んでいく。

## ＩＣＴの利活用を推進

### ●早稲田アカデミー

〈課題〉

グループのサービスの根幹である対面授業により高品質な学習指導を提供しつつ、ＩＣＴを活用した取り組みによって得られたノウハウを活かしたサービスの開発と拡充を図る。

事業上の優先的な課題としては、①事業推進の原動力である人材の採用と育成の強化、②教育サービスのさらなる品質向上に向けた指導システムおよび学習ツールの改善・拡充、③顧客サービスの向上と業務効率改善の両面におけるＩＣＴの利活用推進、④英語教育、海外事業などの新たな領域における事業拡大に取り組む。

〈対処策（抜粋）〉

・難関校入試における圧倒的な合格実績による差別化、指導成果（学習意欲と学力の向上）と顧客満足度による差別化を推進すると共に、首都圏を中心とした校舎展開によりいっそうのドミナント強化を図る。

**学習塾大手の対処すべき課題①**

| （株）ナガセ | （株）早稲田アカデミー |
|---|---|
| ・最適な学習環境を追求しながら、第一志望校合格を達成する校舎づくり<br>・ディスタンス・エデュケーション（遠隔教育）のさらなる普及と新しい教育手法の開発<br>など | ・首都圏を中心とした校舎展開によりいっそうのドミナント強化を図る<br>・顧客サービスの向上のためのICTの利活用推進<br>・英語教育、海外事業などの新たな領域における事業拡大<br>など |

出所：各社の有価証券報告書

# 2 学習塾業界の課題と対処策②

前節に続き、学習塾業界が抱える課題や対処策を、首都圏で個別指導塾を展開する東京個別指導学院と、東京西部を地盤に小中学生向け塾「ena」を運営する学究社の有価証券報告書から探ってみました。

## 社会人教育にも領域拡大

### ●東京個別指導学院

〈課題〉

これからの教育で「共創」を生むためにも、自分と社会の将来を見据え自ら学び行動する主体性や、多様な人とコミュニケーションし協働できる対話力を育むこと。

〈対処策（抜粋）〉

・TEACHERS' SUMMITといった独自の人材育成メソッドに磨きをかけると共に、多様化する受験制度や学習ニーズに対応した一人ひとりに寄り添う学習支援の追求、地域内でのブランド力強化を図るドミナント出店、全教室直営の強みを活かした地域戦略の推進。

・小中高生のみならず社会人教育にも事業領域を広げる。その第一歩として、二〇二〇年一月に企業向け人材開発に関する研修の企画・実施を行っている人材開発のプロフェッショナルチームであるHRBCの株式取得を完了。こうした事業活動を支える経営基盤についても、テクノロジーの活用も含め、刷新を進める。

## 映像授業で新講座を開講

### ●学究社

〈課題〉

出校計画の推進に必要な校長の早期育成、要員計画に基づく人的資源の量的・質的な適正化、校舎運営の標準化推進による経営効率の向上ならびに都立高合格実績の向上および都立中合格実績のさらなる伸長。

〈対処策(抜粋)〉

・学習塾(教育サービス)の本質である「授業の質」と「合格実績」を徹底的に追求し、生徒・保護者を始めとする地域社会の信頼と信用を築く。それにより生徒数と校舎数を増加させ、盤石な事業基盤を築く。

・不合格者に対してもう一度高校受験、大学受験で挑戦する機会を提供するため、一定の条件を満たした新中一生の授業料を無料とし、また新高一生向けの映像授業による新講座を開講するなど、小・中・高の継続的な指導体制を構築する。

新型コロナウイルス感染対策としては、「担当講師による個別指導授業を自宅で受講できるオンライン個別指導」(東京個別指導学院)や「映像授業の提供」(学究社)を開始し、対応しています。

**学習塾大手の対処すべき課題②**

**(株)東京個別指導学院**

・多様化する受験制度や学習ニーズに対応した一人ひとりに寄り添う学習支援の追求
・地域内でのブランド力強化を図るドミナント出店
・社会人教育への事業領域拡大

など

**(株)学究社**

・一定の条件を満たした新中1生の授業料を無料とし、また新高1生向けの映像授業による新講座を開講
・東京東部地域における都立中高のさらなる合格実績の伸長
・進学指導の強化だけでなく、「人生支援産業」への展開

など

出所：各社の有価証券報告書

# 3 学習塾、予備校業界は新フェーズに

少子化が進み、対象人口が減少を続けている学習塾・予備校市場。限られた顧客層を奪い合う競争も激化しています。M&Aに意欲を示す大手企業も存在しており、業界は新たなフェーズに突入しています。

## 学研がキープレーヤーに!?

二〇一八年度の学習塾・予備校市場は前年度比五・五%増の九八三四億円となったことは前にも触れました（3-2節参照）。少子化が進んでいることによって、学習塾・予備校市場の対象人口は減少を続けています。

そうした中、限られた顧客層を奪い合うかたちで、業績を伸ばす事業者とそれ以外の事業者において明暗が分かれているのが現状です。収益源の多様化を目指し、学童保育や早期英語教育の需要の高まりに対応した英会話事業に参入する動きも目立っています。

学習塾・予備校業界では、一五年に栄光ホールディングス（現ZEホールディングス）を増進会出版社（現Z会ホールディングス）が買収して以降、大型買収の動きは沈静化しています。それでも、着々と地盤固めに力を注ぐ動きも顕著になっています。

通信教育最大手のベネッセホールディングスは、「進研ゼミ」の教材を使った個別指導塾のFC展開に乗り出しています。すでに約三六〇の学習塾を運営する地方の八社と契約。全国で一〇〇〇教室、生徒数を一〇万人に拡大する計画を明らかにしています。

また、現在一〇以上の塾を傘下に持つ学研塾ホールディングスも「塾業界再編のキープレーヤー」として名が挙がっています。「事業展開が手薄な地域を中心に、新たに進学塾の買収を検討する」とし、国内でのM&Aに一〇〇億円を投じる方針を打ち出していました。学習塾・予備校業界は、新たなフェーズに突入したといえるかもしれません。

### 業界再編による学習塾の提携関係（一部）

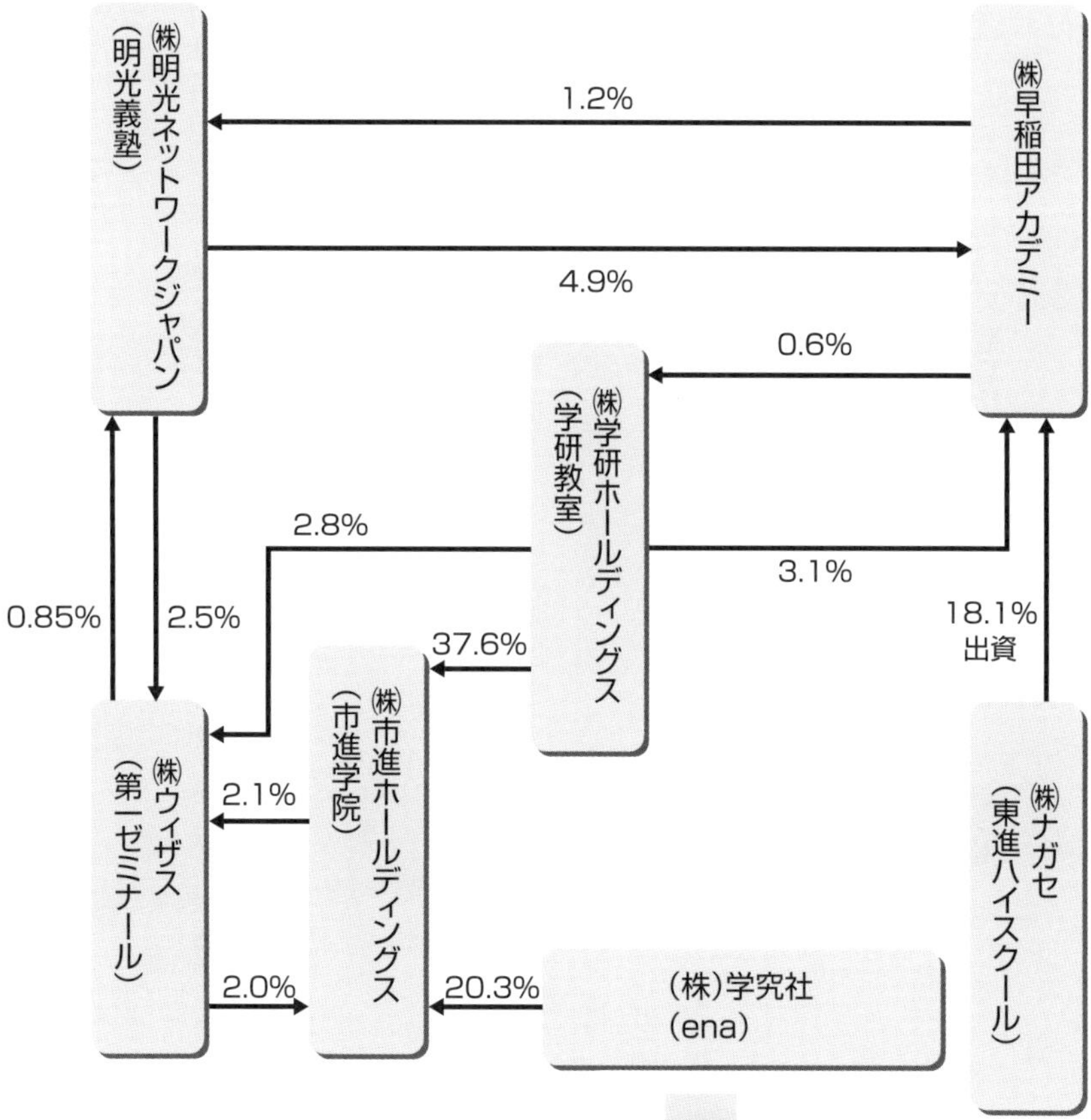


注：2020年9月現在

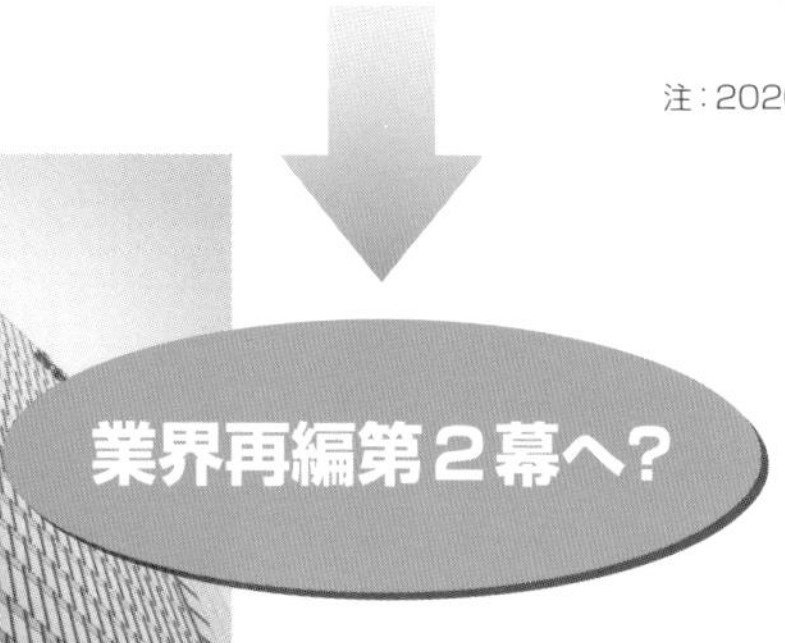

◀積極的にM&Aを進める学研　by nobihaya

# 4 「学習費調査」で見えてくるもの

**文部科学省の調査では、公立中学校に通う家庭の半数近くが、学習塾代や家庭教師代などに一人当たり年間二四万円以上を支出しています。子どもの学力向上にはお金を惜しまない親が多いという現実です。**

## 塾代などに二四万円以上を支出

文部科学省が一九九四年から隔年で実施している調査に、「**子どもの学習費調査**」があります。二〇一八年度は公私立の幼小中高計一一四〇校に通う子どもの保護者約二万九〇〇〇人を対象に実施しています(回答率は八五・二%)。

それによると、学習塾や家庭教師、通信添削、参考書購入などにかかる「**補助学習費**」は、公立中学校で一人当たり年間平均二四万三六〇〇円。前回調査(一六年度)に比べると四〇〇〇円の増加で、〇八年度からの一〇年間で一四年度の二四万六〇〇〇円に次いで多い実態が明らかになりました。

世帯年収別に見ると、公立中の場合、年収四〇〇万円未満の家庭が一六万三〇〇〇円、四〇〇万～五九九万円の家庭は二〇万五〇〇〇円を支出。年収が多いほど高くなる傾向が見られ、一二〇〇万円以上の家庭は三六万一〇〇〇円となっています。

また、習い事(ピアノ、水泳、習字など)や体験活動など「その他の学校外活動費」を含め、公立、私立のいずれについても中学、高校、大学への進学が近付くにつれて学習費は増加傾向。公立では中学三年生、私立では小学一年生が最多となっています。進学を踏まえた学習塾への支出の増加ともいえ、学習塾業界の存在感と共に、その繁盛ぶりがうかがえます。

学習塾に求めるニーズに違いがあるとはいえ、学力向上を図りたいという思いは共通です。それを実現してくれる学習塾が生き残れるのはいうまでもありません。

## 補助学習費の推移（公立）

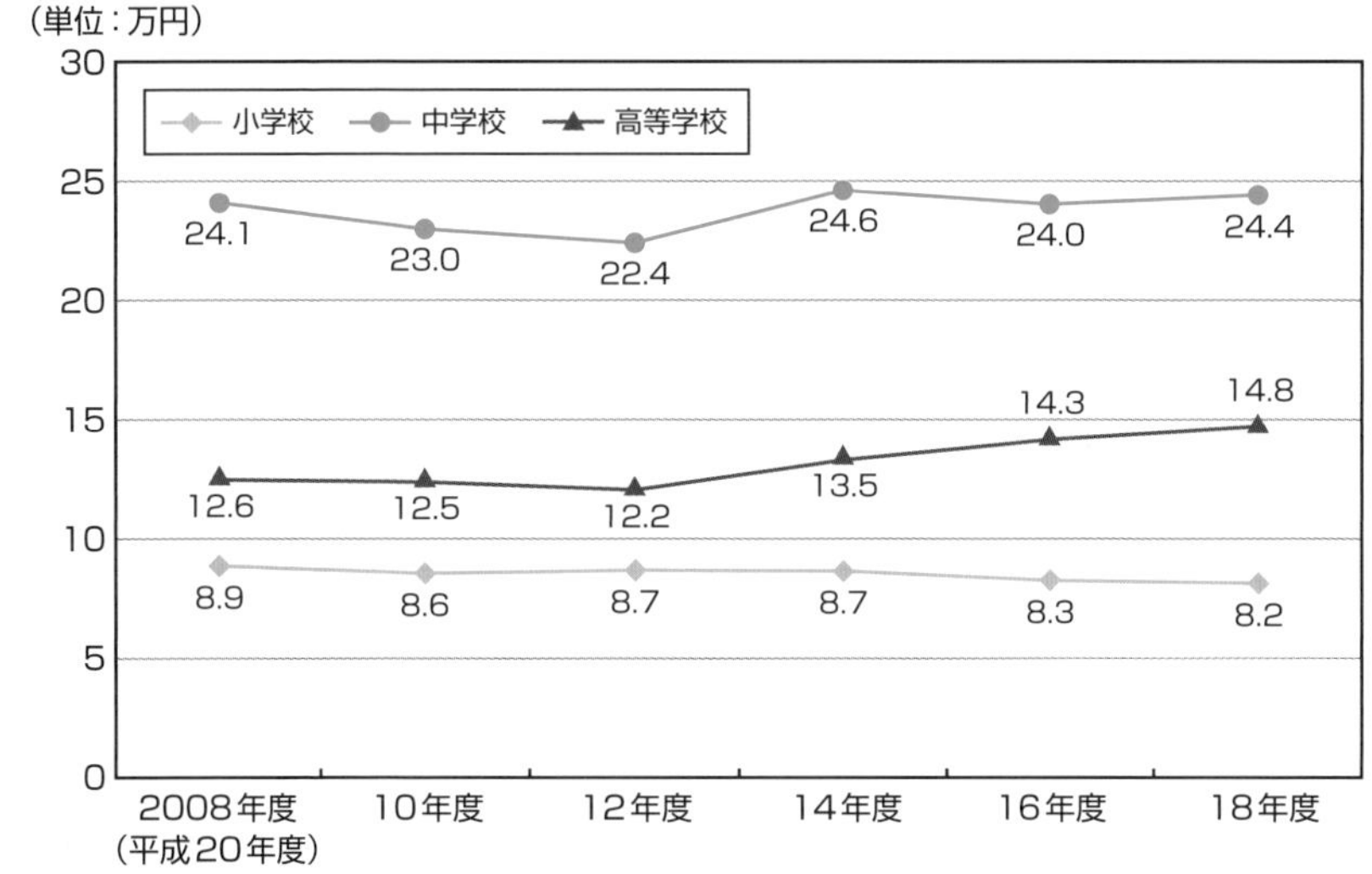


## 世帯の年間収入別の補助学習費（公立）

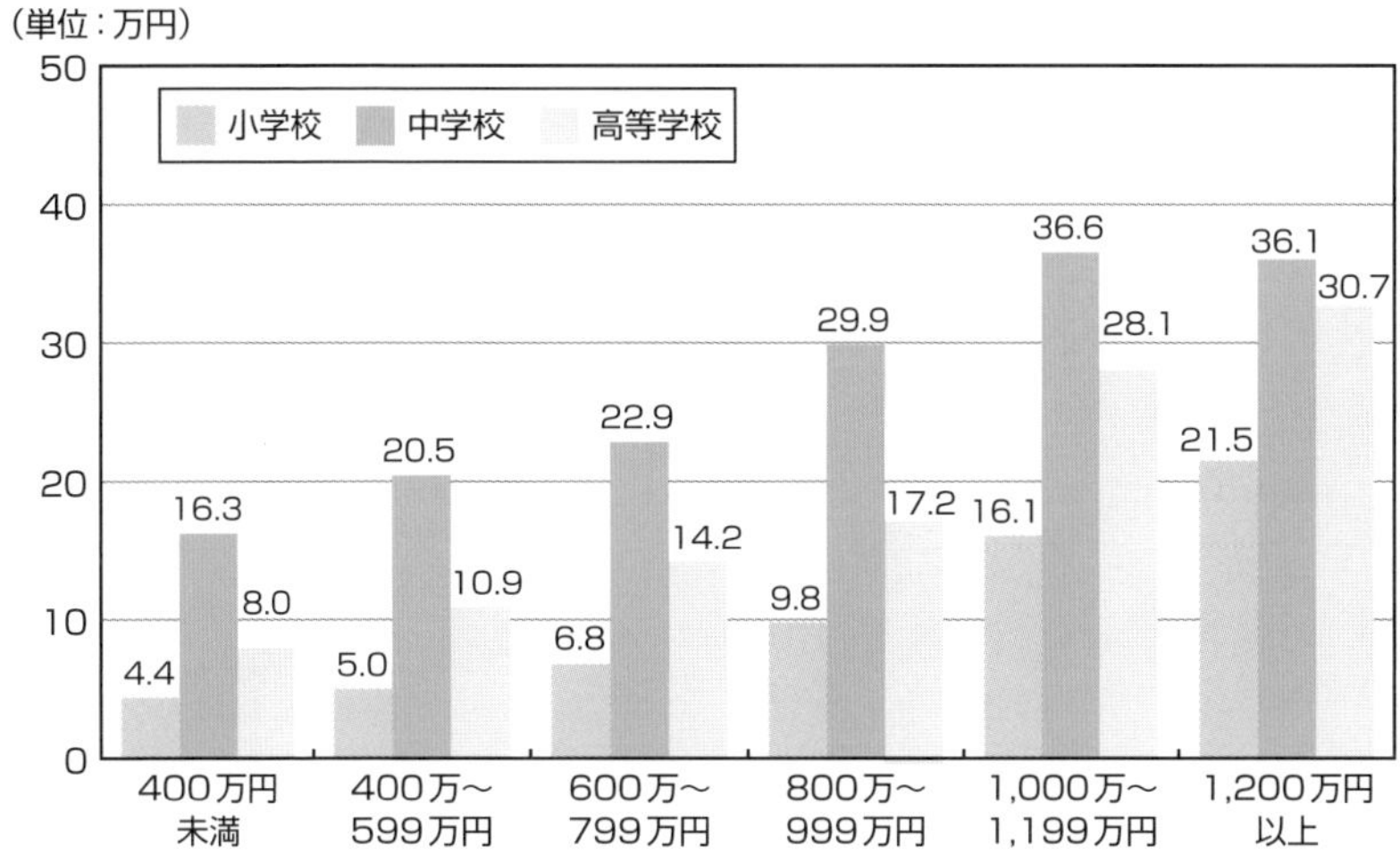


出所：「平成30年度子どもの学習費調査」（文部科学省）

# 5 課題が山積の「GIGAスクール構想」

**デジタル対応を進める文部科学省の「GIGAスクール構想」では、学習用端末の配備計画を二〇二一年三月末に前倒ししました。ただ、通信環境やクラウドなどインフラ整備を始めとした課題が山積です。**

## 低調な学習端末の配備

小中学生に一人一台ずつ学習用端末を二〇二一年三月末までに整備する文部科学省の「GIGAスクール構想」で、同省は全国の自治体を調査した結果を発表しています。

それによると、二〇二〇年八月までに配備を終えた自治体は二・〇%にとどまりました。テレワークなども含め、端末の需要は拡大しており、計画通りに「一人一台」が実現できるかどうかは不透明な状況です。

コロナ禍による休校で、オンラインによる遠隔学習を小中学校で実施した自治体は限定的でした。これにより、ICTの環境整備の遅れが顕在化し、文科省はデジタル対応を進める「GIGAスクール構想」で二四年三月末までとしていた端末の配備計画を二一年三月末に前倒ししました。二〇年度補正予算で関連費用二二九二億円を計上しています。

同省が調べた二〇年八月末時点の学習用端末の調達状況では、全国一八一一自治体のうち、すでに一人一台の端末の納品が完了したのは三七自治体(二・〇%)だけでした。一二月までに予定しているのは二七・四%で、七〇・二%が二一年三月までとしています。神奈川県や大阪府では配備を終えた自治体が一つもなく、遅れが目立っています。

また、調達先の事業者を「八月末までに選定済み」としたのは四八・四%。一二月までに予定しているのが四九・〇%と、これから選定する自治体も多いのが実情です。

## 教員向けオンライン研修も

ＧＩＧＡスクール構想の実現には情報端末の配備だけでなく、通信環境やクラウドなどのインフラ整備も重要となります。「教育コンテンツを利活用するには校内ＬＡＮ（構内情報通信網）の整備が必要」と指摘する関係者もいます。機器を導入するだけでは、オンライン学習の実践は難しいというわけです。

また、教員からは「どのように授業を進めたら良いかわからない」「授業の進め方を指導する支援員を派遣してほしい」などといった戸惑いの声も上がっています。機器の操作に不慣れな教員も少なくないのが現状です。

そうした中で、専門家を講師にした教員向けのオンライン研修を行う自治体も出てきています。機器の操作方法などに習熟するためですが、今後は授業方法の研修なども不可欠になりそうです。地域によるＩＣＴ環境のばらつきも多く、ＧＩＧＡスクール構想の実現には課題も山積しており、関係者の試行錯誤が続くことになりそうです。

学習用端末の納品・事業者選定状況

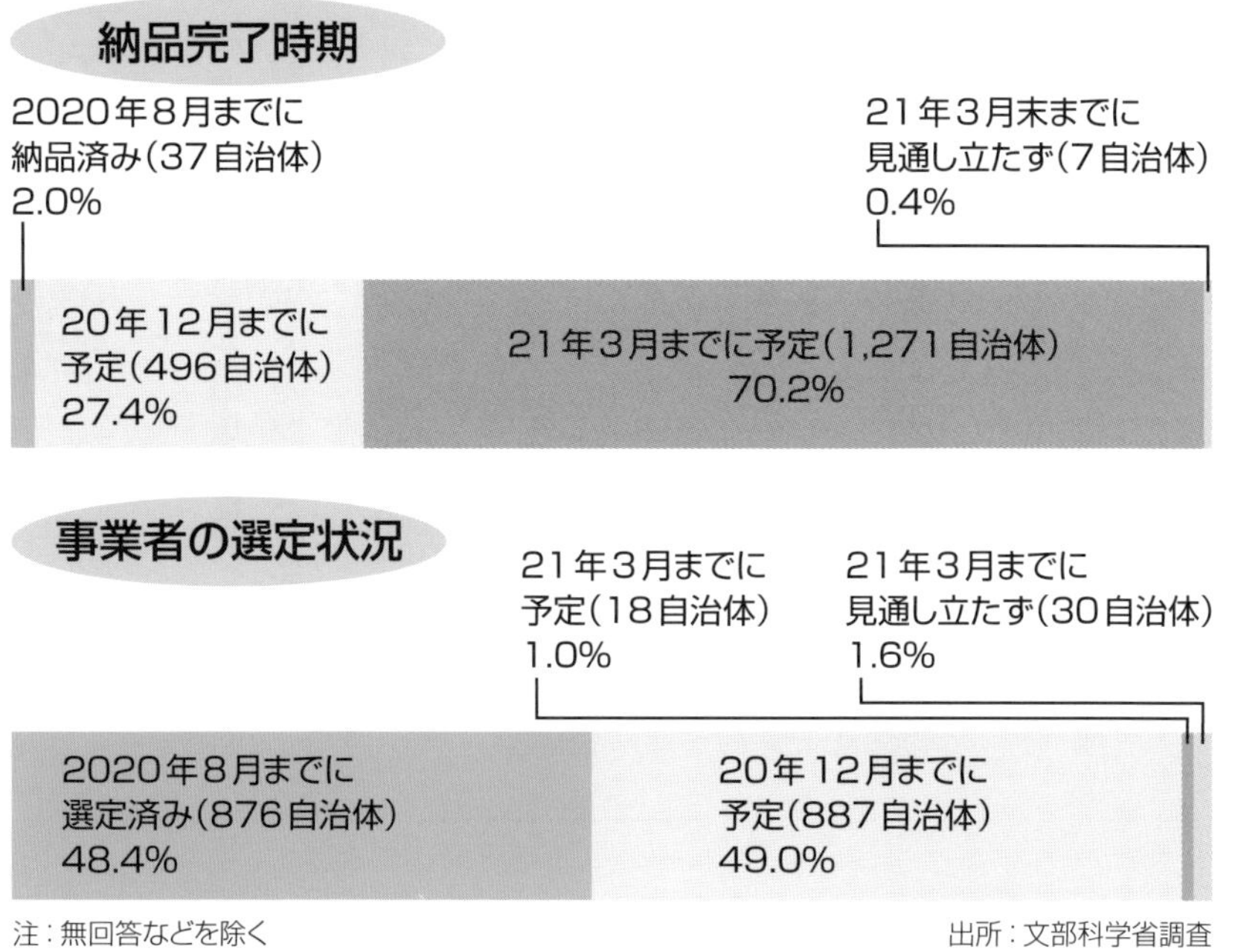


注：無回答などを除く　　出所：文部科学省調査

# 6 シニア一〇〇兆円市場に好機

**シニア世代(六〇歳以上)の年間消費支出は二〇一一年に一〇〇兆円を突破し、その後も拡大し続けています。教育サービス業各社にとっても無視できない市場。新たな需要を取り込むチャンスといえます。**

## 団塊の大量退職も追い風に

教育サービス業各社がシニア層を取り込む動きは今後、加速することになるでしょう。シニア世代(六〇歳以上)の年間消費支出は、二〇一一年に初めて一〇〇兆円を突破し、一四年には一一五兆円に拡大。その後も年平均四%以上で増加していると見られます。旅行やスポーツなどの分野で新たな市場を生んでおり、教育サービス業界にとって無視できない市場になっています。

戦後生まれの「団塊の世代」が六五歳を迎える大量退職が一二年から本格化したことも〝追い風〟となり、市場はさらに拡大する可能性もあります。将来への不安を抱える現役世代と異なり、シニア世代の消費意欲は旺盛です。シニア世代はもともと教育費や住居費といった負担が少なく、所得を消費支出に回せる割合が相対的に高いといえます。

時間に余裕のできる高齢者の需要をいち早く取り込もうと、**カルチャー教室**の投入や講座の拡充などが相次いでいます。向上心も旺盛で、学生時代にはかなわなかった留学をしてみたい、大学で教鞭《きょうべん》をとってみたい、難関資格に挑戦したいなどと希望するシニアも少なくありません。こうしたシニア世代の「第二の人生」を支援する専門の教育機関が登場しても不思議ではないでしょう。

少子化で市場縮小への対応を余儀なくされている学習塾や予備校も、大胆に業態転換し、新たな需要を取り込むチャンスかもしれません。**ビジネススクール**のシニア版が誕生する可能性も大きいといえるでしょう。

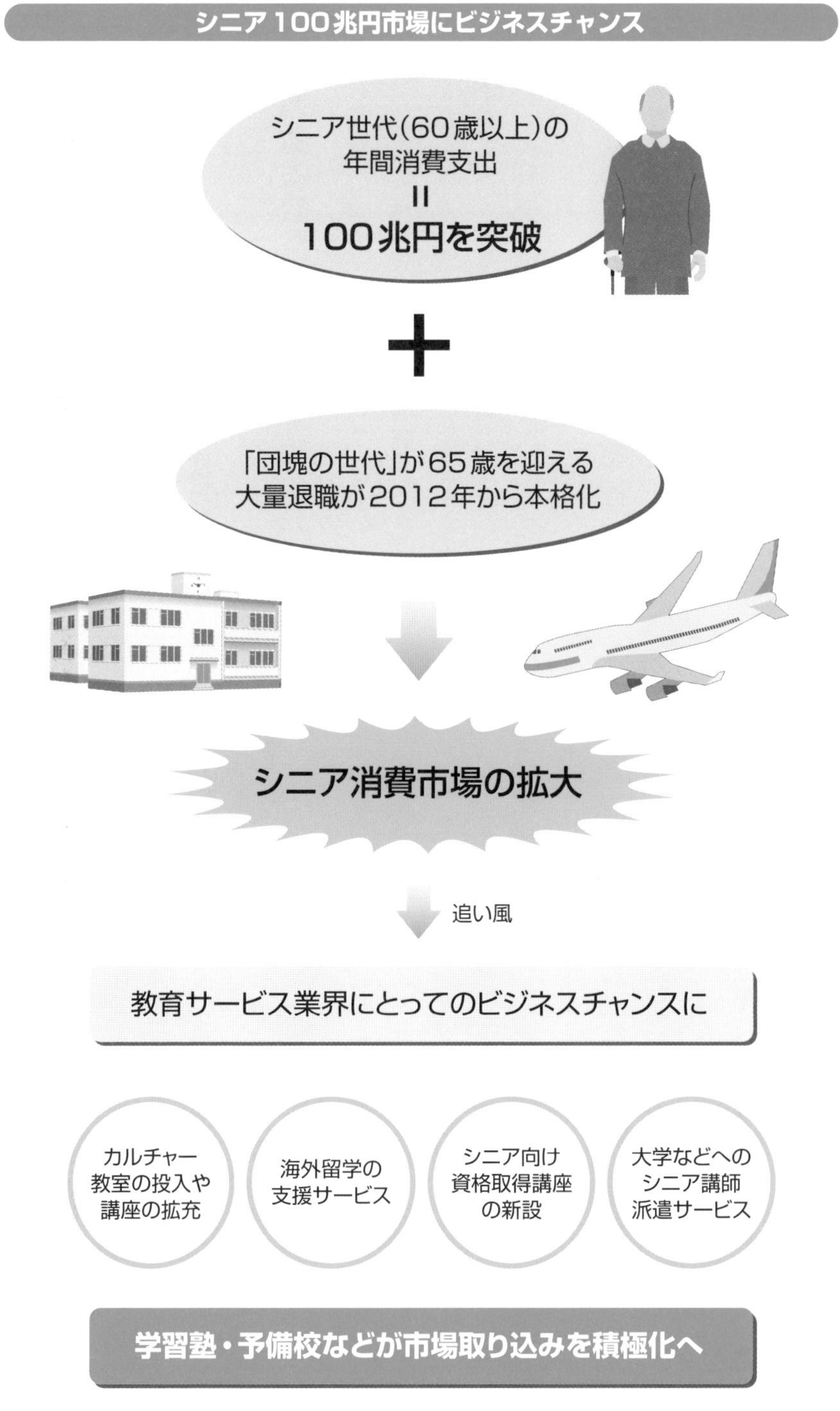
シニア100兆円市場にビジネスチャンス
シニア世代(60歳以上)の
年間消費支出
=
100兆円を突破
＋
「団塊の世代」が65歳を迎える
大量退職が2012年から本格化
シニア消費市場の拡大
追い風
教育サービス業界にとってのビジネスチャンスに
カルチャー教室の投入や講座の拡充
海外留学の支援サービス
シニア向け資格取得講座の新設
大学などへのシニア講師派遣サービス
学習塾・予備校などが市場取り込みを積極化へ

# 7 プログラミング必修化で商機広がる

**二〇二〇年度から小学校でコンピューターのプログラミング学習が必修となりました。子どもたちの論理的思考力などを高められる教員の養成も欠かせません。新たな需要が生まれてくるのは確かでしょう。**

## 指導力ある教員の確保が課題

文部科学省は小学校におけるコンピューターのプログラミング学習を二〇二〇年度から必修化しました。中学校では二一年度、高等学校では二二年度から実施される予定です。AIなどの普及を見据え、新しい技術を使いこなして付加価値の高い仕事に就く人材を増やす狙いといいます。

必修化は日本だけの動きではありません。英国は一四年から五〜一六歳で、フィンランドは一六年から七〜一六歳ですでに必修にしました。多くの国が情報関連の教育を手厚くする策を講じています。

そもそも初等教育からのプログラミング学習にはどんな意味があるのでしょうか。AIなどの新技術が産業競争力を左右するといわれ、ICT系の人材不足が深刻で早期の育成を望む声があるのも事実でしょう。しかし、足元の人材確保と息の長い教育課程の見直しとは次元が異なります。

重要なのは、論理的な思考力や問題解決能力、さらには創造力を養うことでしょう。プログラミングのスキルを身に付けるためといった単純なことではありません。当然、プログラミングを通じて子どもたちの論理的思考力の向上につなげられる教員の養成が欠かせません。校内に安全で使いやすいネット利用環境を整備する必要もあるでしょう。

逆にいえば、こうした課題を解決するための取り組みが新しい需要を創造し、商機が広がることになるのです。

### コンピューターのプログラミング必修化

小学校 → 2020年度に全面実施された新学習指導要領で必修に

↓

論理的な思考力や問題解決能力、創造力を養う

### プログラミング必修化の課題

- 指導教員の確保と養成
- 校内に安全で使いやすいネット利用環境の整備

▲子どもプログラミング教室ビスケット（左右とも）
by tacac0

# 8 リカレント教育事業に注目

**コロナ禍でデジタル人材を育てるリカレント教育に注目が集まっています。労働市場が流動的な欧米では公的支援が広がっています。日本は遅れが目立ち、対応強化が喫緊の課題になっています。**

## 再教育でデジタル人材を育成

新型コロナウイルスの感染拡大で雇用の先行きに不安が広がる中、デジタル人材を育てるリカレント教育への関心が高まっています。リカレント（recurrent）は「回帰性の」「循環する」といった意味で、リカレント教育とは、義務教育や高等教育を終えた社会人が、新たなスキルを身に付けるために学び直すことをいいます。

リカレント教育は、経済協力開発機構（ＯＥＣＤ）が一九七〇年代にその概念を提唱したことで広く知られるようになりました。テクノロジーの進展や社会の変化に応じて、求められる職種やスキルは変わります。学生時代に学んだ知識は次第に陳腐化していくため、リカレント教育を通じて磨き直したり、新たな知見を身に付けたりする必要があるというわけです。

労働市場が流動的な欧米などでは転職やキャリアアップのためリカレント教育を活用する人が多いのが実情です。最近は、コロナ禍で雇用ニーズの変化が加速しており、リカレント教育に対する公的支援も広がりを見せています。失業リスクが高い産業からニーズが拡大するデジタル分野へと雇用シフトを進められるかどうかが、コロナ禍後の成長に直結するからです。

欧米に比べて日本では産学官連携が乏しく、再教育で遅れが目立っています。各国が労働市場のニーズを再教育にどれだけ反映できているかをＯＥＣＤが比較したところ、日本は加盟国で最下位。年功序列・終身雇用の人事制度が色濃く残る日本では、会社を退職してまでリカレント教育を選ぶ社会人は少数派です。

## ベネッセがユーデミー社と資本提携

日本にとっては喫緊の課題のリカレント教育ですが、事業として取り組む企業も出てきています。ベネッセホールディングスの子会社であるベネッセコーポレーションは、業務提携している米国Udemy, Inc.（ユーデミー社／本社サンフランシスコ）に約五五億円を出資し資本提携しています。リカレント教育事業をさらに成長・発展させるための連携強化を図る狙いです。

ユーデミー社は、「Improve Lives Through Learning（学びを通して人生をより豊かに）」を事業コンセプトに掲げ、二〇一〇年に設立された教育業界のユニコーンと目される企業です。「教えたい人（講師）」と「学びたい人（受講生）」をオンラインでつなぐプラットフォーム「Udemy」を運営。世界一九〇カ国以上に展開し、一五万以上の動画講座が公開されています。

今回の資本提携により、ベネッセコーポレーションは講師や企業と連携した社会人向けの新規サービスを開発するなどリカレント教育事業を強化、加速させていく方針です。

**リカレント教育事業で米国Udemy社と資本提携の概要**

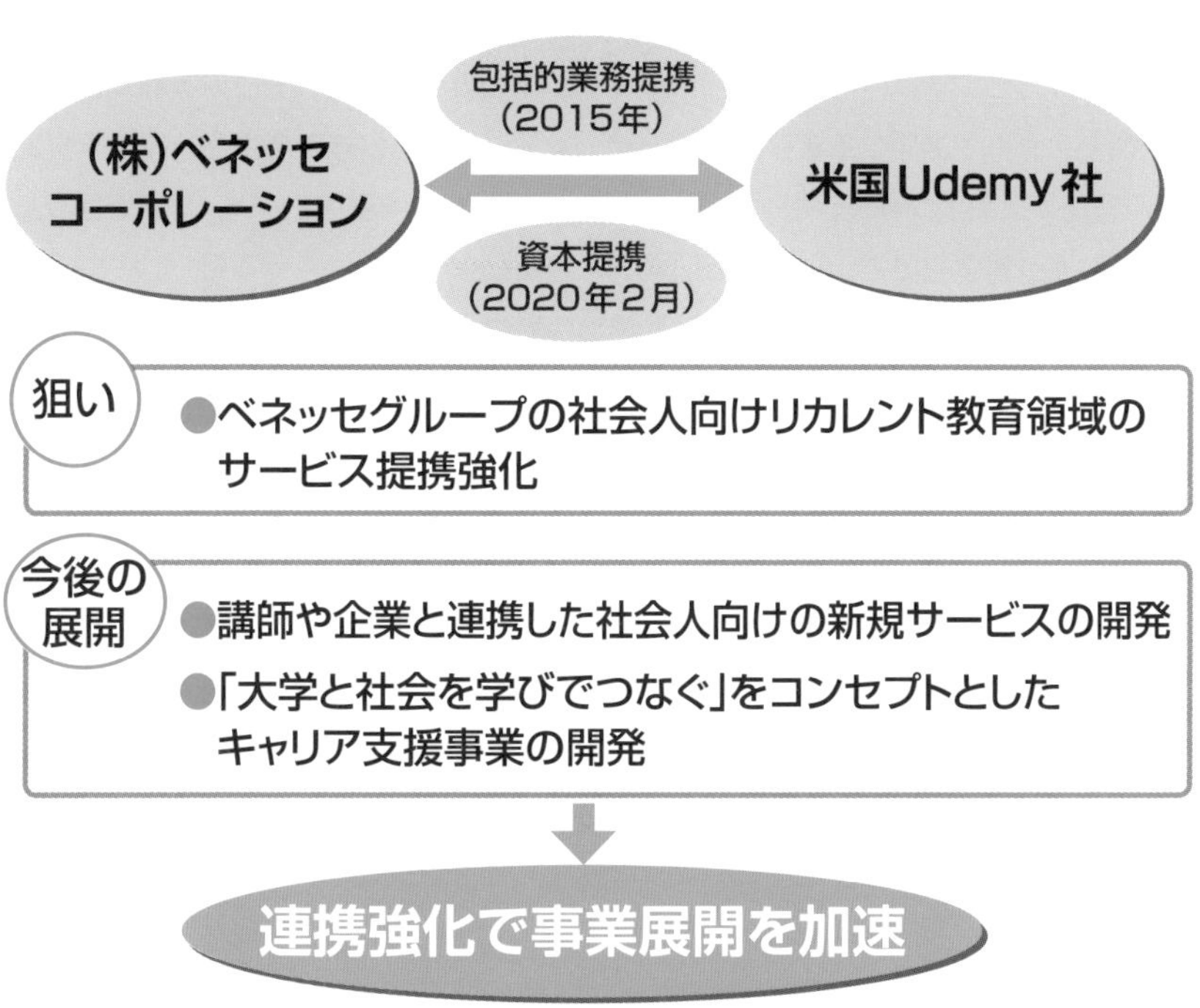
包括的業務提携
（2015年）
（株）ベネッセ
コーポレーション
米国Udemy社
資本提携
（2020年2月）
狙い
●ベネッセグループの社会人向けリカレント教育領域のサービス提携強化
今後の展開
●講師や企業と連携した社会人向けの新規サービスの開発
●「大学と社会を学びでつなぐ」をコンセプトとしたキャリア支援事業の開発
連携強化で事業展開を加速

出所：（株）ベネッセホールディングスのニュースリリース

column

# 鉄緑会がリードする「塾歴社会」に思う

「鉄緑会」という進学塾をご存じでしょうか。実は、東京大学への抜群の合格実績を誇る進学塾なのです。ベネッセホールディングス傘下の東京教育研が運営しています。『ルポ塾歴社会』（おおたとしまさ著、幻冬舎新書、2016年）では、こう紹介されています。

「東大合格者数ランキングの上位に名を連ねる学校のほとんどは、私立もしくは国立の中高一貫校。2015年の上位を挙げれば、開成、筑波大学附属駒場、灘《なだ》、麻布、駒場東邦、桜蔭、聖光学院など。これらトップ校に入るための中学受験塾として圧倒的なシェアを誇り、ひとり勝ち状態にあるのが『サピックス小学部』だ、そしてこれらトップ校の生徒たちが大学受験のためにこぞって通うのが『鉄緑会』である。つまり、『サピックス小学部』の上位クラスの子どもたちがトップ校に合格し、入学後は『鉄緑会』に入るという流れができてきている」

「サピックス」は、代々木ゼミナールを運営する高宮学園グループが買収した日本入試センターが展開する学習塾。「鉄緑会」は、「ごく一部の超難関中高一貫校を指定校とし、東大および難関大医学部合格を絶対目標に掲げる塾」であり、「日本屈指の進学校に通う秀才を集め、さらに鍛え、確実に最難関大学に合格させる塾」なのです。

日本における最難関、東大理Ⅲ（医学部）の定員に占める鉄緑会出身者の占有率は6割以上（『ルポ塾歴社会』）というから驚きです。有名進学校の実績の裏には少なからず鉄緑会の影響があるといいます。「日本の受験勉強においては、サピックスから鉄緑会そして東大へと、1本の『王道』が存在する。この国では塾が受験エリートを育てている」と著者。だから「学歴」よりも「塾歴」と表現するのもうなずけます。

日本は「塾歴社会」と表現せざるを得ないほどゆがんでしまったのでしょうか。いや、そんなことはありません。話は少し飛躍しますが、とがった才能を持つ不登校生に学びの居場所を提供する異才発掘プロジェクト「ROCKET」（日本財団と東京大学が14年度から始動）の存在には、なぜか安堵《あんど》させられます。多様性こそ日本の良さだと思うからです。

# Date

# 資料編

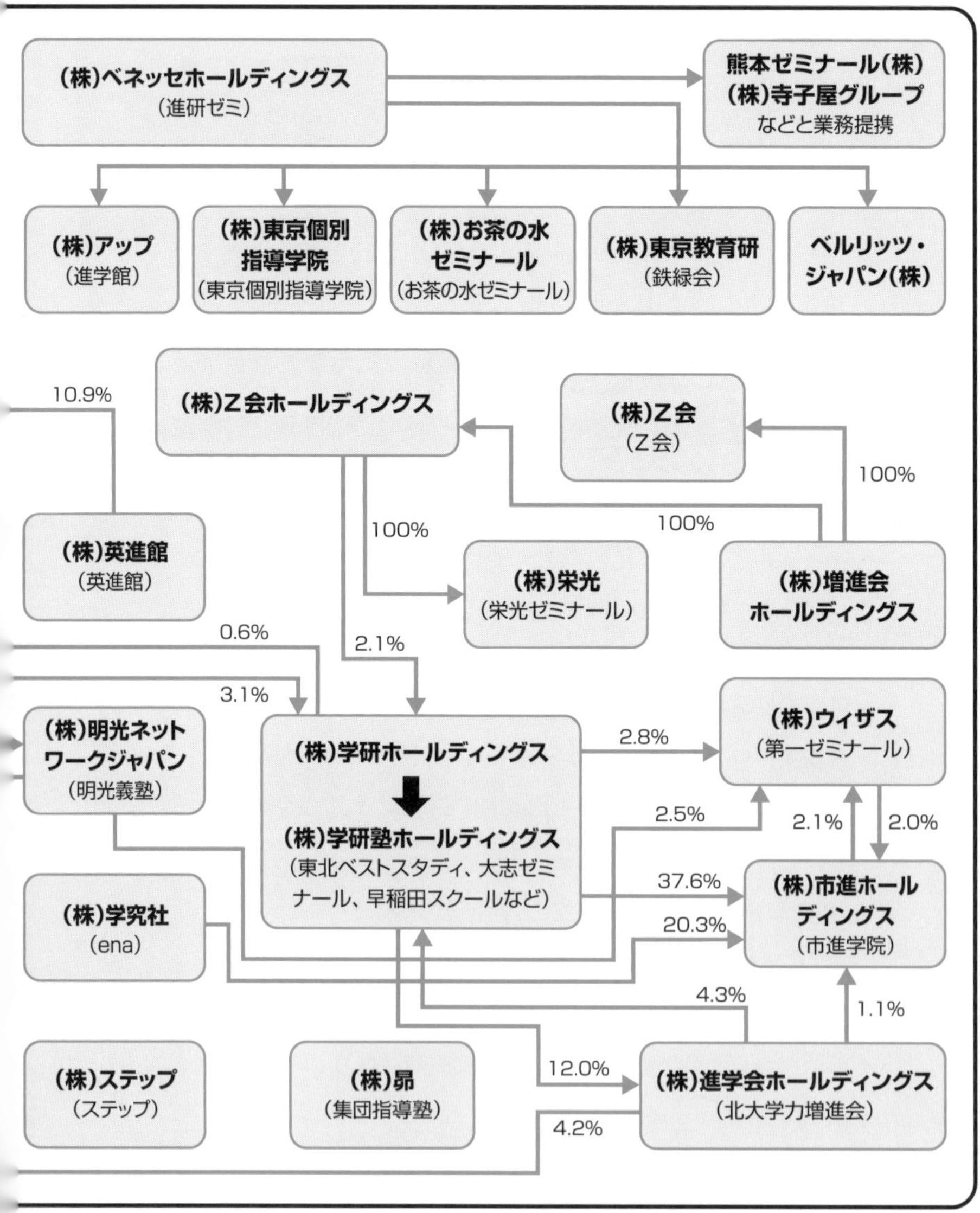
(株)ベネッセホールディングス
(進研ゼミ)
熊本ゼミナール(株)
(株)寺子屋グループ
などと業務提携
(株)アップ
(進学館)
(株)東京個別指導学院
(東京個別指導学院)
(株)お茶の水ゼミナール
(お茶の水ゼミナール)
(株)東京教育研
(鉄緑会)
ベルリッツ・ジャパン(株)
10.9%
(株)Z会ホールディングス
(株)Z会
(Z会)
100%
100%
100%
(株)英進館
(英進館)
(株)栄光
(栄光ゼミナール)
(株)増進会ホールディングス
0.6%
2.1%
3.1%
(株)明光ネットワークジャパン
(明光義塾)
(株)学研ホールディングス
(株)学研塾ホールディングス
(東北ベストスタディ、大志ゼミナール、早稲田スクールなど)
2.8%
(株)ウィザス
(第一ゼミナール)
2.5%
2.1%
2.0%
(株)学究社
(ena)
37.6%
20.3%
(株)市進ホールディングス
(市進学院)
4.3%
1.1%
(株)ステップ
(ステップ)
(株)昴
(集団指導塾)
12.0%
4.2%
(株)進学会ホールディングス
(北大学力増進会)

## 予備校・学習塾業界の相関図

新フェーズに突入したともいわれる予備校・学習塾業界。その最新の勢力相関図を俯瞰しました。

水面下では業界再編の動きも活発化しているのは間違いないでしょう。

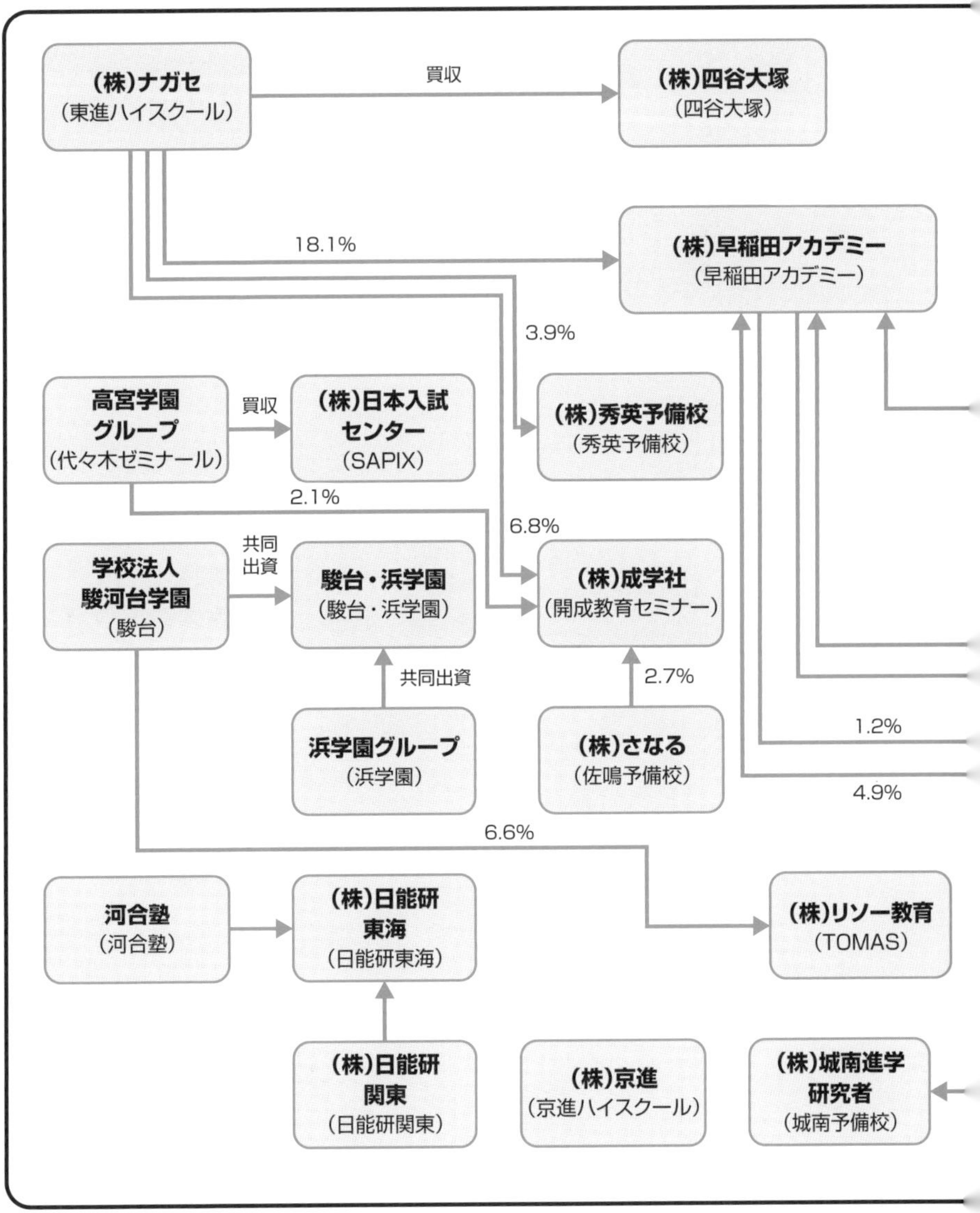


注:2020年9月現在

資料編 予備校・学習塾業界の相関図

| PC総台数（教育用＋教員の校務用） C | Cのうち、教育用PC台数 D | 教育用PC1台当たりの児童生徒数 A／D | Dのうち、可動式PC台数（タブレット型PCを含む） E | Eのうち、物理的なキーボードを有する台数 | Eのうち、SIM内蔵PC等台数 |
|---|---|---|---|---|---|
| 台 | 台 | 人／台 | 台 | 台 | 台 |
| (1,507,572) | (1,038,470) | (6.1) | (485,837) | (335,019) | (23,490) |
| 1,621,825 | 1,137,840 | 5.5 | 650,140 | 465,272 | 51,338 |
| (839,287) | (570,171) | (5.2) | (245,395) | (171,390) | (10,905) |
| 894,528 | 618,767 | 4.8 | 330,186 | 241,064 | 17,381 |
| (11,198) | (7,822) | (4.2) | (4,602) | (3,102) | (94) |
| 13,908 | 10,104 | 3.8 | 6,250 | 4,268 | 371 |
| (723,922) | (493,149) | (4.4) | (119,722) | (86,918) | (5,384) |
| 756,880 | 526,616 | 4.1 | 148,168 | 105,466 | 5,547 |
| (464,576) | (331,514) | (3.4) | (68,020) | (48,418) | (2,954) |
| 479,226 | 347,940 | 3.2 | 80,558 | 55,706 | 3,132 |
| (7,585) | (5,501) | (4.1) | (2,510) | (1,673) | (923) |
| 7,939 | 5,781 | 3.9 | 2,599 | 2,048 | 1,003 |
| (144,386) | (54,737) | (2.5) | (27,849) | (10,435) | (1,110) |
| 154,136 | 62,079 | 2.2 | 31,401 | 11,686 | 977 |
| (3,233,950) | (2,169,850) | (5.4) | (885,915) | (608,537) | (41,906) |
| 3,449,216 | 2,361,187 | 4.9 | 1,168,744 | 829,804 | 76,617 |

## コンピュータの設置状況等①

### 学校における教育の情報化の実態等に関する調査結果(令和元年度・文部科学省)

| 学校種 | 学校数 | 児童生徒数 A | 教員数 B | 授業を担当している教員数 |
|---|---|---|---|---|
| | 校 | 人 | 人 | 人 |
| 小学校 | (19,331) | (6,310,999) | (401,569) | (335,593) |
| | 19,179 | 6,253,093 | 403,931 | 335,346 |
| 中学校 | (9,325) | (2,982,407) | (227,961) | (197,441) |
| | 9,285 | 2,949,900 | 227,882 | 196,406 |
| 義務教育学校 | (80) | (32,957) | (2,869) | (2,420) |
| | 91 | 38,412 | 3,279 | 2,767 |
| 高等学校 | (3,550) | (2,188,420) | (170,286) | (155,547) |
| | 3,548 | 2,184,477 | 169,550 | 153,687 |
| 専門学科・総合学科単独及び複数学科設置校 | (1,862) | (1,121,159) | (95,252) | (87,309) |
| | 1,856 | 1,114,782 | 94,991 | 86,207 |
| 中等教育学校 | (31) | (22,367) | (1,633) | (1,478) |
| | 32 | 22,390 | 1,667 | 1,501 |
| 特別支援学校 | (1,070) | (136,494) | (78,692) | (70,696) |
| | 1,084 | 139,381 | 79,718 | 71,720 |
| 合計 | (33,387) | (11,673,644) | (883,010) | (763,175) |
| | 33,219 | 11,587,653 | 886,027 | 761,427 |

注1:上段( )書きは、前年度の数値を表す。
注2:「児童生徒数(A)」は、令和元年5月1日現在の児童生徒数。
注3:「教育用PC」とは、主として教育用に利用しているコンピュータをいう。
注4:「可動式PC」とは、学習者用PCのうち、普通教室又は特別教室等において児童生徒が1人1台あるいは数人に1台で使用するために配備されたコンピュータ(ノート型(タブレット型を含む))をいう。
注5:「タブレット型PC」とは、平板状の外形を備えタッチパネル式などの表示/入力部を持った教育用PCのことをいう。
注6:「SIM内蔵PC等」とは、LTE等の携帯電話のネットワークを利用して通信することができるようにSIMを内蔵した可動式PC(タブレット型PCを含む)等をいう。
注7:「教員の校務用PC」とは、教育用PC以外の、主として教員が校務に使用するコンピュータのことをいう。
注8:ここでいう「教員」とは、校長、副校長、教頭、主幹教諭、指導教諭、教諭、助教諭、養護教諭、養護助教諭、栄養教諭、常勤講師をいう。
注9:ここでいう「授業を担当している教員」とは、各教科等の授業を定期的に担当している教員をいう。授業を一時的・臨時的に担当する教員は含まない。

| 普通教室数 H | Hのうち、校内LANに接続している教室の数 I | Hのうち、無線LANに接続している教室の数 J | 普通教室における校内LAN整備率 I／H | 校内LANを整備している普通教室における無線LAN接続率 J／I | 普通教室における無線LAN接続率 J／H |
|---|---|---|---|---|---|
| 室 | 室 | 室 | % | % | % |
| (260,946) | (233,504) | (113,229) | (89.5%) | (48.5%) | (43.4%) |
| 269,897 | 246,157 | 139,387 | 91.2% | 56.6% | 51.6% |
| (108,441) | (95,493) | (45,708) | (88.1%) | (47.9%) | (42.2%) |
| 111,150 | 99,750 | 54,436 | 89.7% | 54.6% | 49.0% |
| (1,489) | (1,427) | (1,043) | (95.8%) | (73.1%) | (70.0%) |
| 1,756 | 1,673 | 1,290 | 95.3% | 77.1% | 73.5% |
| (66,989) | (62,520) | (19,590) | (93.3%) | (31.3%) | (29.2%) |
| 66,489 | 62,798 | 25,428 | 94.4% | 40.5% | 38.2% |
| (35,022) | (32,686) | (10,256) | (93.3%) | (31.4%) | (29.3%) |
| 34,708 | 32,558 | 13,240 | 93.8% | 40.7% | 38.1% |
| (638) | (572) | (237) | (89.7%) | (41.4%) | (37.1%) |
| 718 | 652 | 416 | 90.8% | 63.8% | 57.9% |
| (28,167) | (26,059) | (11,615) | (92.5%) | (44.6%) | (41.2%) |
| 28,828 | 26,850 | 13,233 | 93.1% | 49.3% | 45.9% |
| (466,670) | (419,575) | (191,422) | (89.9%) | (45.6%) | (41.0%) |
| 478,838 | 437,880 | 234,190 | 91.4% | 53.5% | 48.9% |

## コンピュータの設置状況等②

| 学校種 | Cのうち、教員の校務用PC台数 F | 教員の校務用PC整備率 F／B | Fのうち、校内LAN接続PC台数 G | 教員の校務用PCの校内LAN整備率 G／F |
|---|---|---|---|---|
| | 台 | % | 台 | % |
| 小学校 | (469,102) | (116.8%) | (446,130) | (95.1%) |
| | 483,985 | 119.8% | 457,244 | 94.5% |
| 中学校 | (269,116) | (118.1%) | (255,942) | (95.1%) |
| | 275,761 | 121.0% | 259,489 | 94.1% |
| 義務教育学校 | (3,376) | (117.7%) | (3,327) | (98.5%) |
| | 3,804 | 116.0% | 3,673 | 96.6% |
| 高等学校 | (230,773) | (135.5%) | (215,303) | (93.3%) |
| | 230,264 | 135.8% | 212,880 | 92.5% |
| 専門学科・総合学科単独及び複数学科設置校 | (133,062) | (139.7%) | (124,610) | (93.6%) |
| | 131,286 | 138.2% | 122,436 | 93.3% |
| 中等教育学校 | (2,084) | (127.6%) | (1,935) | (92.9%) |
| | 2,158 | 129.5% | 2,065 | 95.7% |
| 特別支援学校 | (89,649) | (113.9%) | (86,362) | (96.3%) |
| | 92,057 | 115.5% | 87,313 | 94.8% |
| 合計 | (1,064,100) | (120.5%) | (1,008,999) | (94.8%) |
| | 1,088,029 | 122.8% | 1,022,664 | 94.0% |

注1：上段（　）書きは、前年度の数値を表す。
注2：「児童生徒数(A)」は、令和元年5月1日現在の児童生徒数。
注3：「教育用PC」とは、主として教育用に利用しているコンピュータをいう。
注4：「可動式PC」とは、学習者用PCのうち、普通教室又は特別教室等において児童生徒が1人1台あるいは数人に1台で使用するために配備されたコンピュータ(ノート型(タブレット型を含む))をいう。
注5：「タブレット型PC」とは、平板状の外形を備えタッチパネル式などの表示／入力部を持った教育用PCのことをいう。
注6：「SIM内蔵PC等」とは、LTE等の携帯電話のネットワークを利用して通信することができるようにSIMを内蔵した可動式PC(タブレット型PCを含む)等をいう。
注7：「教員の校務用PC」とは、教育用PC以外の、主として教員が校務に使用するコンピュータのことをいう。
注8：ここでいう「教員」とは、校長、副校長、教頭、主幹教諭、指導教諭、教諭、助教諭、養護教諭、養護助教諭、栄養教諭、常勤講師をいう。
注9：ここでいう「授業を担当している教員」とは、各教科等の授業を定期的に担当している教員をいう。授業を一時的・臨時的に担当する教員は含まない。

| 設置場所 | | 教室等数（再掲） | 実物投影機 | プロジェクタ | デジタルテレビ | 電子黒板 | 充電保管庫 | 学習用サーバ |
|---|---|---|---|---|---|---|---|---|
| 高等学校 | その他 | 36,741 | 2,064 | 8,143 | 573 | 53 | 5 | 2 |
| | 専門学科・総合学科単独及び複数学科設置校 | 20,368 | 1,004 | 4,020 | 285 | 33 | 5 | 2 |
| | 体育館 | 6,266 | 26 | 1,096 | 3,543 | 954 | 1,323 | 555 |
| | 専門学科・総合学科単独及び複数学科設置校 | 3,316 | 18 | 557 | 2,065 | 514 | 631 | 361 |
| | 小計 | 225,058 | 18,269 | 47,560 | 17,227 | 18,808 | 3,016 | 4,750 |
| | 専門学科・総合学科単独及び複数学科設置校 | 133,324 | 10,974 | 25,874 | 9,410 | 10,278 | 1,503 | 3,264 |
| 中等教育学校 | | 室 | 台 | 台 | 台 | 台 | 台 | 台 |
| | コンピュータ教室 | 50 | 23 | 56 | 13 | 5 | 9 | 24 |
| | 普通教室 | 718 | 20 | 192 | 134 | 244 | 24 | 1 |
| | 特別教室等 | 783 | 59 | 121 | 134 | 35 | 9 | 2 |
| | その他 | 283 | 46 | 96 | 6 | 0 | 0 | 0 |
| | 体育館 | 59 | 0 | 8 | 40 | 10 | 23 | 6 |
| | 小計 | 1,893 | 148 | 473 | 327 | 294 | 65 | 33 |
| 特別支援学校 | | 室 | 台 | 台 | 台 | 台 | 台 | 台 |
| | コンピュータ教室 | 1,159 | 621 | 1,144 | 471 | 322 | 303 | 382 |
| | 普通教室 | 28,828 | 984 | 2,202 | 8,468 | 1,235 | 144 | 22 |
| | 特別教室等 | 17,896 | 516 | 1,419 | 3,138 | 681 | 132 | 45 |
| | その他 | 9,144 | 392 | 1,937 | 114 | 24 | 0 | 9 |
| | 体育館 | 1,072 | 9 | 227 | 1,893 | 315 | 716 | 222 |
| | 小計 | 58,099 | 2,522 | 6,929 | 14,084 | 2,577 | 1,295 | 680 |
| 合計 | | 室 | 台 | 台 | 台 | 台 | 台 | 台 |
| | コンピュータ教室 | 36,941 | 21,695 | 31,704 | 6,384 | 9,158 | 16,827 | 22,979 |
| | 普通教室 | 478,838 | 166,723 | 73,778 | 223,701 | 92,330 | 6,582 | 964 |
| | 特別教室等 | 438,720 | 41,550 | 41,687 | 81,306 | 28,941 | 4,282 | 1,290 |
| | その他 | 236,026 | 21,131 | 44,939 | 3,245 | 770 | 52 | 35 |
| | 体育館 | 37,366 | 570 | 5,081 | 31,999 | 7,867 | 12,594 | 7,349 |
| | 小計 | 1,227,891 | 251,669 | 197,189 | 346,635 | 139,066 | 40,337 | 32,617 |

注1：「特別教室」とは、小学校においては理科教室、生活教室、音楽教室、図画工作教室、家庭教室、コンピュータ教室及び図書室その他の特別の施設設備が恒常的に設置してある室をいい、中学校においては理科教室、音楽教室、美術教室、技術教室、家庭教室、外国語教室、コンピュータ教室及び図書室その他の特別の施設設備が恒常的に設置してある室をいい、高等学校では、理科教室その他の教科のための教室、コンピュータ教室及び図書室その他の特別の施設設備が恒常的に設置してある室をいう。

注2：「その他」とは、コンピュータ教室、普通教室及び特別教室以外の余裕教室をいう。

注3：周辺機器台数は内蔵のものを含む。

## コンピュータの周辺機器台数

| 設置場所 | | 教室等数（再掲） | 実物投影機 | プロジェクタ | デジタルテレビ | 電子黒板 | 充電保管庫 | 学習用サーバ |
|---|---|---|---|---|---|---|---|---|
| | | 室 | 台 | 台 | 台 | 台 | 台 | 台 |
| 小学校 | コンピュータ教室 | 18,684 | 11,329 | 17,187 | 3,624 | 5,475 | 11,227 | 12,739 |
| | 普通教室 | 269,897 | 131,166 | 38,947 | 165,908 | 55,762 | 4,322 | 769 |
| | 特別教室等 | 178,201 | 19,964 | 12,395 | 39,629 | 14,081 | 2,002 | 480 |
| | その他 | 117,863 | 12,235 | 20,752 | 894 | 371 | 26 | 13 |
| | 体育館 | 18,955 | 323 | 2,112 | 16,946 | 4,107 | 6,979 | 4,439 |
| | 小計 | 603,600 | 175,017 | 91,393 | 227,001 | 79,796 | 24,556 | 18,440 |
| | | 室 | 台 | 台 | 台 | 台 | 台 | 台 |
| 中学校 | コンピュータ教室 | 9,376 | 5,581 | 6,912 | 1,572 | 2,281 | 4,769 | 6,149 |
| | 普通教室 | 111,150 | 26,640 | 15,468 | 45,573 | 20,988 | 1,621 | 85 |
| | 特別教室等 | 132,498 | 15,754 | 12,391 | 28,565 | 10,382 | 1,304 | 148 |
| | その他 | 71,070 | 6,343 | 13,807 | 1,637 | 311 | 21 | 11 |
| | 体育館 | 10,863 | 201 | 1,628 | 9,461 | 2,435 | 3,490 | 2,094 |
| | 小計 | 334,957 | 54,519 | 50,206 | 86,808 | 36,397 | 11,205 | 8,487 |
| | | 室 | 台 | 台 | 台 | 台 | 台 | 台 |
| 義務教育学校 | コンピュータ教室 | 124 | 54 | 122 | 17 | 20 | 75 | 191 |
| | 普通教室 | 1,756 | 830 | 174 | 730 | 869 | 40 | 0 |
| | 特別教室等 | 1,328 | 248 | 118 | 304 | 248 | 22 | 3 |
| | その他 | 925 | 51 | 204 | 21 | 11 | 0 | 0 |
| | 体育館 | 151 | 11 | 10 | 116 | 46 | 63 | 33 |
| | 小計 | 4,284 | 1,194 | 628 | 1,188 | 1,194 | 200 | 227 |
| | | 室 | 台 | 台 | 台 | 台 | 台 | 台 |
| 高等学校 | コンピュータ教室 | 7,548 | 4,087 | 6,283 | 687 | 1,055 | 444 | 3,494 |
| | 専門学科・総合学科単独及び複数学科設置校 | 5,417 | 2,904 | 4,208 | 440 | 759 | 247 | 2,349 |
| | 普通教室 | 66,489 | 7,083 | 16,795 | 2,888 | 13,232 | 431 | 87 |
| | 専門学科・総合学科単独及び複数学科設置校 | 34,708 | 4,055 | 8,413 | 1,564 | 6,954 | 210 | 28 |
| | 特別教室等 | 108,014 | 5,009 | 15,243 | 9,536 | 3,514 | 813 | 612 |
| | 専門学科・総合学科単独及び複数学科設置校 | 69,515 | 2,993 | 8,676 | 5,056 | 2,018 | 410 | 524 |

| 研修の実施主体 | | | | | | | |
|---|---|---|---|---|---|---|---|
| 都道府県 E | 割合 E/C | 市(区)町村 F | 割合 F/C | 学校 G | 割合 G/C | 教科等の研究会 H | 割合 H/C |
| 回 13,783 | % 3.7% | 回 74,997 | % 20.2% | 回 243,663 | % 65.6% | 回 20,106 | % 5.4% |
| 4,862 | 3.6% | 28,207 | 21.1% | 83,538 | 62.6% | 8,978 | 6.7% |
| 121 | 4.4% | 542 | 19.9% | 1,719 | 63.2% | 71 | 2.6% |
| 16,015 | 16.8% | 921 | 1.0% | 66,311 | 69.8% | 5,905 | 6.2% |
| 9,692 | 17.5% | 636 | 1.1% | 38,767 | 69.9% | 3,171 | 5.7% |
| 36 | 4.9% | 15 | 2.1% | 530 | 72.5% | 29 | 4.0% |
| 8,128 | 14.1% | 1,096 | 1.9% | 44,825 | 77.7% | 1,404 | 2.4% |
| 42,945 | 6.5% | 105,778 | 16.0% | 440,586 | 66.7% | 36,493 | 5.5% |

| 研修の実施主体 | | | | 教員1人当たり平均受講回数 |
|---|---|---|---|---|
| 各種学会 E | 割合 E/C | その他 F | 割合 F/C | C/B |
| 回 880 | % 0.2% | 回 2,102 | % 0.6% | 回/人 1.8 |
| 333 | 0.2% | 812 | 0.6% | 1.6 |
| 21 | 0.8% | 15 | 0.6% | 1.8 |
| 778 | 0.8% | 775 | 0.8% | 1.7 |
| 350 | 0.6% | 420 | 0.8% | 1.8 |
| 2 | 0.3% | 2 | 0.3% | 1.3 |
| 309 | 0.5% | 603 | 1.0% | 1.7 |
| 2,323 | 0.4% | 4,309 | 0.7% | 1.7 |

## 研修の受講状況

| 学校種 | 教員数(再掲) | 授業を担当している教員数(再掲) A | 令和元年度中にICT活用指導力の状況の各項目に関する研修を受講した教員数 B | 割合 B/A | 研修を受講した回数 C | 研修の実施主体 国・独立行政法人 D | 割合 D/C |
|---|---|---|---|---|---|---|---|
| | 人 | 人 | 人 | % | 回 | 回 | % |
| 小学校 | 403,931 | 335,346 | 208,502 | 62.2% | 371,400 | 1,135 | 0.3% |
| 中学校 | 227,882 | 196,406 | 83,033 | 42.3% | 133,401 | 567 | 0.4% |
| 義務教育学校 | 3,279 | 2,767 | 1,494 | 54.0% | 2,721 | 15 | 0.6% |
| 高等学校 | 169,550 | 153,687 | 54,936 | 35.7% | 95,066 | 713 | 0.8% |
| 専門学科・総合学科単独及び複数学科設置校 | 94,991 | 86,207 | 31,572 | 36.6% | 55,483 | 515 | 0.9% |
| 中等教育学校 | 1,667 | 1,501 | 574 | 38.2% | 731 | 6 | 0.8% |
| 特別支援学校 | 79,718 | 71,720 | 33,106 | 46.2% | 57,702 | 265 | 0.5% |
| 合計 | 886,027 | 761,427 | 381,645 | 50.1% | 661,021 | 2,701 | 0.4% |

| 学校種 | 教員数(再掲) | 授業を担当している教員数(再掲) A | 令和元年度中にICT活用指導力の状況の各項目に関する研修を受講した教員数(再掲) B | 割合 B/A | 研修を受講した回数(再掲) C | 研修の実施主体 民間(企業、NPO等) D | 割合 D/C |
|---|---|---|---|---|---|---|---|
| | 人 | 人 | 人 | % | 回 | 回 | % |
| 小学校 | 403,931 | 335,346 | 208,502 | 62.2% | 371,400 | 14,734 | 4.0% |
| 中学校 | 227,882 | 196,406 | 83,033 | 42.3% | 133,401 | 6,104 | 4.6% |
| 義務教育学校 | 3,279 | 2,767 | 1,494 | 54.0% | 2,721 | 217 | 8.0% |
| 高等学校 | 169,550 | 153,687 | 54,936 | 35.7% | 95,066 | 3,648 | 3.8% |
| 専門学科・総合学科単独及び複数学科設置校 | 94,991 | 86,207 | 31,572 | 36.6% | 55,483 | 1,932 | 3.5% |
| 中等教育学校 | 1,667 | 1,501 | 574 | 38.2% | 731 | 111 | 15.2% |
| 特別支援学校 | 79,718 | 71,720 | 33,106 | 46.2% | 57,702 | 1,072 | 1.9% |
| 合計 | 886,027 | 761,427 | 381,645 | 50.1% | 661,021 | 25,886 | 3.9% |

注1:ここでいう「教員」は、校長、副校長、教頭、主幹教諭、指導教諭、教諭、助教諭、養護教諭、養護助教諭、栄養教諭、常勤講師をいう。
注2:ここでいう「授業を担当している教員」とは、各教科等の授業を定期的に担当している教員をいう。授業を一時的・臨時的に担当する教員は含まない。
注3:1人の教員が複数の研修を受講している場合も、「1人」とカウントする。(実人数)
注4:令和2年3月末日までの間に受講予定の教員も含む。

| 校務支援システムの整備主体 | | | | Aのうち、統合型校務支援システムを整備している学校数 | | 校務支援システムを整備していない学校数 | |
|---|---|---|---|---|---|---|---|
| 学校単独で整備している | 割合 | 併用して整備している | 割合 | | 割合 | | 割合 |
| E | E／B | F | F／B | G | G／A | H | H／A |
| 校 | % | 校 | % | 校 | % | 校 | % |
| 608 | 3.6% | 702 | 4.2% | 12,186 | 63.5% | 2,505 | 13.1% |
| 347 | 4.3% | 317 | 4.0% | 5,870 | 63.2% | 1,276 | 13.7% |
| 5 | 5.7% | 7 | 8.0% | 64 | 70.3% | 4 | 4.4% |
| 162 | 4.7% | 209 | 6.0% | 2,796 | 78.8% | 73 | 2.1% |
| 104 | 5.7% | 119 | 6.6% | 1,444 | 77.8% | 44 | 2.4% |
| 1 | 3.2% | 3 | 9.7% | 24 | 75.0% | 1 | 3.1% |
| 63 | 6.1% | 60 | 5.8% | 594 | 54.8% | 50 | 4.6% |
| 1,186 | 4.0% | 1,298 | 4.4% | 21,534 | 64.8% | 3,909 | 11.8% |

| 校務支援システムの運営形態 | | 校務支援システムを整備していない学校数（再掲） | |
|---|---|---|---|
| プライベートクラウド | 割合 | | 割合 |
| L | L／A | H | H／A |
| 校 | % | 校 | % |
| 8,655 | 45.1% | 2,505 | 13.1% |
| 4,136 | 44.5% | 1,276 | 13.7% |
| 49 | 53.8% | 4 | 4.4% |
| 2,079 | 58.6% | 73 | 2.1% |
| 1,091 | 58.8% | 44 | 2.4% |
| 12 | 37.5% | 1 | 3.1% |
| 632 | 58.3% | 50 | 4.6% |
| 15,563 | 46.8% | 3,909 | 11.8% |

注1：ここでいう「校務支援システム」は、校務文書に関する業務、教職員間の情報共有、家庭や地域への情報発信、服務管理上の事務、施設管理等を行うことを目的とし、教職員が一律に利用するシステムをいう。これらの機能のいずれか1つでも、教職員が一律に利用できるシステムが整備されている場合をいう。

注2：「都道府県教育委員会等で一括整備している」又は「市町村教育委員会等で一括整備している」は、教育委員会や首長部局が域内の学校が利用することを目的とし、一括して整備した校務支援システムを学校が利用している場合をいう。

注3：「併用して整備している」は、教育委員会が一括して整備している校務支援システムと、それの不足する機能を補うため、別の校務支援システムを併用して整備している場合をいう。

注4：ここでいう「統合型校務支援システム」は、教務系（成績処理、出欠管理、時数等）・保健系（健康診断票、保健室管理等）、指導要録等の学籍関係、学校事務系などを統合した機能を有しているシステムをいう。なお、教職員等が作成したエクセルやアクセス等のマクロプログラムは含まない。

## 校務支援システムの整備状況等

| 学校種 | 学校数（再掲） | 校務支援システムを整備している学校数 | 割合 | 校務支援システムの整備主体 | | | |
|---|---|---|---|---|---|---|---|
| | | | | 都道府県教育委員会等で一括整備している | 割合 | 市区町村教育委員会等で一括整備している | 割合 |
| | A | B | B／A | C | C／B | D | D／B |
| | 校 | 校 | % | 校 | % | 校 | % |
| 小学校 | 19,179 | 16,674 | 86.9% | 1,436 | 8.6% | 13,928 | 83.5% |
| 中学校 | 9,285 | 8,009 | 86.3% | 780 | 9.7% | 6,565 | 82.0% |
| 義務教育学校 | 91 | 87 | 95.6% | 10 | 11.5% | 65 | 74.7% |
| 高等学校 | 3,548 | 3,475 | 97.9% | 3,000 | 86.3% | 104 | 3.0% |
| 専門学科・総合学科単独及び複数学科設置校 | 1,856 | 1,812 | 97.6% | 1,520 | 83.9% | 69 | 3.8% |
| 中等教育学校 | 32 | 31 | 96.9% | 22 | 71.0% | 5 | 16.1% |
| 特別支援学校 | 1,084 | 1,034 | 95.4% | 804 | 77.8% | 107 | 10.3% |
| 合計 | 33,219 | 29,310 | 88.2% | 6,052 | 20.6% | 20,774 | 70.9% |

| 学校種 | 学校数（再掲） | 校務支援システムの運営形態 | | | | | |
|---|---|---|---|---|---|---|---|
| | | 従来型ネットワーク | 割合 | クラウドコンピューティング | 割合 | パブリッククラウド | 割合 |
| | A | I | I／A | J | J／A | K | K／A |
| | 校 | 校 | % | 校 | % | 校 | % |
| 小学校 | 19,179 | 6,509 | 33.9% | 10,165 | 53.0% | 1,510 | 7.9% |
| 中学校 | 9,285 | 3,135 | 33.8% | 4,874 | 52.5% | 738 | 7.9% |
| 義務教育学校 | 91 | 27 | 29.7% | 60 | 65.9% | 11 | 12.1% |
| 高等学校 | 3,548 | 1,135 | 32.0% | 2,340 | 66.0% | 261 | 7.4% |
| 専門学科・総合学科単独及び複数学科設置校 | 1,856 | 586 | 31.6% | 1,226 | 66.1% | 135 | 7.3% |
| 中等教育学校 | 32 | 9 | 28.1% | 22 | 68.8% | 10 | 31.3% |
| 特別支援学校 | 1,084 | 330 | 30.4% | 704 | 64.9% | 72 | 6.6% |
| 合計 | 33,219 | 11,145 | 33.6% | 18,165 | 54.7% | 2,602 | 7.8% |

注1：ここでいう「従来型ネットワーク」は、学校等に設置されたサーバー等によって特定の組織・機関内でシステムを構築・運用している形態をいう。

注2：ここでいう「クラウドコンピューティング」は、「従来型ネットワーク」のように、学校等に設置されたサーバー等にソフトウェアやデータ等を保存したりハードウェアを接続したりして利用するのではなく、学校外に設置されたサーバー等に保存・接続されたデータや機器などをネットワークを通して利用する形態をいう。

注3：ここでいう「パブリッククラウド」は、不特定多数の利用者を対象に広くサービスを提供するため、通信関係の企業等が構築・運用しているクラウドをいう。

注4：ここでいう「プライベートクラウド」は、限られたグループのメンバーが利用することを前提に、学校や教育委員会等が構築・運用しているクラウドをいう。

| 学習者用デジタル教科書 | | | |
|---|---|---|---|
| 意向はあるが整備できていない E | 割合 E/A | 整備していない F | 割合 F/A |
| 校 | % | 校 | % |
| 5,318 | 27.7% | 12,383 | 64.6% |
| 2,245 | 24.2% | 6,189 | 66.7% |
| 25 | 27.5% | 58 | 63.7% |
| 650 | 18.3% | 2,712 | 76.4% |
| 356 | 19.2% | 1,411 | 76.0% |
| 12 | 37.5% | 19 | 59.4% |
| 221 | 20.4% | 770 | 71.0% |
| 8,471 | 25.5% | 22,131 | 66.6% |

## デジタル教科書（指導者用・学習者用）の整備状況

| 学校種 | 学校数（再掲） A | 指導者用デジタル教科書 整備している B | 割合 B／A | 整備していない C | 割合 C／A | 学習者用デジタル教科書 整備している D | 割合 D／A |
|---|---|---|---|---|---|---|---|
| | 校 | 校 | % | 校 | % | 校 | % |
| 小学校 | 19,179 | 11,535 | 60.1% | 7,644 | 39.9% | 1,478 | 7.7% |
| 中学校 | 9,285 | 6,087 | 65.6% | 3,198 | 34.4% | 851 | 9.2% |
| 義務教育学校 | 91 | 71 | 78.0% | 20 | 22.0% | 8 | 8.8% |
| 高等学校 | 3,548 | 993 | 28.0% | 2,555 | 72.0% | 186 | 5.2% |
| 専門学科・総合学科単独及び複数学科設置校 | 1,856 | 454 | 24.5% | 1,402 | 75.5% | 89 | 4.8% |
| 中等教育学校 | 32 | 12 | 37.5% | 20 | 62.5% | 1 | 3.1% |
| 特別支援学校 | 1,084 | 153 | 14.1% | 931 | 85.9% | 93 | 8.6% |
| 合計 | 33,219 | 18,851 | 56.7% | 14,368 | 43.3% | 2,617 | 7.9% |

注1：ここでいう「指導者用デジタル教科書」は、令和2年3月1日現在で学校で使用している教科書に準拠し、教員が大型提示装置等を用いて児童生徒への指導用に活用するデジタルコンテンツ（教職員等が授業のため自ら編集・加工したものを除く）をいう。
注2：文部科学省から配布されている「Hi, friends!」「We Can!」「Let's Try!」はカウントしていない。
注3：「学習者用デジタル教科書」は、紙の教科書の内容を全て記載し、教育課程の一部または全部において学校で使用している紙の教科書に代えて児童生徒が使用できるものをいう。

## 遠隔教育の実施状況

| 学校種 | 学校数（再掲） A | 実施している B | 割合 B／A | 意向はあるが実施できていない C | 割合 C／A | 実施していない D | 割合 D／A |
|---|---|---|---|---|---|---|---|
| | 校 | 校 | % | 校 | % | 校 | % |
| 小学校 | 19,179 | 1,436 | 7.5% | 2,405 | 12.5% | 15,338 | 80.0% |
| 中学校 | 9,285 | 587 | 6.3% | 1,068 | 11.5% | 7,630 | 82.2% |
| 義務教育学校 | 91 | 9 | 9.9% | 20 | 22.0% | 62 | 68.1% |
| 高等学校 | 3,548 | 281 | 7.9% | 348 | 9.8% | 2,919 | 82.3% |
| 専門学科・総合学科単独及び複数学科設置校 | 1,856 | 147 | 7.9% | 184 | 9.9% | 1,525 | 82.2% |
| 中等教育学校 | 32 | 4 | 12.5% | 8 | 25.0% | 20 | 62.5% |
| 特別支援学校 | 1,084 | 212 | 19.6% | 144 | 13.3% | 728 | 67.2% |
| 合計 | 33,219 | 2,529 | 7.6% | 3,993 | 12.0% | 26,697 | 80.4% |

注1：ここでいう「遠隔教育」とは「遠隔システム」を活用した同時双方向で行う教育をいう。（「『遠隔教育の推進に向けた施策方針』の策定について（通知）」（文部科学省、平成30年9月20日））

# 「英語教育実施状況調査」（文部科学省）の結果と今後の取組について

○令和元年（平成31年）12月時点。全国の公立小中高等学校と都道府県・指定都市教育委員会を対象とした調査。教育振興基本計画に基づくPDCAサイクルの一環として実施。（H25～）
○第３期教育振興基本計画(2018-2022)で目標※として掲げている、生徒の英語力に関する指標、授業改善等に関する指標（生徒の英語による言語活動の実施状況、教師の英語使用、ICTの活用状況など）について調査。
※卒業時までに中学校でCEFR A1（英検3級等）、高校はA2（英検準2級等）以上相当の生徒の割合を50%以上とする。

**結果** 生徒の英語力、授業改善等の指標のいずれも改善されており、地域差はあるものの、**全体としては各学校・教育委員会の取組が成果を出しつつある。**

**小学校**
○専科指導、ALTの人数・授業に入る割合が増加
○専科指導を行う教師の多くが複数校や中学校を兼務

**小学校の指導体制の充実**
学級担任、専科指導担当教師、ALT等の、それぞれのよさ、役割の理解を深め、効果的に力を発揮できるようにすることが必要。

**中学校**
○生徒の英語力指標は**着実に上昇**。(42.6→44.0%)（p3）
○教師の英語力も上昇。(36.2→38.1%)（p16）
○言語活動の実施、教師の英語使用、パフォーマンステスト等は大半の学校で実施。（p6, 9, 14）
●**小中連携**の実施が一部地域で十分徹底されず。（p22）

**高等学校**
○生徒の英語力指標は**着実に上昇**。(40.2→43.6%)（p3）
○教師の英語力も上昇。(68.2→72.0%)（p16）
○**言語活動、教師の英語使用**などの割合が改善。学年が上がるにつれて下がる傾向も改善の兆しあり。（p6, 14）
●**パフォーマンステスト**の実施状況は上昇しているが、まだ十分ではない。（p9）

**全体**
○全学校種で**ICT機器の活用割合**が上昇。（p20）

○**学習指導要領で示されたことを授業で着実に実践すること、**
○**授業で学習したことの成果が適切に評価されること、**
○**学んだことを実際に役立てる「本物のコミュニケーション」を授業の内外で行うこと、**
などが、英語力向上に寄与していると考えられる。

<生徒の英語力の指標が高い地域に見られる特徴>（p23,24）
・言語活動(p6)、教師の英語使用(p14)などに取り組んでいる
・話すこと・書くことのパフォーマンステスト(p9)が行われている（特に高校）
・資格・検定試験の受験経験率が高い
・教師の英語力が高い（特に高校）
・ICTを言語活動や遠隔地の生徒等との交流に活用(p20)
・ALTをパフォーマンステストに活用、授業外で生徒と交流する機会(p19)
・小学校との連携が図られている(p22)

＋

**コロナ下の新たな課題**
・三密回避しつつ、話すことの活動を確保すること
・臨時休業時の学習動画、オンラインの授業等の必要性
・教師の集合研修への影響　など

**対応** 学習指導要領を踏まえた英語力向上の取組を、新型コロナ対応や働き方改革も踏まえながら、**止めることなく持続可能な取組としていく。**

**文科省の支援**
引き続き、各都道府県・指定都市が「英語教育改善プラン」を作成し行う取組に対して支援を行う。特に、今回の調査結果を踏まえ、
・教師が**学べる機会を充実：学習指導要領のポイント、指導方法や評価についてオンラインで学べる環境を作る。**
（オンライン・オフライン研修実証事業、小学校外国語の専門人材育成事業（大学によるオンライン開講）、YouTube MEXTchannelを使った授業実践例の配信等）
・児童生徒が**ICTを活用した学習の促進：日常的にICTを活用した言語活動**、国際的な交流や、**授業外での自律的な学習**を行うことを通して、英語力向上を図ると同時に、非常時においても効果的にICTを活用した「学びの保障」につなげる。
（GIGAスクール構想によるICT環境整備に合わせて、具体的な実践事例をもとに参考資料や動画などを通した共有等を行う。）
・**学習評価の改善支援：**「話すこと」「書くこと」のパフォーマンス評価を含めた**高等学校の学習評価の参考資料を作成、提供**する。

※各学校が新型コロナ対応の学習保障に取り組むことを優先するため、令和２年度は、学校を対象とした調査は実施しない。元年度調査の追加分析資料等の提供を行うとともに、都道府県・指定都市教育委員会の指導主事等との情報交換等を通して実態を把握する。（6/22,23,7/7にオンラインで全国協議会を開催。今後も情報交換等を実施。）

## 小学校における英語教育担当者等の現状

| | 合計 | | 外国語活動を実施 | | 教科としての外国語を実施 | |
|---|---|---|---|---|---|---|
| | 担当している教師数（延べ人数） | 主として担当している教師別学級数 | 担当している教師数（延べ人数） | 主として担当している教師別学級数 | 担当している教師数（延べ人数） | 主として担当している教師別学級数 |
| 5・6学年の学級数 | 74,335学級 | | 69,209学級 | | 5,126学級 | |
| 学級担任 | 59,197 [65,699] | 52,405（70.5%）[60,117] | 55,234 | 49,257 | 3,963 | 3,148 |
| 同学年他学級担任 | 1,738 [1,678] | 1,499（2.0%）[1,448] | 1,558 | 1,326 | 180 | 173 |
| 他学年学級担任 | 803 [738] | 679（0.9%）[611] | 737 | 620 | 66 | 59 |
| 専科教師等（※） | 14,361 [9,691] | 13,165（17.7%）[8,329] | 12,981 | 11,907 | 1,380 | 1,258 |
| 他小学校所属教師 | 5,505 [3,491] | 4,423（6.0%）[2,425] | 5,186 | 4,118 | 319 | 305 |
| 中・高等学校所属教師 | 2,665 [2,877] | 1,062（1.4%）[967] | 2,423 | 985 | 242 | 77 |
| 非常勤講師 | 2,844 [2,562] | 1,049（1.4%）[710] | 2,081 | 955 | 763 | 94 |
| 特別非常勤講師 | 2,767 [1,457] | 53（0.1%）[86] | 2,390 | 41 | 377 | 12 |
| 合　計 | 89,880 [88,193] 人 | 74,335 [74,693]学級 | 82,590人 | 69,209学級 | 7,290人 | 5,126学級 |

※「専科教師等」とは、外国語教育のみを担当する教師のほか、学級担任となっていない教師で外国語教育を担当する教師をいう。
※（　）内は、各項目の合計数に占める割合。［　］内は、昨年度の値。

### 外国語活動等（※）の年間総授業時数

※外国語活動等とは、「外国語活動」及び教科としての外国語教育を実施している場合の「外国語」を指す。

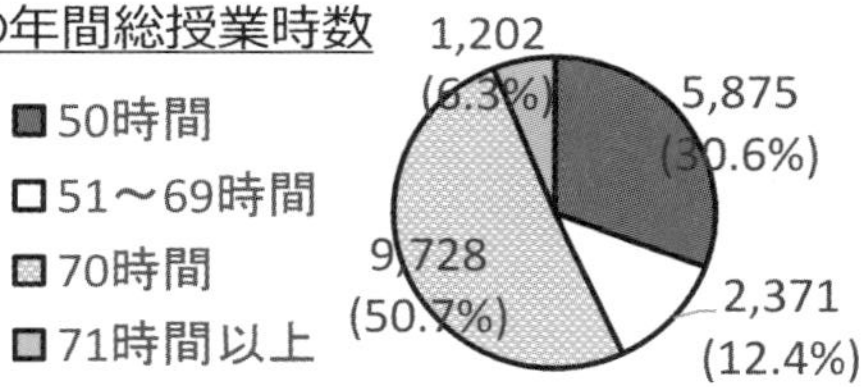


・小学校教師のうち中・高等学校英語免許状を所有している割合

**6.3%**（21,221人／336,638人）［昨年度5.9%］

※調査対象：小学校に所属し、授業を担当する校長、副校長、教頭、主幹教諭、指導教諭、教諭、助教諭、講師（常勤の者に限る。）であり、臨時的任用の者及び非常勤の者は含まない。

2

# 英語担当教師の英語使用状況（中学校・高等学校）

○新学習指導要領では、授業を英語を使った実際のコミュニケーションの場面とするため、中学校・高等学校とも「授業は英語で行うことを基本とする」としている（現行学習指導要領では高等学校のみ明示）。

○授業中に「発話をおおむね英語で行っている」または「発話の半分以上を英語で行っている」と回答した英語担当教師の割合は、中学校の全体で2.4ポイント、高等学校の全体で1.9ポイント上昇した。「生徒の言語使用状況」（p.7）と同様に、中学校で８割近く行われていた英語担当教師の英語使用が、高等学校において５割程度に下がる傾向がみられる。

（※参考）中学校学習指導要領第２章第９節 外国語３ 指導計画の作成と内容の取扱い（１）指導計画の作成上の配慮
エ 生徒が英語に触れる機会を充実するとともに，授業を実際のコミュニケーションの場面とするため，授業は英語で行うことを基本とする。その際，生徒の理解の程度に応じた英語を用いるようにすること。

発話の半分以上を英語で行っている（50%程度以上~75%程度未満）

発話をおおむね英語で行っている（75%程度以上）

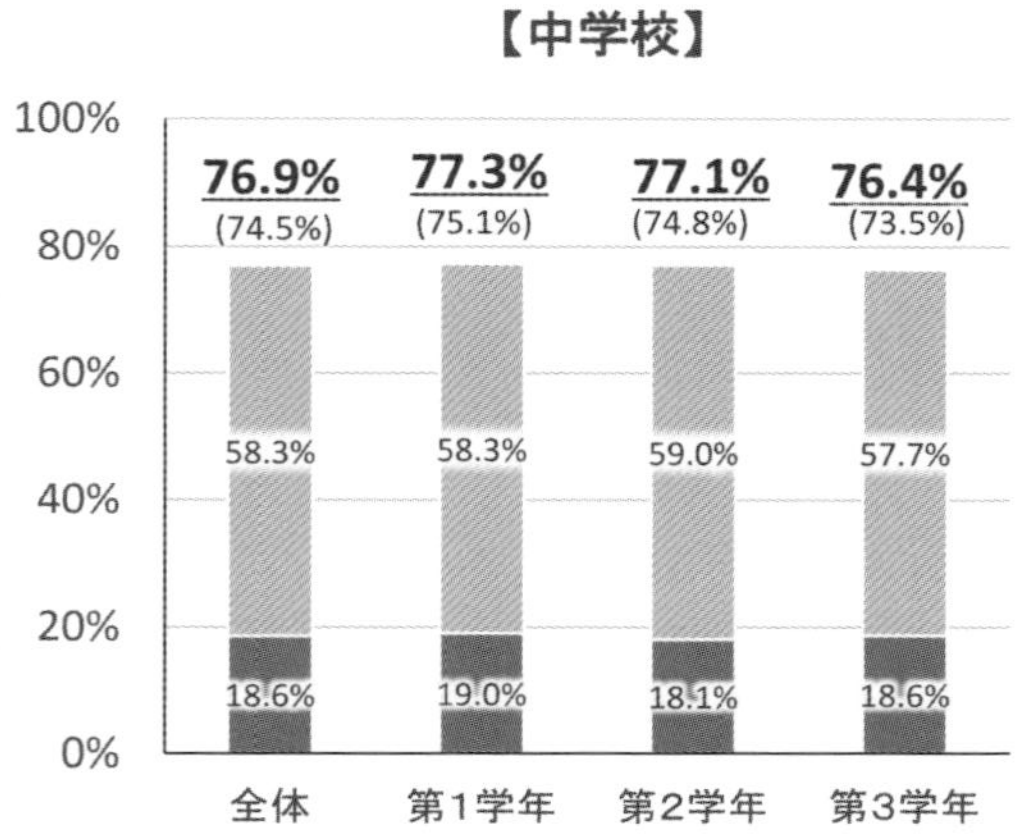


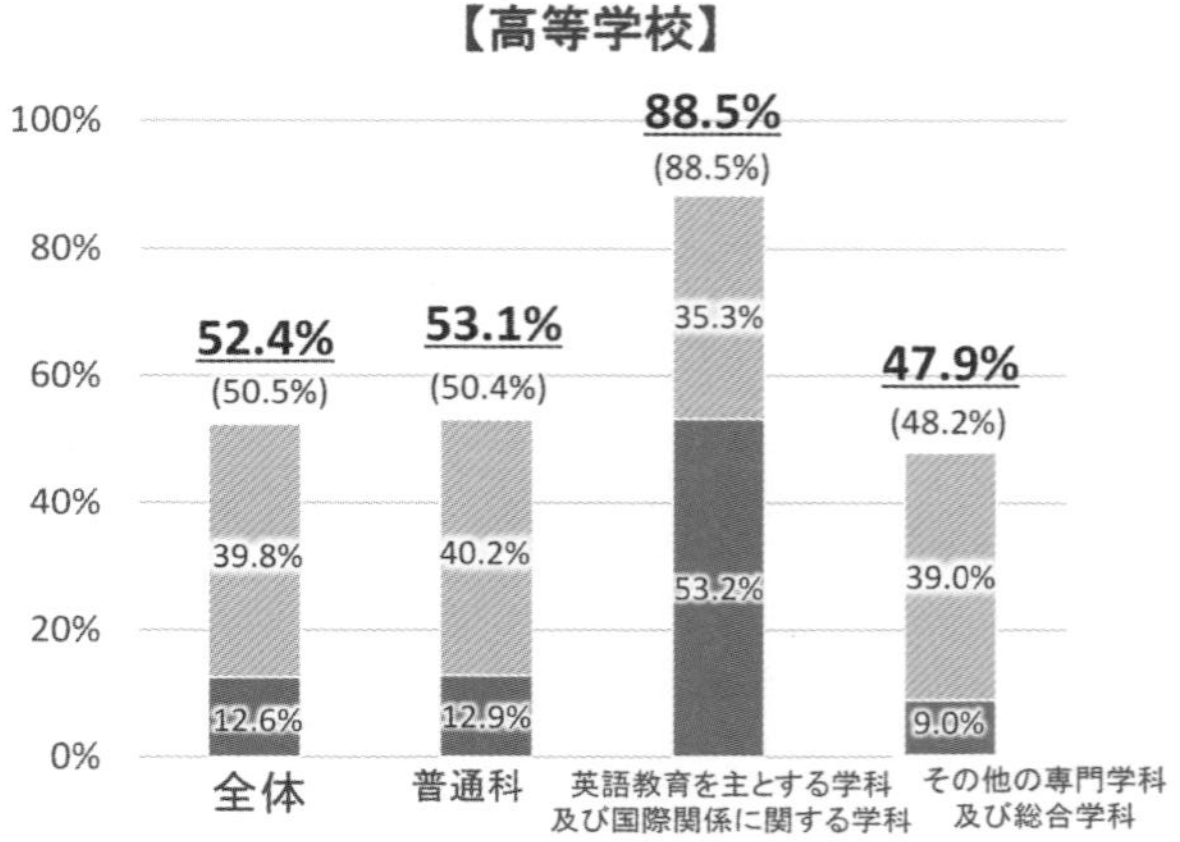


※割合の合計は、小数点第２位切り上げ前の数字を合計して算出しているため、小数点切り上げ後の割合の和と一致しないことがある。
※（　）内は、昨年度の数値。

図解入門 How-nual

# 索引

INDEX



## さ行



## あ行



## か行



資料編 索引

## は行



## ま行



## や行



## た行



## な行

## ら・わ行



## アルファベット



## 参考文献

『ルポ塾歴社会』おおたとしまさ著、幻冬舎
『会社四季報業界地図 2021 年版』東洋経済新報社
『会社四季報 2020 年4集秋号』東洋経済新報社
『会社四季報 2021 年1集新春号』東洋経済新報社

日本経済新聞
日経産業新聞

資料編｜索引

## 川上 清市（かわかみ せいいち）

長野県松本市生まれ。学習院大学法学部卒業。日刊自動車新聞、日本工業新聞などの記者を経て、1988年にフリージャーナリストとして独立。業界分析から企業の成功事例、株式投資、資金調達、教育、健康、農業関連など幅広い分野を取材し、執筆活動を続けている。

著書に『ニュースの真相が見えてくる「企業買収」のカラクリ』（青春出版社）、『キリンビール』（共著／出版文化社）、『機械・ロボット業界大研究』（産学社）、『最新機械業界の動向とカラクリがよ〜くわかる本』（秀和システム）、『自然・食・人とふれあう市民農園ガイド』（産学社）、『最新健康ビジネスの動向とカラクリがよ〜くわかる本』（秀和システム）、『クラウドファンディング成功の秘訣』（秀和システム）などがある。



**図解《ず》入門業界研究《かいにゅうもんぎょうかいけんきゅう》**
**最新《さいしん》教育《きょういく》ビジネスの動向《どうこう》とカラクリがよ〜くわかる本《ほん》［第《だい》3版《はん》］**

発行日　2021年 2月 1日　第1版第1刷

著　者　川上《かわかみ》　清市《せいいち》

発行者　斉藤　和邦
発行所　株式会社　秀和システム
〒135-0016
東京都江東区東陽2-4-2　新宮ビル2F
Tel 03-6264-3105（販売）Fax 03-6264-3094
印刷所　三松堂印刷株式会社　Printed in Japan

ISBN978-4-7980-6264-8 C0033